홀리스틱 카운셀링

정신 건강을 위한 새로운 비전

Patrica Sherwood 저 · 김 준 형 역

계축문화사

역자 서문

10여 년 전 수차례에 걸쳐 호주를 왔다 갔다 하면서 예술치료사 과정을 통해 철저한 자기관리 속에 영혼의 자유로움과 치료사로서의 자세를 눈앞에 보여주었던 쉐어우드 박사와의 운명적 만남은 예술치료에 대한 그리고 예술치료사로서 나의 왜곡된 생각을 완전히 시각적으로 전환하게 된 계기가 되었던 것 같다. 다양한 예술치료를 통한 자기치유의 경험과 예술치료사로서 눈을 뜨게 해준 박사님께 다시 한번 이 책을 번역하면서 고마운 마음을 전하고 싶다.

인간 정신구조의 온전성을 회복한 상태, 즉, '소피아(지혜)'를 통한 치유를 위해 루돌프 슈테이너의 인지학을 시작으로 캔 윌버의 자아초월 심리학을 이론적 배경으로 한 전인적 상담모델은 총 12장으로 구성되어 있다. 본 전인적 상담모델은 아동기, 청소년기에 경험한 상처들이 저장된 몸, 에테르체와 아스트랄체에 호흡을 기반으로 이들 상처의 흔적을 다루는 실제적인 예술치료적 개입방법과 임상 사례를 구체적으로 보여주고 있다. 특히 그림자 다루기, 외상 후 스트레스 장애와 중독에 관한 신체 심리와 의식의 영혼을 접목한 치료적 접근은 과히 치료가 예술이라고 하는 말의 깊이를 충분히 느낄 수 있을 것이다.

예술치료의 확장된 이론과 실제를 제공하는 본서를 접하고 예술치료에 대한 개념을 총정리하고자 하는 마음으로 번역을 시작하였지만 부족한 언어능력과 치료적 경험의 한계로 정확하게 저자의 의도를 명확하게 헤아리지 못했을 수도 있다. 그러나 여러분들이 이 책이 보여주는 이론과 경험의 다양함으로 이러한 걱정을 보완해 주기 바라는 마음이다.

이 책이 마음의 흔적들을 치료하고 전인적인 행복을 추구하고자 하는 모든 분들에게 진심으로 도움이 될 수 있기를 간절히 바라며, 출판을 흔쾌히 승낙해 주신 계축문화사 주영일 대표님과 편집부의 모든 분들께 감사한 마음을 전한다.

2022년 2월

김 준형

선언문

소피아(Sophia)에게

우리의 신체를 양육하는 본질
우리 인간 영혼의 빛
우리 인간 영성의 지혜
우리의 가장 깊은 영감

영원한 소피아는
찬란한 태양의 광채로 휘감기고
밤하늘의 별들로 왕관을 쓰고
새로운 지구를 창조하는
열정의 장
치유와 정의로
모든 살아있는 존재를 위하여
당신이 회귀하는 날이 바로 지금이네

우리 개개인 내부에서 일깨우고 번성하여라
그러면 안과 밖으로, 지구는 당신의 왕좌가 될 것이다.

역자 주 : 소피아는 '지혜'라는 뜻으로, 사물이나 사실에 대한 완전한 인식 또는 최고선(最高善)에 대한 지식을 이르는 말

감사의 글

신체, 영혼과 영성을 위한 지혜의 양식을 지식으로 변화시킬 수 있도록
나에게 영감을 준 귀한 대화의 시간을 함께해 준
소피아대학 졸업생, 대학생과 동료 교수들에게.

우리 가족의 삶에서 소피아(지혜)에 대한 엄마의 사랑을 매일 매일
목격하고,
이 지혜를 이해하고 심화시킬 수 있도록 엄마에게 용기를 준
데이비드와 타라에게.

내가 기댈 수 있도록 통찰력과 강한 어깨를 내어준 위대한 심리치료와 상담
이론가 및 전문가들에게, 특히 나의 지도 교수님들에게.

목 차

제1장 몸, 마음, 정신의 전인적 상담모델 11

제2장 호흡: 몸, 마음, 정신 안에서 우리의 존재에 대한 첫 번째 언어이자 표식 39

제3장 몸, 마음, 그리고 정신의 또 다른 언어: 소리, 색, 움직임 그리고 자세 59

제4장 몸, 마음, 정신의 자원: 원형과 상징 91

제5장 몸과 마음 그리고 정신을 보호하기 위한 경계 발달시키기 121

제6장 상처 변형하기: 순수의 회복 153

제7장 온전히 호흡하기: 반응으로부터 자유롭기 189

제8장 용서: 몸과 마음 그리고 정신 사이의 균열 치유하기: 죄책감과 수치심을 평온함으로 대체하기 217

제9장 그림자 복구하기 243

제10장 중독 치유하기: 반복적인 에너지 패턴과 기능장애의 체계로부터 자유로워지기 273

제11장 자신의 운명 이행하기: 자신의 재능을 세계에 드러내기: 소명의식 293

제12장 상호존재의 화합을 축하하기: 나르시시즘으로부터 의식의 영혼까지 307

찾아보기 325

표목차

1 4가지 모델의 소리 관계 70

2 4층부 모델과 관련된 예술 활동 78

3 색채와 관련된 치료적 효과 79

4 '자기(I am)'와 아스트랄의 심리 상태 101

5 음과 양의 흔적 비교 111

6 성적인 불만족과 만족의 경험 175

7 기억력 회복: 현재의 학대 대 전생의 학대 185

8 반응 대 말하기 195

9 분노의 4단계 202

10 죄책감, 선천적 수치심과 의도적인 수치심의 특징 224

11 나타나는 느낌 / 감정과 에너지 흔적의 변화를 위해 필요한 첫번째 과정 간의 진단적 상관관계 251

12 어두운 그림자 상태와 장기의 건강 260

13 중독을 위한 치료적 개입의 모델들 276

14 주입물, 반전 보호대, 흔적의 비교 281

15 자아도취와 의식의 영혼 312

그림목차

1 4층부 모델의 개요 22

2 아스트랄 층의 흔적 28

3 흔적: 개입 전과 후 34

4 렘니스케이트: 균형 잡힌 인간 54

5 상단의 과잉발달 55

6 하단의 과잉발달 56

7 마조히즘적 신체구조 75

8 상실감의 전/후 흔적 86

9 자원 만다라 106

10 인간의 9-층부 모델 129

11 사라짐 141

12 성적인 불만족과 만족의 경험 175

13 전생의 세포 기억/삶 179

14 선천적인 수치심 222

15 연민의 삼각형 226

16 수치심 나무 234

17 자아존중감 나무 234

18 니코틴 주입물 284

19 니코틴의 본질 285

제1장

몸, 마음, 정신의 전인적 상담모델

'소피아'는 그 다양한 정의로부터 '단어들을 분리시킴으로써 영성적 상태에서 정신을 일깨우며, 그렇게 함으로써 그 단어는 문자가 아닌 동적인 진동으로서 살아난다. (Damiani, 1997)

삽화 : 하라나 잔토(Hrana Janto)의 소피아

제1장 몸, 마음, 정신의 전인적 상담모델

소피아는 전인적 상담을 위해 선택된 원형으로서, 소피아는 인간 정신구조의 온전성을 회복한 상태, 즉, '지혜'를 통한 치유를 상징한다. 소피아는 최저 심층부의 정신구조로서, 내·외부 세계가 공존하는 이미 구현된 경험의 중재자 역할을 한다. 소피아는 몸, 마음, 정신이 최고의 영적 지능으로 융합된 만남의 장이며, 완결성과 숙련된 행위를 통해 일상생활에서 그 모습을 드러낸다. 소피아는 여러 세대에 걸쳐 주류에서 추방되었고, 그러한 추방으로 인해 우리의 정신구조가 물질주의, 근본주의 및 경험주의로 피폐해지고 결국 우리의 몸, 마음, 정신 간의 연결고리가 파괴되었다. 다미아니(Damiani, 1997)는 그 대가에 대해 다음과 같이 명확하게 설명하고 있다.

> 오늘날의 비정상적인 패러다임에서 결여된 것은 바로 활력이 넘치는 영혼, 천부적 재능(genius) 또는 데몬(daemon, 역자 주 : 고대 그리스 신화 속에 나오는 반신반인의 존재)이다. 지식의 한 양태로써 우리의 삶을 진지하게 고려하여 바로 이 활력이 넘치는 영혼, 천부적 재능 및 데몬에 관심을 가질 때 우리는 우리 각자의 불씨에 불을 지필 수 있다. 활력이 넘치는 영혼은 생명에너지의 온전성과 지능을 보여주는데, 활력이 넘치는 영혼의 자각은 추방상태에서 다시 원래의 상태로 복귀하도록 한다. 이는 결국 소피아가 신적 존재가 아니라 신적 이미지의 원형, 즉 인간의 정신구조임을 드러낸다.

소피아는 동시대의 심리치료 및 상담을 활성화하는 중심부에 위치하는데, 소피아는 여러 단어들에 새로운 생명력을 불어넣어 줌으로써 상담은 물질과 정신, 창조와 이성, 유형과 무형을 아우를 수 있는 하나의 분야가 된다.

때로 전인적 상담이라 일컬어지는 몸, 마음, 정신의 상담은 인간의 정신구조의 깊이와 경험의 폭에 대한 작업을 통해 온전한 인간이 되는 비전을 가지고 있다. 21세기를 맞아 우리는 인간의 존재성에 대한 조각들, 즉, 분열된 인간의 경험을 서서히 재통합하고 있는데, 이는 지난 3세기 동안 우리의 사고를 지배해 온 원자론적(atomistic), 경험주의적 전통의 산물이다. 몸,

마음, 정신은 의학, 심리학 및 종교라는 각각의 전문 분야에 국한되어 다루어졌으며, 인간의 경험은 이성적인 분석으로 축소되어 왔다. 경험으로부터 소외된 인간은 점점 더 단편적이 되고 왜곡된 현실 속에서 의미를 찾아왔다. 즉, 소비주의와 물질주의를 통해 그들의 몸을, 나르시시즘과 쾌락주의를 통해 그들의 마음을, 중독과 냉소주의를 통해 그들의 정신의 의미를 추구해온 것이다. 이러한 단편화가 우울증, 자살, 불안 및 폭력적 행위라는 유행병의 심화를 초래하였다는 사실은 그렇게 놀랍지도 않다.

우리 자신의 부분들 간, 그리고 서로 간, 지역사회 및 환경 간의 재결합을 위해 여러 분야에서 공통적으로 적용되는 치유가 필요하다. 심리학에서 이러한 통합을 추구하는 새로운 관점의 등장을 볼 수 있다. 자아초월 심리학, 생태심리학, 불교 심리치료, 신체 심리치료 및 전인적 심리치료가 바로 그것이다. 이러한 새로운 관점의 핵심은 통합이라는 개념인데, 이는 우리 안에서, 우리 사이에서, 그리고 우리 주변에서의 모든 것이 연결되어 있다는 생각을 기초로 한다. 부어스테인(Burstein, 1988:119)은 이를 다음과 같이 요약한다. "우리 자신, 서로 간, 그리고 세계와 연결시켜 주는 신비롭고 기적적인 힘에 대한 자각과 함께 나는 심리치료의 상호작용을 시도한다." 또한, 몸 기반의 전인적 모델에서는, 몸, 마음, 정신 및 영혼 간의 연결성에 대한 사고가 생체 에너지 요법과 이로부터 파생된 핵심 에너지 요법에서 입증된 바와 같이 핵심적 역할을 한다. 로웬(Lowen, 1976:42-43)은 생체 에너지 요법에 대한 설명에서 자신의 전인적 모델을 다음과 같이 기술한다.

> 개인의 삶은 자기 몸의 삶과도 같다. 살아있는 몸은 그 사람의 정신과 영혼을 포함하고 있기 때문에, 몸의 삶을 온전하게 산다는 것은, 정신적이고 영적인 것과도 같다. 우리가 우리 존재의 이러한 측면에서 부족함을 느낀다면, 그 이유는 우리 몸속에서, 또는 몸과 함께 일체가 되어 있지 않기 때문이다.

경험적, 표현적 치료는 인간의 완전성 추구를 인정하며 인간을 전인적으로 기능하는 자각적이고 경험적인 유기체로 간주하는데, 이를 통해 경험의 부분들에 대해 의미를 부여하고자 한다(Perls 외, 1951; Gendlin, 1974; May, 1981; Yalom, 1989).

다수의 표현적, 경험적 접근법은 몸, 마음, 정신의 풍요로운 통합을 제시하나, 다른 동료들이 같은 프로세스를 거쳐 유사한 결론에 도달할 수 있도록 하는 과정에는 소통의 정확성 부족으로 도전받을 수 있으며, 전인적 접근법 또한, 상호 주체적인 검증 가능성(intersubjective verifiability)이라는 문제 해결을 위해 인간 경험의 전체를 다루는 데 있어서 이의의 제기를 받을 수도 있다. 전인적 상담사로서 우리는 인간 경험의 전 범위를 다룬다고 주장하지만, 우리의 과제는 이러한 작업을 명확하게 전달하는 방법을 개발하고 과정에 대한 정확한 지도를 제공함으로써, 증거들의 흔적을 충분히 남겨 이 과정을 활용하는 상담사들이 유사한 결론에 도달할 수 있도록 하는 것이다.

윌버(Wilber, 1998)는 "감각과 영혼의 만남"에서 과학과 종교의 프로세스 내에서의 검증 가능성이 가지는 결정적 중요성을 강조하며, 이를 통해 인간의 행위를 지배하는 전인적 가치의 기반을 창출할 수 있도록 화합을 위한 공통 기반을 만들고자 하였다.

이 책에서 제시하는 전인적 모델은 '소피아 모델'로도 명명되는데, 가장 적절하고 정확한 표현을 하자면, 이는 인간 경험의 창조적 부분과 이성적 부분 간, 좌측과 우측 간의 활발한 교류이자 논리와 창조성 패턴 간의 화합이다. 이는 인간 경험 전체, 즉, 몸, 마음, 정신을 모두 다루는 인지학(역자 주: 루돌프 슈테이너가 설립한 철학)적 4층부의 전인적 모델을 기초로 하고 있다. 이 전인적 모델은 진단, 개입 및 평가에 있어서 상호 주체적 검증이 가능한 예술, 과학, 창조 및 경험이 만나는 장을 마련한다. 이 책은 전인적 모델의 구체적인 과정과 기술, 그리고 일반적인 사용자를 위해 기본적인 설명을 하고 있다. 중요한 것은 독자들이 해당 맥락을 철저하게 이해하지 않고, 또한, 훈련을 통해 적절한 전문성을 획득하지 않은 채 이러한 과정들을 도입하지 않아야 한다는 점이다.

4층부 전인적 모델의 개요

4층부 모델의 신체적 기반

심리치료 모델은 인간이 상호연관성이 있는 에너지 체계이고 특히 몸, 마음, 정신이 별개의 개체가 아니라 복잡하게 연결되어 있다는 점을 전제로 한다. 모든 경험은 신체의 세포구조 내에 에너지 공명을 가지고 있다. 심신면역에 관한 최첨단 연구에 따르면 우리가 생각하고 느끼는 것이 신체 세포에 영향을 준다는 사실을 분명히 알 수 있다. 우리가 어떻게 변화, 위기, 감정・신체적 스트레스를 감당하는가는 우리의 신체에 생기는 질병에도 중요한 영향을 미친다. 역으로, 보리젠코와 보리젠코(Borysenko and Borysenko, 1994)가 지적한 바와 같이, 우리의 사고와 감정의 특질이 가지는 치유력 또한, 아주 상당하다. 이모토(Emoto, 2001)의 '사고력의 질'에 관한 획기적 연구는 사고 패턴이 물의 결정구조에 미치는 주요한 영향을 보여준다. 긍정적 사고는 아름다운 만다라 형태를 만드는 반면 부정적 사고는 변칙적 형태의 불규칙하고 기형적인 결정들을 만들어 낸다. 인간의 신체가 70% 이상이 물로 구성되어 있다는 점을 감안해 볼 때, 정신적 사고 패턴이 건강에 미치는 영향력은 매우 크다고 볼 수 있다. 몸과 마음 사이에는 복잡한 연결고리가 있다. 캔디스 퍼트Candice Pert(1997)는 감정의 분자:심-신의 연관성(*Molecules of Emotion: the mind-body connection*)이라는 대표적인 연구를 통해 신체 세포의 건강에 지대한 영향을 미치는 특정 감정 상태와 신체의 화학적 반응 간의 관계를 보여주고 있다. 매우 광범위한 관점에서 보았을 때, 프로이트(Freud), 피렌치(Ferenci), 아들러(Adler), 라이히(Reich), 페트라코스(Petrakos)는 인간의 특정 경험을 구분하는 원동력으로 신체에 주목함으로써 심신의 연관성에 관한 연구의 선구자들이라고 할 수 있다(McNeeley, 1987). 젠들린(Gendlin, 1974)은 내담자들이 자기감정에 대한 신체적인 감각을 경험할 수 있고, '포커싱(focusing)'을 심신 관계에 근접할 수 있는 핵심 프로세스로서 적용할 때, 보다 빠른 효과를 볼 수 있다는 사실을 발견하였다.

인간의 인지학적 4층부 모델

20세기 초 심리철학자인 슈테이너가 개발한 이 모델은 몸 감각(somatics)의 심신 모델에 정신을 결합한 것이다. 이 4층부 모델은 첫째, 신체, 둘째, 동양심리학에서 말하는 기나 프라닉 에너지와 유사한 에테르(etheric) 또는 생명력, 셋째, 반감과 공감의 경험이 저장된 마음 의식의 저층부와 관련된 아스트랄(astrality) 또는 트라우마 시스템, 그리고 넷째, 창조적이고 유일한 개인의식 또는 '나(I)'를 포함한다. 그 하단부는 "자기(I am)"라 명명되어 통합된 자기체계를 가리키며, "큰 자기(I AM)"라 불리는 상단부는 우리를 초개인 세계로 연결시켜 주는 역량을 가지는데, 어떤 이들은 이를 정신 또는 최고 의식이라 일컫는다(Steiner, 1994). 이 모델의 핵심은 인간을 구성하는 모든 범위를 내포하는 에너지의 상호의존성이다. 인간을 주변의 에너지 체계와 상호 연관된 에너지 체계로 보는 이 개념은 서양 심리학에는 새로운 관점이지만 불교심리학에서는 핵심을 이루고 있으며 붓다의 가르침을 기록하기 위해 2천여 년 전 쓰인 아비달마(Abhidharma)가 이를 입증하고 있다(Mons, 1995). 슈테이너는 동양심리학을 잘 이해하고 있어 자신의 용어를 사용하여 이를 자신의 심리철학적 모델에 결합시켰다. 이제 앞서 언급한 4가지의 영역과 그 에너지의 상호침투에 대해 보다 자세히 알아보고자 한다.

신체

신체는 정신과 감정 상태의 지도로 간주되며, 확실히 만져지고 관찰될 수 있는 경험의 일부이다. 신체는 광물계와 같은 특성을 가지며 죽음에 이를 경우 광물계로 환원된다. 이러한 밀도 있는 물질로서의 신체는 서양 의학의 핵심이라 할 수 있다.

에테르체

육체의 상호침투는 슈테이너가 언급한 에테르체, 즉, 에테르(etheric) 또는 생명체(life body)를 말한다. 이것은 중국에서 말하는 기(chi), 인도의 프라닉체(pranic body)와 유사하다. 조금 더 미묘한 진동의 관점에서 바라본 신체의 원형으로서, 신체의 호흡, 증식, 신진대사 및 온기라는 생명 과정을 돌보고, 여기에 영양분을 공급하고 또 이를 유지하기 위해 필요한 에너지를 공급하는 신체의 생명과 건강을 담당한다(Steiner, 1997). 우리 신체기관의 형태와 안녕은 이러한 힘과 그 활력에 따라 달라진다. 신체의 구성 측면에서 사람마다 에테르의 강도가 다르기는 하지만, 물, 좋은 식습관, 수면, 규칙적 신체 패턴에 의해 강화될 수 있으며, 또한, 에테르가 식물계 및 물의 구성요소와 긴밀한 관련이 있으므로 자연, 그 중에서도 특히 물의 근원과 접촉에 의해서도 강화될 수 있다(Bott, 1996:9). 신체적, 감정적, 정신적 스트레스는 에테르를 소모시키며, 운동 부족, 자연요소에의 노출 부족, 전자기 방사선, 불규칙적인 생활 패턴, 오염된 공기, 물, 음식도 마찬가지다. 우리는 모두 그 이름은 잘 모르더라도 에테르에 대해서 잘 알고 있다. "지쳐 보여요(drained)", "깜짝 놀라셨네요(jumping out of your skin with energy)"라는 표현을 보면 이를 알 수 있다. 즉, 에테르는 신체에 에너지 원천을 제공해준다.

마음 의식 저층부: 아스트랄체(트라우마 시스템)

마음 의식의 저층부는 우리가 경험하는 모든 진동 패턴이 처리되거나 통합되지 않고 저장되는 공간을 의미한다. 불교에서는 이를 '평상심(ordinary mind)'이라 한다. 슈테이너(1997)는 이를 아스트랄체(astrality), 또는 그가 말하는 반감(혐오감)과 공감(욕구)이 주도하는 경험의 흔적을 보유한 에너지 체계라고 부르며, 여기에는 자체적으로 개인적인 경험의 트라우마 체계를 가지고 있다. 그는 이것이 우리 자신의 일부로서 수면과 함께 사라지고 기상과 함께 다시 나타나는 것으로 본다. 만일 아스트랄 층이 너무 깊이 에테르 및 신체에 침투하게 되면, 그 아스트랄 층은 밤에 사라지기가 어렵고 또 수면이 어려워진다.

> 의식의 힘은 숨겨진 미스테리의 샘에서 나오는 물과 같이 잠의 무의식 속에서 나온다. 우리가 잠들 때 어둠 속으로 가라앉는 의식은 우리가 깨어났을

때 부상하는 의식과 같은 것이다(1997:36).

아스트랄체 또는 트라우마 체계는 우리를 가수면 상태에서 깨어나게 하는 것으로서, 감각을 통해 우리를 경험의 관문으로 이르게 하는 인간의 한 측면임과 동시에 즐거움과 고통이라는 모든 경험의 저장소 역할을 한다. 아스트랄체에 저장된 경험의 진동패턴을 쉐어우드(Sherwood)는 흔적(imprint)이라고 부른다(2004:20). 우리가 사용하는 상당수의 방어기제는 생존을 위해, 아스트랄 층에서의 고통을 피하기 위해 그리고 살아남기 위한 저항으로부터 나온다. 이로 인해 경험의 상당 부분이 차단되고, 부정되며 억압된다. 묻혀진 아스트랄 경험은 무의식을 통해 평생을 걸쳐 이어진다. 이러한 트라우마 체계는 자기체계나 "자기(I am)"와의 통합을 하지 못하도록 하고 있으며, 결과적으로 대부분의 심각한 정신건강 문제의 원인이 된다. 사델로(Sardello)는 슈테이너의 몸, 영혼 및 정신의 심리학 이라는 제목의 에세이 모음집에 대한 소개에서, 아스트랄은 일종의 고정된 저장소가 아니라 신체 감각에 의해 조정되는 외부 세계와 내부 의식이라는 가장 친밀한 영역 간의 역동적, 유동적인 영향을 주고 받으며, 이동하는 관계라는 사실을 언급하고 있다.

에테르와 아스트랄 간의 관계는 매우 중요한데, 그 이유는 에테르가 신체와 아스트랄 경험 간의 완충제 역할을 하기 때문이다. 에테르가 활기차다면, 아무리 많은 감정 트라우마를 가지고 있다 하더라도 신체는 고갈되지 않을 것이다. 그러나 에테르가 약하고 고갈된 상태라면, 감정 트라우마는 아스트랄 층에서 바로 신체로 흘러 들어가 다양한 정신적, 신체적 문제를 유발한다. 에테르의 안녕과 치유는 자연치유사들의 영역이기는 하지만, 에테르의 활력 정도는 최대한의 범위 내에서 상담사와 심리치료사가 다룰 수 있다(Sherwood, 2004:19).

"자기(I am)" : 통합적 자기체계(영혼)와 "큰 자기(I AM)" : 초개인적(정신)

이 모델에서 나는 인간 의식의 반성적, 통합적 자기체계를 "자기(I am)"

로 부른다. 이는 이 모델에서 때로 '영혼(soul)'이라고 불리는 개체화된 의식을 의미하기도 한다. 의식의 최상층 부에서 이것은 초개인이라는 정신의 최고 자원과의 연결고리가 되며, 나는 이를 "큰 자기(I AM)" 또는 '정신(spirit)'이라고 부른다. 여기서 이 통합적 자기체계는 각기 다른 전통에 따라 여러 가지 이름으로 불리며, 그 안은 여러 개의 층들로 나누어져 있다. 슈테이너(1997:43)는 "자기(I am)"와 "큰 자기(I AM)", 두 가지를 "나(I)" 하나로 통합해서 불렀으며, 여기에 인간 의식의 최고층이 자리하고 있다고 주장하였다. "자기(I am)"는 그 핵심에 명확한 특성, 기억을 가지고 있는데, 슈테이너는 이를 "과거에 대한 인식"이라고 정의하였다. 이것은 바로 자각하는 인간의 의식이다. 슈테이너(Mc Dermott, 1984 인용)는 신체가 그 중심부에 뇌를 가지고 있는 것과 마찬가지로, 영혼의 경험은 그 중심에 "자기(I am)"를 가지고 있다고 말한다. 영혼이 위치하는 곳은 "큰 자기(I AM)"이며, 정신의 초경험적 본질로서 사람을 그 최고의 초경험적 능력과 연결시켜 준다. 이는 곧 초개인 영역과 같다. "나(I)" 안에는 인간 정신의 모든 자원, 즉, 고통, 한계, 어두운 경험을 극복하고 희망, 치유 및 성장을 불러오는 능력이 포함되어 있다. 이는 곧 인간이 과거의 경험에 비추어 새로운 현실을 그릴 수 있는 능력을 말한다. "나(I)"는 또한, 사람들의 삶에 나타나는 인간의 유일한 본질도 내포하고 있다. 이 "나(I)"는 통찰력을 가지고 있으며, 불교심리학에서 이것은 우리가 과거 및 현재의 경험을 반감이나 욕망 없이 돌아볼 수 있는 상층부의 의식 중 일부이다(Sujiva, 2000:177). "나(I)"는 매슬로우(Maslow, 1968)가 말하는 자아실현을 추구한다. 또한 "나(I)"는 매슬로우(1973)가 "B 또는 그 이상의 가치"라 부르는 힘, 용기, 결단, 사랑, 즐거움 등을 얻을 수 있는 능력을 인간의 정신구조에 가져온다. "자기(I am)"는 또한, 인간 개개인의 통합된 자기로 구성되며, 우리가 될 수 있는 최고를 대변하는 개인성이나 그 한 부분을 보여준다.

심리적 건강과 안녕은 "자기(I am)"를 자신의 경험에 결합시키고 모든 경험을 의미 있는 방식으로 통합시키고 처리하여 어떠한 경험도 차단, 부정, 억압되거나 묻히지 않도록 하는 능력에 의해 좌우된다(Sherwood, 2004: 21). 만약 이러한 과정이 발생하지 않는다면, 삶은 숙련된 수단이 아닌 저항과 욕망으로 특정된 아스트랄 또는 트라우마 체계에 의해 주도될 것이다. 슈테이너는 다음과 같이 설명한다(1997:53).

> "나(I)"는 우리가 단순히 쾌락과 고통을 느낄 때는 활동하지 않고, 이들 영혼들의 특성들이 변화하기 시작할 때에야 비로소 움직인다. "나(I)"가 종교로부터 나오는 충동(일련의 도덕적 가치)을 계속 자극하면, 이 충동은 에테르체에 바로 영향을 주는 "나(I)" 안에서 힘을 얻게 되어 에테르체를 변화시키는데, 이는 상대적으로 작은 충동이 아스트랄체의 변화를 초래하는 것과 같은 이치이다."

"자기(I am)"가 강하면 강할수록 초개인적 요소와 의미에 연결시켜 주는 "큰 자기(I AM)"의 일부에 개입할 수 있는 영향력이 강해지며, 감정적인 문제를 해결하기 위해 동원할 수 있는 요소들이 더욱 많아진다. "큰 자기(I AM)"라는 용어는 모든 종교적 전통에서 초개인, 즉, 인간 내의 신적인 부분에 이르기 위해 사용되고 있다(Fox, 2000:135).

슈테이너(1997:57) 또한, "나(I)"의 최고층위와 초개인적 정신세계를 분명히 연결시키고 있다. 슈테이너(1997:39-40)는 신체, 에테르체 및 아스트랄체 와 "나(I)"와의 관계를 역동적이라 묘사하며, 서로 서로를 침투하고 있다고 설명한다.

> 신체는 에테르체가 이를 지탱해 주지 않는다면 무너질 것이다. 에테르체는 아스트랄체가 이를 비추지 않으면 무의식으로 빠져들 것이다. 마찬가지로 아스트랄체는 "나(I)"가 과거를 구제하여 현재로 이끌고 나오지 않는 이상 그 과거를 계속해서 망각할 것이다. 죽음과 신체와의 관계는 수면과 에테르체와의 관계, 그리고 망각과 아스트랄체와의 관계와 같다. 삶은 에테르체에 속하고, 의식은 아스트랄체, 그리고 기억은 "나(I)"에 속한다고 말할 수 있을 것이다.

이러한 특정한 신체의 관계와 기능은 슈테이너(1999)의 “몸, 영혼 및 정신”과 보트(Bott, 1996)의 “정신과학 및 치유의 미학”에 기술되어 있다.

쉐어우드(2004)는 “나(I)”와 호흡과의 관계가 중요함을 재차 언급한다. 힘든 경험은 아스트랄체에 진동으로 흔적을 남기며, 그 결과 진동의 영향을 받는 곳에 호흡을 지속적으로 불어넣는 것이 고통스럽기 때문에 호흡의 수축이 여러 가지 형태로 나타나게 된다. 어떤 일이 발생하고 있는지에 대해 의식을 하고 있지 않은 이상, 자동적으로 호흡을 줄여 고통을 피하려 하게 된다. 아스트랄체의 수축은 에테르에 의해 신체로까지 이동된다. “나(I)”의 존재는 호흡을 통해 이동되는데, 수축된 아스트랄체, 에테르체 및 신체의 어떤 부분에서 소멸이 된다. 이런 수축된 경험의 부분은 “나(I)”로 수용되지 못하며, 신체적, 정신적 질환을 야기하여 트라우마 체계나 아스트랄체에서 분리되어 남아있게 된다. 이렇게 “자기(I am)”의 보호 하에 관리되지 않는 경험들은 익숙한 사고를 통한 선택이 아니라 혐오와 욕망, 표출과 억압에 의해 주도되는 반복적이고 서투른 방식으로 작동하도록 한다. 이 네 가지 ‘몸(body)’은 아래 그림으로 도식화되어 있다.

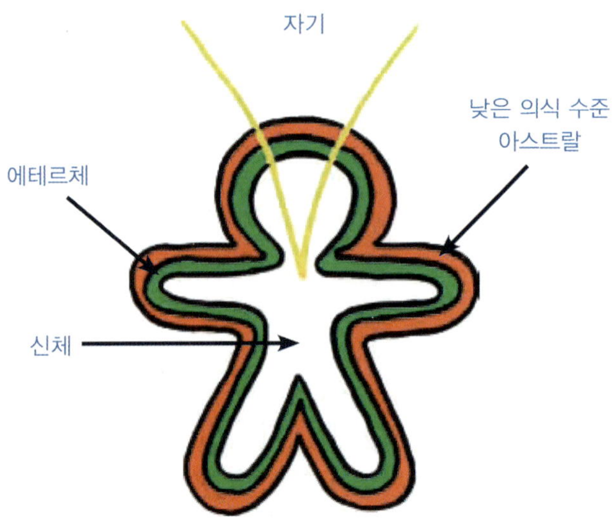

그림 1: 4층부 모델의 개요

전인적인 내담자의 경험 언어

언어는 우리의 경험을 말로 전달할 수 있는 양에 있어서 제약이 있다. 다수의 내담자는 자기 경험의 극히 일부만 표현할 수 있는 반면, 어떤 내담자는 말을 자기 경험으로부터 거리를 두려는 방어기제로 사용하기도 한다. 전인적 언어에는 내담자가 자기의 경험을 잘 표현할 수 있도록 하는 기술로 언어적인 것뿐만 아니라 비언어적인 것도 있다. 또한, 상호 간 내적 커뮤니케이션의 비언어적 방식에는 감정적 역동뿐만 아니라 신체의 감각, 몸짓을 통해 나타나는 호흡의 수축, 시각적 형상화 및 존재 내부의 시각화, 소리내기가 있다(Sherwood, Tagar, 2000:18-19).

에테르체와 아스트랄체의 진동 역동인 리듬은 패턴을 형성하여 결국 신체에 흔적을 남긴다. 그리고 이러한 흔적은 내적 경험의 지도가 된다. 타거는 의식은 감각, 몸짓, 시각화, 움직임 및 소리 등 비언어적 표현방식을 통해서 그러한 흔적에 더 잘 도달할 수 있다(Tagar, 1991, 1997)고 하였으며, 쉐어우드와 타거(Sherwood, Tagar, 2000:19-20)는 이를 다음과 같이 설명한다.

감각 : 어떤 현상을 자각하는 인간의 능력은 감각의 활동을 기초로 한다. 개별 감각으로의 구분을 넘어서서, 모든 것을 다 감지하는 능력은 타거가 말한 "감각-능력(sense-ability)"이다. 감각을 통해 경험에 접근하고, 경험을 다시 한 번 의식으로 불러올 수 있다. 우리는 매일 감각의 통합적 본질을 이용하여 타인과 우리의 세계에 관한 정보를 얻는다. 예를 들면, 우리 아이들이 아플 것 같은지, 친구들이 에너지로 넘치는 것처럼 보이는지 또는 기진맥진해 보이는지를 감지한다. 우리는 과일을 만지기도 전에 익었는지를 알고, 어떤 논쟁의 자리에 있지 않았더라도 그 장소에 발을 들이는 순간 공격성을 감지한다.

몸짓/움직임 : 몸은 경험과 관련하여 다음과 같은 네 가지 주요 역량을 발휘한다: 1. 경험의 흡수자 2. 경험의 전달자 3. 경험의 반영자 4. 경험의 표현자이다. 몸짓은 경험의 표현자로서 몸이라는 네 번째 역량의 역할과 관계된다. 우리는 모든 인간의 경험이 몸에 진동으로 전달되는 특정한 경험에 직면할 때 호흡이 어떻게 수축하는지를 보여주는 몸짓으로 직접 표현할 수 있다는 점을 알고 있다. 예를 들면, 우리가 사랑하는 누군가가 죽었다는 갑작스런 소식을 듣게 되면 심장에서 이를 느끼게 된다. 잠시 동안 심장의 수축, 고통, 그리고 호흡의 일시적 발작을 느낀다. 호흡 중단과 같은 발작의 형태는 우리 몸에 흔적을 남기기 때문에 상실의 경험을 드러낸다. 이것이 바로 고통의 몸짓이다.

시각적 형상화 : 내재적 능력은 내적 경험의 정확한 그림을 그려주기 위해 존재한다. 이 내재적 능력은 유도된 형상이 아니라 상상력이나 이미지를 창출하는 재능을 활용하는 시각적 형상화라는 진실한 자발적 활동이다. 이 능력은 사람에 따라서 상당한 차이를 보이는데, 다른 어떤 형태의 언어보다 그 차이가 크다. 대개 시각적 형상화 능력을 개발한 사람들은 강한 색감을 가지고 있고 창조적 놀이와 상상력이 풍부한 유년 시절을 경험한 바 있다. 시각적 형상화가 어려운 사람들은 대개 이미지를 만드는 상상적, 창조적 능력이 억압되거나 방해받는 유년 시절을 보냈고, 때때로 그 이유는 예술적 활동과 창조적 놀이의 부재, 그리고 TV, 컴퓨터 및 비디오 게임과 같은 이미 만들어진 이미지에 과다노출 되었기 때문이다.

소리내기 : 사람의 말, 즉, 자음과 모음의 소리는 에테르체 내에서 울릴 수 있는 진동 패턴이 된다. 모든 소리는 특정 범위의 경험 내에서 메아리를 만들 것이다. 경험은 공명 패턴 속에 존재하는데, 말소리의 공명 패턴과 정확하게 일치되고 인생의 모든 주기와 단계에서도 접근될 수 있다. 몸짓으로 표현되는 모든 경험은 말소리의 특정 조합에 의해 정확하게 일치하는 패턴을 찾을 수 있다.

이러한 비언어적인 내적 의사소통의 도구를 사용하여, 흔적으로 저장된 동화되지 않은 경험을 발견하고 치유하며, 트라우마를 없애고, 자기 영역 주변의 유연한 범위를 다시 만들어 냄으로써 보다 효과적인 보호 효과를 꾀할 수 있다. 사람들은 치유와 변화를 위해 자신이 가진 자원과, 기교적 언어의 숙달을 통해 "나(I)"에 접근할 수 있다(Sherwood, Tagar, 2000). 이러한 비언어적 언어에 보다 더 숙달될수록, 내담자들은 경험, 자원, 치유능력, 그리고 앞서 언급한 네 가지 '몸'과의 커뮤니케이션 능력에 더 잘 도달할 수 있다. 내담자들은 이러한 언어를 개발하여 몸, 마음, 정신의 경험을 통합시킬 수 있다. 기법적인 치료를 통한 이러한 언어의 개발은 전인적 상담모델의 핵심이다.

진단 및 개입

진단

진단의 세 가지 영역은 이 모델의 핵심이다. 그 세 가지 영역은 다음과 같다.

1. 4층부, 즉, 신체, 에테르체, 아스트랄체 및 "나(I)" 간의 상호관계
2. 경험한 흔적의 정확한 위치와 특정한 문제로 유발된 가장 초기의 층들을 포함한 경험의 내용
3. 원래 흔적의 본질: 음 또는 양

4층부 간의 상호관계

이 진단이 중요한 이유는 치료를 필요로 하는 내담자의 신체, 에테르체, 아스트랄체 및 "나(I)" 층위를 포함한 총체적인 개요를 보여주기 때문이며, 그리고 이 진단은 웨그만(Wegman, 1928)과 보트(Bott, 1996) 등의 인지학적 의학 연구에 의해 폭넓게 입증된 바 있다. 본질적으로 심리치료사들에게 있어 주요 행동영역은 경험의 흔적이 저장되는 아스트랄체이다. 에테르 층은 심리치료 문제를 해결하고자 하는 내담자의 에너지 유무를 결정한다. 에테르가 고갈되거나 감소하면, 보조적인 건강방식을 통해 보충을 함으로써 아스트랄체에 흔적을 남기기 위한 에너지를 방출할 수 있을 것이다. 또한, "나(I)"의 강도, 위치 및 유무는 치료적 개입의 속도와 효과성을 결정하는 데 있어 매우 중요하다. 예를 들어, 사례연구

(casework) 결과를 비교해 보면, 심각한 정도가 같고 유사한 문제를 가진 두 명의 내담자가 있지만, 이 두 명의 문제해결 속도는 다르게 나타날 것이다. 그 이유를 예측해 본다면, 일반적으로 "나(I)"에 대한 접근성이 높고 회복에 필요한 특정한 감각에 속한 자원에 접근하기 위해 "나(I)"를 동원할 수 있는 내담자는 "나(I)"와 약하고 자원이 거의 없는 내담자에 비해 훨씬 더 빨리 진전을 보일 것이다. 자원은 광물, 식물, 동물 또는 원형적 정신영역으로부터 습득될 수 있으며, 그 자원은 본인과의 일체감, 안녕, 안전, 자신감, 그리고 삶의 도전을 감당할 수 있는 능력을 강화해 주는 연결성을 보여준다.

신체, 에테르체, 아스트랄체 및 "나(I)"간의 관계는 심리치료에 있어 여러 가지 중요한 의미를 지닌다. 한 가지 중요한 예는 "나(I)"의 위치이다. 어떤 사람들, 특히 유년시절에 트라우마를 겪은 사람들은 "나(I)"가 자신의 몸으로부터 분리되는 방어기제를 개발한다. 그러한 아이들은 몽상가로 불릴 수 있으며, 현재가 아닌 다른 세계에 살고 있다. 그러나 이 패턴은 성인이 되어서도 계속 이어지며 삶의 도전에 맞서기 위해 충분히 현실감각을 가지지 못하기 때문에 기능장애를 일으킨다. 그 이유는 원래 가지고 있는 트라우마와 같은 음향 패턴을 가진 사건에 직면하게 되면 "나(I)"가 계속하여 그들의 몸으로부터 탈출하기 때문이다. 이는 타거가 "탈육화(excarnation)"라고 부르는 분리의 형태와 같다. 우리는 누구나, 심지어 성인이라도, 특히 급작스러운 쇼크나 트라우마를 겪으면 이러한 상태를 경험할 수 있다. "나(I)"의 부재는 사람을 취약하게 만들고, 도전에 맞설 수 없게 하며, 압도당하고 침해받은 느낌을 갖고, 또한, 무기력해진다. 가끔 그 사건에 대한 기억을 잊어버리는 것과도 연관이 있다. 모든 내담자들은 "나(I)"가 몸을 떠나는 방향에 대해서 말해줄 수 있다. "나(I)"와 몸과의 분리가 일어날 때, 심리치료 개입의 첫 번째 중요한 조치는 내담자로 하여금 의식적으로 "나(I)"를 몸으로 재통합시키는 과정을 거치도록 하는 것이다. 내담자는 "나(I)"의 힘을 다시 끌어들여 현재의 문제에 맞설 수 있게 된다. 이를 위한 과정은 제5장에서 다루어진다.

경험의 정확한 위치 및 내용

몸은 심리치료적 경험들이 위치할 수 있는 인간 정신에 대한 진단 지도이다. 예를 들어, 특정한 학대 사건에 대해 말할 때, 내담자는 위가 꼬인 느낌을 받을 수 있다. 여기가 바로 경험의 진동 흔적이 저장되는 곳이다. 타거는 "들어가기-나오기-바라보기(enter exit behold)"라는 과정을 개발하여 이러한 경험의 흔적에 접근하고자 하였다. 이것은 젠드린(Gendlin)의 "포커싱"에 이은 중요한 기법의 개발이라고 할 수 있다. 쉐어우드(2004: 35-36)는 이 과정을 도입하고, 변형시켜 호흡 과정을 이용하여 흔적의 추적에 사용하였다.

쉐어우드는 호흡이 우리가 어떻게 경험을 저장하는가를 결정하는 중요한 요소임에 주목하였다. 우리의 호흡 형태는 내담자들로 하여금 자신의 내적 경험을 빠르고 믿음이 가도록 추적할 수 있는 가시적 매체를 제공해준다. 이러한 방식은 문화권과 관계없이 적용되며, 모든 인간에게 공통적으로 적용되는 매체이다. 내담자들이 힘든 경험을 할 때, 호흡은 자유로운 흐름을 수축함으로써 그 진동 패턴으로 각자의 몸에 흔적을 남긴다. 그 결과 아스트랄체, 에테르체, 그리고 결국 신체 에너지의 자유로운 흐름이 중단된다. 트라우마가 유발하는 에너지 패턴의 형태는 내담자들의 호흡이 중단되는 형태로 저장된다. 신체의 몸짓은 호흡의 정지를 보여준다. 몸짓은 경험을 드러낼 수 있도록 하는 열쇠이다. 쉐어우드는 아래의 변형된 "들어가기-나오기-바라보기(enter exit behold)" 과정을 사용하여 경험의 원래의 흔적을 발견하고자 하였다.

- 자신이 그 사건의 기억을 되살릴 때 감각을 느끼는 신체 부분으로 들어간다.
- 자신의 호흡이 자유롭게 흐르는지/ 그렇지 않는지를 느껴보라고 한다. 덩어리, 매듭, 끊어지는 밧줄, 또는 블랙홀 같은 느낌이 드는가?
- 그 흔적에서 나와서 어떻게 호흡을 하지 않는지 그 형태를 그림으로 그리도록 한다.
- 그리고 자신이 그려놓은 그림의 형태를 온몸을 이용해 몸짓으로 표

현하게 한다. 만일 매듭을 그렸다면, 자신이 그린 그림의 형태로 자기 몸을 비틀어야 할 것이다.

- 몇 분 동안 전신을 이용하여 흔적을 몸짓으로 표현하는 동안, 자신의 몸짓이 이러한 형태였던 것이 제일 처음 언제였는지를 질문한다.
- 내담자의 몸 세포의 기억은 현 문제의 기저에 있는 원래의 경험을 드러내도록 할 것이다.
- 이제 이전의 억압된 경험이 무엇이었는가에 대해 알아차린 후, 흔적에서 물러나와 트라우마의 감정으로부터 자유로워질 수 있을 것이다.

이 모델에서, 유사한 진동을 가진 모든 경험들은 아스트랄체의 동일한 부분에 여러 층으로 나뉘어 저장될 것이다. 가장 최근의 경험은 신체에 가장 가깝고 가장 접근성이 높은 층위에, 그리고 가장 오래된 경험은 신체로부터 가장 먼 층위에 저장된다. 진단 회기에서 원래의 흔적에 더 가까이 갈수록, 심리치료적 개입의 효과는 보다 성공적일 것이다.

원래 흔적의 본질 : 음 또는 양

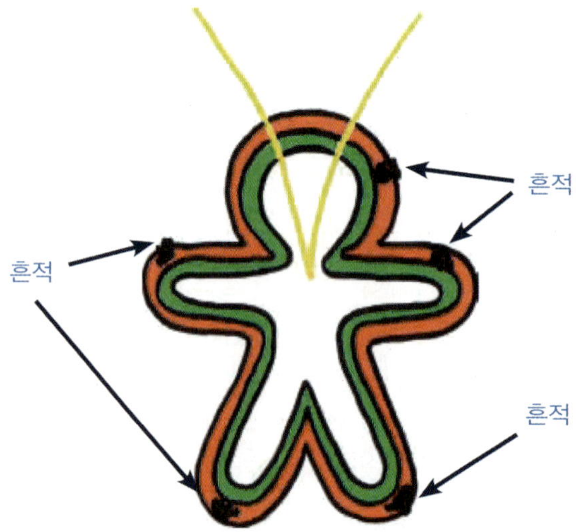

그림 2 : 아스트랄 층의 흔적

내담자가 확인한 경험의 흔적은 두 가지 영역으로 구분된다: 음과 양이 그것인데, 각각의 영역에 따라 필요한 개입의 종류가 다르다.

음의 흔적(Yin Imprints)

우선, 음의 흔적은 초기 성장기 동안 건강한 심리 사회적 성장을 하기 위해 내담자가 필요로 하는 주요 성질이나 자원의 결여, 즉, 고갈 및 부재의 경험에 따른 결과이다. 그 예로는 사랑의 부재, 따뜻함의 부족, 관심의 부재, 기쁨의 부족, 유대감의 부족, 그리고 버려진 느낌, 외로움 및 차가움 등이 있다. 가장 지배적인 심리치료 증상은 두려움이다. 음의 흔적은 감정적, 신체적 체계를 냉각시키는 것으로서, 특히 하루의 마지막에 느끼는 공허함으로 경험되는 경향이 있다. 이러한 공허함을 달래기 위해 일반적인 해독제로는 설탕, 술, 무의식적인 소비, 도박, 충동적 성행위, 흡연, 향락적 마약과 음의 흔적에서 야기되는 공허함을 억누르게 해 주는 기타 행위가 있다. 신체에서, 음의 흔적은 암, 종양, 다발성 경화증과 같은 질병을 낳는다. 음의 흔적은 삶의 목적성을 불확실하게 하고, 의미 있는 천직에 정착하지 못하는 성향을 강화시키며, 삶의 표류하는 감각을 악화시킨다. 말 그대로 음의 흔적은 "자기(I am)" 또는 자기만의 소명의식을 저해시킨다.

양의 흔적(Yang Imprints)

양의 흔적은 신체적, 감정적, 언어적 또는 성적 학대나 트라우마로 인한 에너지계로의 침입에 의해 발생된다. 이러한 에너지 패턴은 종종 구토감에 이르는 몸의 독성으로 경험된다. 사람들은 자신의 영역이 과거나 현재에 미숙하고, 미발달되었거나 없기 때문에 자신의 에너지 체계로 들어온 부정적이고 독성 있는 에너지의 쓰레기통 역할을 하게 된다. 그들은 자신의 에너지 공간을 외부 침입으로부터 지켜내지 못한다. 이러한 흔적은 신체의 발열로 경험되며, 편도선염, 충수염, 관절염 등 염증성 질환으로 나타난다. 이러한 모든 질병 뒤에는 분노라는 지배적 감정이 있다. 양의 흔적이 많은 사람들은 삶이 불안하고, 자기 운명을 통제하는 데 있어 무기력함을 종종 느끼고, 외부 상황에 의해 압도되는 느낌을 받는다. 자신들이 통제 불능상황의 피해자라고 느끼고 이에 분개할 수 있다. "나(I)"가 독립적인 사람으로 발전해 나갈 수 있는 공간이 없다.

개입(Interventions)

위 진단과정을 기초로, 특정 흔적이 변화를 일으키도록 만드는 자세한 과정이 나와 있다. 이 모델에서 내담자의 변화는 "나(I)"를 보다 완전히 아스트랄체 또는 트라우마 체계로 통합시켜 몸 안에서 보다 온전하게 존재하도록 하는 능력으로 정의될 수 있다. 이러한 내담자의 변화를 위해서는 우선 의식을 "나(I)"의 매체인 호흡이 고통과 힘든 경험으로 인해 그 흐름이 중단되거나, 또는 왜곡되거나 수축되는 아스트랄체 흔적으로 재 편입시켜야 한다. "나(I)"가 몸의 일부로 되돌아가면, 호흡이 회복되어 건강과 보다 완전한 의식, 그리고 자아강화(self empowerment)의 느낌을 함께 회복시켜 줄 것이다.

전인적 상담에서 심리치료가 다루는 문제들은 세 가지 주요 의도에 따라 광범위하게 분류된다. 첫째는 현상을 이해하기 위해 방향성을 구하는 것, 둘째는 외부 사람들로부터 에너지의 침입을 막기 위해 자기 영역을 강화하고자 하는 것, 셋째는 자원과의 재결합을 통해 충족되지 못한 욕구를 파악하는 것이다(Tagar, 1997).

방향성(Orientation)

내담자들이 바라는 것은 어떤 일이 일어나고 있는지를 알아내고, 자기 삶의 특정한 역동을 보다 완전히 이해하거나, 특정한 역동의 근본 원인을 알아내어 자신의 무지를 자각으로 바꾸고자 하는 것이다. 여기에는 다음과 같은 질문이 해당될 것이다. 내가 왜 담배를 피우는가? 내가 왜 이 파괴적 관계를 유지하고 있는가? 왜 내 아이에게 그렇게 화가 나는가? 이러한 질문에 대한 주요 의도는 내담자가 현재 당면라고 있는 삶의 문제를 보다 깊이, 그리고 보다 완전하게 이해하고자 하는 것이다. 여기서 핵심이 되는 과정은 "들어가기-나오기-바라보기(enter-exit behold)"이다. 일련의 방향성은 해당 문제가 주로 음의 흔적인지 양의 흔적인지를 알려줄 것이다.

자기 영역(Boundary)

여기서 내담자들의 주된 의도는 자신을 무기력하고, 나약하고, 위축되고, 두렵게 만드는 침입을 해소하여 자신의 공간에 대한 힘을 다시 얻고자 하는 것이다. 용기는 침입의 힘과 직면하고, 자기 공간 주변에 분명한 영역을 만들고 유지하기 위해 필요하다. 여기에는 육체적, 성적, 감정적, 언어적 학대, 비난, 자기 의견을 분명하게 말하지 못하는 부분을 개선하고자 하는 노력이 포함된다. 예를 들면, 나는 내 상사가 나를 비난할 때 화가 나지 않았으면 좋겠다. 나의 어머니가 현재 내 직업의 가치에 의문을 제기할 때 아무것도 하지 못하는 바보가 아니었으면 좋겠다. 이 모든 문제는 내담자의 주요 의도가 자신의 내적 힘을 동원하여 자기 삶 속에서 피해자가 되는 것을 막는 것이다. 여기서 핵심 과정은 "방해물 차단(unblocking)"으로서, 소리와 몸짓을 이용하여 침입하는 진동의 힘을 퇴치하는 것이다. 쉐어우드(2004:78-79)는 이 과정에 대해 반복적으로 적용될 수 있는 단계와 함께 구체적으로 기술하고 있다. 자기영역의 문제는 항상 양의 흔적의 작업과 관련이 있다.

자원 확보(Resourcing)

내담자들이 여기서 원하는 것은 고갈, 공허 또는 부재 등을 겪는 자신의 성장을 위해 필요한 자질을 습득하는 것이다. 자기 증오와 방치를 극복하기 위해서는 자기 사랑과 관심이 필요로 하다. 전형적인 문제들: 나는 더 많은 사랑이 필요해, 나는 내 삶에 기쁨이 더 필요해, 내 삶에 유대감이 더 필요해, 내 삶에는 성장이 더 필요해 등이다.

회복을 위한 핵심과정은 자원의 확보이고, 자원 확보는 내담자가 완전하다고 느끼기 위해 필요한 부족한 자질과 관련된 경험을 이끌어내고 새로운 자원을 창조해 내기 위해 원형, 색, 소리, 움직임과 몸짓, 그림 그리기를 사용하는 것이다. 이 과정은 쉐어우드(2004:77)가, 그리고 제 4장에서 반복적으로 적용되는 단계에 대한 설명과 함께 구체적으로 기술하고 있다. 자원 확보하기 문제는 음의 흔적을 해결하는데 있어 항상 필요로 한다.

모델의 평가 절차

평가는 몸, 마음, 정신의 전인적 상담모델에 있어서 어려운 문제이다. 그 이유는 식별가능하고 관찰가능한 행위의 변화를 측정하는 것이 아니라 치료적 개입에 의한 내담자의 변화라는 경험을 평가하고자 하기 때문이다. 평가는 이러한 경험을 전인적으로 포착하기 위해 부분적으로나 행위별로가 아닌, 현상학적으로 설계되어야 한다. 이 전인적 상담모델의 큰 목표가 내담자의 "나(I)"의 존재감, 또는 아스트랄체, 에테르체, 신체 안에 존재한다는 특별한 느낌을 증대시키는 것이라는 점을 고려할 때, 어떻게 미묘하지만 강력한 변화를 평가할 것인가? 그 핵심 답안은 몸 안에 있는 "나(I)"의 존재를 나타내는 호흡에 있다. 우리가 몸의 모든 세포에 충분히 호흡을 제공하고 있을 때 우리는 온전한 존재감을 느낀다. 만약 호흡이 수축되면, "나(I)"는 정도는 다르지만 사라진다. 본질적으로, 우리는 치료적 개입 이전과 이후에 호흡의 수축 정도를 파악하는 것이 필요하다.

이를 위해 회기 중 내담자들이 활용할 만한 현상학적, 전인적 방법이 쉐어우드에 의해 개발되었다. 이 방법에 따르면 두 차례의 그림 그리기가 필요한데, 내담자가 해결하고자 하는 문제에 따라 적용되는 치료적 개입이나 과정의 이전과 이후에 각각 두 번이 필요하다. 그러나 이 두 번의 그림은 아스트랄체에 주로 저장되어 있지만 에테르체를 통해 신체로 반영되는 경험의 흔적에 정확하게 초점을 맞춘다. 이 흔적은 힘들고 처리되지 않은 경험으로 인한 내담자의 호흡의 수축을 나타낸다. 첫 번째 그림은 아래 6단계 절차 완료 후 이루어진다.

- 오늘 상담 회기에서 해결하고자 하는 문제를 유발한, 힘들었던 특정한

사건에 대해 구체적으로 기술한다.

- 그 사건 기술 이후, "불편함, 수축 또는 불안을 느끼는 곳은 신체의 어느 부분인가?"라는 질문을 한다.
- 몸의 그 특정 부분에 손을 올려놓고 말 그대로 한 걸음 내딛게 하여 그 곳으로 들어가도록 하고, 심장, 어깨, 위 등으로 걸어 들어가고 있다고 상상한다.
- 이렇게 서 있는 동안, "에너지나 호흡의 형태가 그 특정 신체 부위에서 움직이는지 또는 움직이지 않는지를 느껴보라"고 한다.
- 이제 한 발 뒤로 물러나서 거기서 나오도록 한다.
- 이제 자신이 처음 들어간 부분에서 느낀 형태를 그림으로 그리도록 한다.

이것이 바로 흔적의 첫 번째 그림, 또는 개입 전 그림이다. 문제 해결을 위해 앞서 언급한 과정이 완료되면, 내담자는 개입 후 그림, 또는 두 번째 그림을 그린다. 이를 위해서 내담자는 자신의 몸의 동일한 공간으로 돌아가 앞서 말한 동작을 아래 질문과 함께 수행한다.

"에너지/호흡이 그 신체 부위에서 어떻게 움직이는지/ 또는 움직이지 않는지/ 그 형태/를 느껴보라"고 한다.

내담자는 거기에서 나와 그 신체 부위에서 경험한 것을 다시 그림으로 그린다.

"나(I)"의 존재와 호흡을 증대시키는 치료적 개입의 효과성은 개입 전과 후 그림의 세 가지 주요 차이점으로 드러날 것이다. 그 세 가지 차이점은 아래와 같다.

1. 어두운 색에서 더 밝고 원색적인 색으로의 변화
2. 수축되고 제한적인 선과 형태에서 보다 포용적이고 넓은 형태로의 변화
3. 불규칙적이고 리듬이 없는 패턴에서, 신체에 "나(I)"가 보다 충만할 때 에테르체에 반영되는 호흡 과정이 보여주는 유동적 흐름과 같은 보다 유동적인 패턴으로의 변화

아래 세 명의 내담자들은 이러한 변화를 분명하게 보여준다.

그림 3: 흔적: 개입 전과 후

해결하고자 하는 문제에는 다른 영향력을 행사하는 근본적인 요소들이 있을 수 있는데, 첫 번째 회기에서 그 요소들이 아직 규명되고 처리되지 않은 경우, 개입 후 그림은 대개 원 형태의 불완전한 변화로 이를 보여줄 것이다. 그림의 일부는 여전히 마지막 그림에서도 남아있을 것이다. 이러한 부분은 다음 회기를 위한 훌륭한 진단지도를 마련해 준다. 만일 내담자가 온몸으로 몸짓을 해보는 "들어가기-나오기-바라보기(enter-exit-behold)"과정을 통해, 처음 그림에서 여전히 남아있는 부분으로 들어가게 되면, 기저에 남아있는 부분들은 매우 빨리 내담자의 의식으로 부상하게 될 것이다.

결 론

인지학적 의학모델에서 채택한 심리치료를 위한 전인적 모델은 신체, 에테르체, 아스트랄체 및 "나(I)"라는 인간의 세 가지 주요 영역 간의 상호 에너지 관계를 가정하는 몸, 마음, 정신 통합의 신체적 기반을 마련해 준다. "나(I)"는 사람의 독자적 정신과 초개인적인 유대감을 위한 능력을 포함하며, 신체적, 심리적 건강의 관건으로 인식된다. "나(I)"의 존재는 호흡과 복잡하게 연계되어 있고, 몸의 모든 세포에 충분히 호흡을 불어 넣어 주어야 하는 것과 같이 충만한 것으로 인식된다. 힘든 경험은 아스트랄체에 흔적을 남기며 이로 인해 호흡이 다양한 형태로 수축되며, 수축된 부분의 일부에서 "나(I)"의 존재는 소멸된다. 이 수축 부위는 "나(I)"가 수용하지 못하는 경험의 일부이며, 이로 인해 신체적, 정신적 질환이 생긴다. 이러한 수축은 경험의 음/양의 에너지 흔적을 형성하고, 방향성, 자기영역, 자원 확보와 관련된 특정한 문제 해결을 위해 적용되는 특정한 과정을 통해 호흡을 회복하는 과정에서 그 수축 부분이 해소된다. 호흡의 회복과 "나(I)"의 존재 복구는 개입 전후에 흔적을 그린 그림으로 평가된다. 이 문제가 해결되면, 두 차례에 걸쳐 그린 그림을 보면 어둡고 위축되고 불규칙적인 흔적이 밝고, 확장되고 규칙적인 움직임의 흔적으로 바뀌었다는 것을 알 수 있다. 이러한 변화는 그 흔적이 위치한 몸의 부분에서 호흡과 "나(I)"의 존재가 커졌다는 사실을 통해 나타난다.

몸, 마음, 정신을 통합하는 전인적 상담모델을 개발하는 것은 어려운 과정이다. 상당 부분이 눈에 보이지 않고, 만져지지 않고, 알려지지 않았으며, 경험주의 패러다임 세계를 벗어난 영역이다. 신세계의 개척자들과 마찬가지로, 우리는 눈에 보이지 않는 것을 보고, 만져지지 않는 것을 만지고, 알려지지 않은 것을 알기 위해 이 작업을 시작하였다. 우리는 새로운 지도, 새로운 언어, 그리고 새로운 도구가 필요하다. 이 모델에서, 몸은 새로운 지도이고, 감각, 몸짓/움직임, 시각적 형상화/그림 그리기, 소리내기 및 호흡은 새로운 언어이며, "들어가기-나오기-바라보기," "방해물 제거," "자원 확보"

과정은 새로운 도구들이다. 이는 인간 정신구조를 활성화하기 위한 모델로서, 치유와 숙련된 행위를 위한 모든 잠재성을 일깨우는 것이다. 이러한 것들을 상징적으로 보면, 지식을 지혜의 양식으로 바꾸고, 삶 전체에 영양을 주며, 우리의 감각과 정신, 이성과 직관, 논리와 창의성 간의 합일을 가져오는 능력을 가진 소피아의 귀환이라고 할 수 있다.

참고문헌

Borysenko, J. and Borysenko, M. (1994) *The Power of the Mind to Heal* Hay House, CA.

Burstein, C. (1988) "Living Inquiry" Johnson, D and Grant I (ed) *The Body in Somatic Psychologies*. Nth Atlantic Press, Berkeley. pp 107–123.

Bott, V. (1996) *Spiritual Science and the Art of Healing* Healing Arts Press, Vermont.

Damiani, K. (1997) *Sophia Exile and Return* Dissertation. Graduate School of the Union Institute Cincinnati, Ohio. Degree of doctor of Interdisciplinary Humanities.

Emoto, M. (2001) *The Hidden Messages in Water*. Atria books, NY

Fox, M. (2000) *One River, Many Wells*. Gateway, Dublin.

Gendlin, E. (1974) "Client centred and experiential psychotherapy" Wexler and Rice (eds) *Innovations in client-centred therapy*. Wiley. N.Y.

Lowen, A. (1976) *Bioenergetics*, Penguin, London.

May, R. (1981) *Freedom and Destiny* NY, Norton

McNeely, (1987) *Touching Body Therapy and Depth Psychology*. Inner City Books, Toronto.

Mons, T. (1995) *Buddha Abhidharma*, Suki Hotu, KL

Maslow, A. (1968) Towards a Psychology of Being. Nostrad, NY

Maslow, A. (1973) *The Farther Reaches of Human Nature*, Penguin, Melbourne.

Pert, C. (1997) "Neuropeptides are chemo attractants for Human Monocytes and Tumour Cells: A basis for Mind- body Communication" Gawler, *Science, Passion and Healing*, Gawler Foundation, Victoria

Perls, F., Hefferline, R and Goodman, P (1951) *Gestalt therapy: Excitement and Growth in Human Personality*. Dell. NY

Sherwood, P. (2004) *The Healing Art of Clay Therapy*, ACER, Melbourne.

Sherwood, P. and Tagar, Y. (2000) "Experience awareness tools for preventing burnout in nurses" *The Australian Journal of Holistic Nursing* 7 (1):15–20.

Steiner, R. (1997) *An Outline of Esoteric Science*. Anthrophosophic Press, NY

Steiner, R. (1999) *A Psychology of Body, Soul and Spirit.* Anthroposophical Press, N.Y

Mc Dermott, R. (1984) *The Essential Steiner.* Rudolf Steiner Press, N.Y.

Sujiva, (2000) *Essentials of Insight Meditation*, Buddhist Wisdom Centre, KL

Tagar, Y. (1991) "The Use of Non-Verbal Expression in Stress management with philophonetics counselling" Gawler, I (ed) *Medicine of the Mind* Gawler, The Gawler Foundation, Melbourne,1999: 246-266.

Tagar, Y. (1997) "Co-operating with the Life forces Within" Gawler, I (ed) *Medicine of the Mind Mind* Immunity and Health Conference, Gawler Foundation, Lorne.

Wegman, I. (1928) *Anthroposophical Principles of the Art of Healing*, Weleda, London.

Wilbur, K. (1998) *The Marriage of Sense and Soul*, Hill of Content, Melbourne.

Yalom, I. (1989) *Love's Executioner and Other Tales of Psychotherapy.* Basic books, NY

Damiani, K. (1997) *Sophia : exile and return* at http://wisdomsgoldenrod.org/publications/kdamiani

제2장

호흡 : 몸, 마음, 정신 안에서 우리의 존재에 대한 첫 번째 언어이자 표식

"과거에만 머무르지 말고, 미래만 바라보지 말고 현재 순간에 정신을 집중하라." – 부처

무료 삽화 : Buddha-Imagies.com

제2장 호흡 : 몸, 마음, 정신 안에서 우리의 존재에 대한 첫 번째 언어이자 표식

부처의 전통적인 곧은 자세는 신체의 모든 부분으로 호흡을 하는 사람들의 전형적인 자세이다. 이 자세는 평온함, 위엄, 평정, 조화 그리고 고결함을 나타낸다. 이들은 모두 정신건강과 행복의 초석이 되는 것들이다. 부처에게 당신이 신, 천신, 예언자, 또는 선구자냐고 묻자, 부처는 단순하게 대답하길 "난 단지 깨어있는 사람입니다."라고 하였다. 부처는 정신 또는 머리와 가슴, 감정과 사고를 의미하는 "마음(citta, 역자 주: 주로 마음을 나타내는 하나의 사고방식, 또는 상태)"의 본질을 깨닫고 있다 하면서, 마음은 지성, 감성, 감정, 그리고 사고를 의미하기 때문에 정신적인 고통에서 자유로워질 수 있다고 말했다. 그는 호흡법을 사용하는데 핵심이 되는, 마음의 본질을 일깨우는 과정을 가르쳤다(Khantipalo, B, 1984). 우리가 마음과 신체를 통하는 호흡의 흐름을 회복할 수 있을 때, 우리는 현재의 삶을 방해하고 정신적 고통을 야기하는 과거나 미래에 대한 생각을 쫓기 보다는 현재의 순간에 온전히 집중할 수 있게 된다. 부처는 호흡으로 중재되는 신체와 정신의 연결을 강조하였으며, 마음챙김 명상이나 통찰 명상이라고 부르는 호흡법을 가르쳤다. 이 방법은 수축되어 있는 신체의 부분들에 호흡을 회복할 수 있을 것이다. 마음챙김 호흡법의 현대적 적용은 경험적으로 입증되고 있다. 카바-진(Kabat-Zinn, 1990)은 스트레스, 불안, 우울, 고통, 그리고 광장 공포증에 마음챙김 명상의 효과를 보여주었다.

힌두교에서, 호흡은 "프라나(prana)(역자 주: 신체 활력의 기, 생명의 근원이며 영원히 또는 내세까지 지속되는 마지막 숨)나 우주적 에너지로 간주되며, 호흡을 하는 것은 이런 에너지를 차크라 시스템을 통해서 신체의 모든 부분에 전달하는 것이며, 기본적인 개념이다. 의식적인 호흡에 의해서 사람은 신체적 건강뿐만 아니라 정서적, 정신적 행복을 훨씬 증대시킬 수 있다고 믿는다. 요가의 전통은 "프라나야마(Pranayama, 역자 주: 호흡법)" 또는 호흡 자각의 양성을 통해 호흡의 치유력을 이용하기 위해 개발되었다

(Daver, 2004:107). 정신적, 신체적 건강을 위해 다양한 요가적 중재에 대한 최근의 실증적인 연구들은 매우 인상적이다. 나가라스나(Nagarathna, 1999: 35-36)는 강박적 충동장애를 가진 사람들에게 불안과 전반적인 심각성을 측정하여 현저한 개선을 보인 특정 요가 호흡 패턴의 효과성에 대한 캴사(Khalsa 외, 1996)의 연구를 인용하였다. 나가라스나가 인용한 샤흐데바(Sachdeva 외, 1994)는 2개월간 요가 처치 중재 후 측정한 고혈압 환자의 수축과 확장 수치가 매우 감소했음을 관찰하였다. 하스락(Haslock, 1994: 36)은 심각한 류마티즘 관절염이 있는 피실험자들에게 처치한 요가 중재의 결과가 스탠포드 건강평가설문지의 장애지수와 악력에서 현저하게 향상하였음을 보고하였다.

서양에서는, 호흡과 정신의 관계를 폭넓게 이해하지 못했다. 호흡-마음-신체의 관계를 설명하는 심리학적 이론은 드물었다. 로웬(Lowen, 1976:66)은 이 관계에 대해: "깊고 충만한 호흡을 통하여, 사람은 보다 영성적이고 그리고 영성적인 삶을 위한 에너지를 불러일으킬 수 있기 때문에 호흡은 바이오에너지적인 면에서 중요한 역할을 담당한다"고 강력하게 주장했다. 프로이트(Freud)가 육체와 마음의 관계에 대해 언급했지만, 이 관계는 라이히(Reich)의 배척이 시작되면서 정신분석계의 비주류 이론이 되었다. 프로이트는 정신적 과정이 육체적 과정을 통제해야 한다고 인식했지만, 라이히는 이런 통제가 노이로제를 유발한다고 주장했다. 정신건강은 오로지 육체가 이러한 속박에서 자유로워질 때 회복될 수 있을 것이다(Totton, 2002:14). 라이히는 감정적 건강을 위해서는 육체를 통해 들어오는 호흡의 흐름이 중요하다고 인식했다. 로웬(1976:22)은 다음과 같이 말했다:

> 라이히에게 치료의 목적은 환자가 호흡 과정의 일부로써, 충분히 자발적이고 무의식적으로 신체를 움직일 수 있는 능력을 개발하는 것이었다. 그래서 강조할 점은 호흡이 깊고 온전할 수 있도록 하는 것이다.

심리치료를 근거로 한 다른 신체 모델들이 있는데 그 중에 몇몇은 좀 더 전인적인 것 같다. 왜냐하면 마음에 대한 그들의 개념은 좀 더 확장되어있고 인간의 정신적, 감정적 경험의 저차원적 그리고 고차원적 영역을 모두 포함하고 있기 때문이다. 알렉산더(Alexander)와 로웬이 시행한 수정모델들은 신체가 올바르게 정렬되었을 때 감정적, 정신적 상태가 자유로워질 것이라는 기대를 가지고 신체를 조정하려는 것이다. 하지만 민델(Mindell)의 과정지향적 접근법에서는, 신체와 마음의 경험 사이에 에너지가 흐르는 것처럼 치료사는 환자가 안팎으로 자신의 경험을 드러내도록 하여 전인적인 치유의 춤을 출 수 있도록 안내하는 것이다(Totton, 2002:210-211). 그로프(Grof, 1988:170)는 그의 홀로트래픽 호흡요법에서 사람은 호흡의 흐름을 바꾸어서 또 다른 무의식적 경험에 접근할 수 있다고 설명하였다. 그는 심리적 저항과 방어는 호흡을 제한하는 기제를 이용한다는 라이히의 관찰에 동의했다. 심리치료에서 나타나는 과정 외에, 지난 20년 간 생물-의학적 연구를 통해서 신체와 마음의 명확한 관련성을 정립하였다. 캔디스 퍼트(Candice Pert, 1997)의 정서의 분자들(Molecules of Emotion)이 초석이 된 정신신경면역학 연구에서 경험에 근거한 핵심적인 몇몇 연구 결과들이 나타났다.

마음의 상태를 치유하기 위해 호흡의 이용이 필요하다고 강하게 주장을 하는 불교와는 달리 기독교 이론은 정신의 존재 혹은 최고 의식의 관점에서 주로 호흡에 초점을 맞췄다. 이런 전통은 호흡을 우주에 존재하는 모든 창조적 생명에너지의 성령인 신의 존재와 관련시켰다. 이는 우주적 정신의 본질로서의 호흡의 개념이다. 에밀리 브론테(Emily Bronte)는 그녀의 시 "나의 영혼은 겁쟁이가 아니다"에서 이를 매우 찬란하게 표현하였다:

> 지구와 인간이 사라지고,
> 태양과 우주가 없어지고,
> 당신만이 홀로 남겨진다 해도,
> 모든 존재는 당신 안에 있을 것이다.
>
> 거기에 죽음이 들어설 곳은 없으며,
> 죽음이 파괴할 수 있는 것도 없으며:

당신–당신이 본질이고 호흡이며,
당신이 무엇이던 결코 파괴되지 않을 것이다.

우리의 신체에서 존재의 표식으로서 호흡

전인적 상담이 발달함에 따라 4층부의 모델에서 신체의 호흡은 의식의 더 높은 단계들의 존재를 나타낸다. 슈테이너는 "자기(I am)", 개인 또는 통합적 자아체계인 "영혼(soul)"과 "큰자기(I AM)" 또는 초개인적인 "정신(spirit)"을 포함하는 "나(I)"로, "나(I)"는 개별적인 자아 체계와 초월적인 체계를 연결하는 것으로 정의하였다. 이는 "나(I)"가 온전히 존재하는 의식의 상태로써 숙련된 상태에서 우리의 삶을 이끌어 갈 수 있다. 우리는 온전한 호흡을 위한 분명한 위치에 있을 때, 우리의 반응, 억압 그리고 방어기제를 변환시킬 수 있다. 정신–과학 강연에서(1991:17), 달라이 라마(Dalai Lama)는 이런 의식의 수준에 대해 명확하게 묘사하였다:

> …근본적으로 마음의 본질은 원래 순수하다. 초기의 성질은 "깨끗한 빛"을 의미한다. 갈망, 증오, 질투 같은 다양한 고통을 주는 감정들은 조건에 의해 나타난 부산물이다. 마음은 이런 정서들을 깨끗이 정화할 수 있기 때문에 마음의 타고난 특성들은 아니다. 마음의 본질인 깨끗한 빛이 고통을 주는 감정이나 생각으로 인해 진정한 본질의 표현이 제한받거나 가려질 때, 인간은 윤회라는 존재의 사이클에 갇힌다고 한다. 하지만 적절한 명상기법을 적용한다면, 고통받는 상태로부터 영향을 받거나 제약을 받는 것에서 벗어나 마음의 본질인 깨끗한 빛을 경험할 수 있고, 그렇게 되면 인간은 진정한 자유로 향하게 된다.

그가 정확하게 인지한 점은, 외부세계와의 반응을 통해서 마음의 본질이 흐려진다는 것이다. 따라서 깨끗한 마음은 혐오, 갈망 그리고 억제된 호흡의 장소인, 이 모델에서는 아스트랄이라고 부르는 일반적인 마음으로 향하게 된다. 헨드릭스(Hendricks, 1995:44–45)는 많은 간난 아이들이 복부로 깊게, 몸 안으로 완전히 호흡하는 것을 관찰하였다. 하지만 어린이들이 성장해 가면서 다양한 감정적 압박과 스트레스를 경험하게 되면서 호흡을 제한하기 시작하며 성인이 되면 부분적으로는 육체적, 감정적 트라우마로 인해 호흡을 훨씬 제한하게 된다.

육체 안의 자신의 존재의 크기가 줄어들고 부처가 "깨끗한 마음"이라고 묘사한 곳에 도달하는 능력이 감소되는 것은 육체의 부분들이 호흡하지 못하거나 수축된 호흡 때문이다. 수축된 호흡이 일어나는 곳은 감정적, 육체적, 정신적 트라우마를 의식에서 멀어지게 만들고 이런 트라우마는 밑바닥에서 우리의 삶을 움직인다. 벳슨(Bedson, 2005:1)이 그의 사설, 존재의 치유력(The Healing Power of Presence)에서 주장하듯이, 호흡과 상위 의식의 부재는 암과 같은 파장을 가진 다른 형태들의 의식이 대신하도록 한다. 그는 에크하드 트왈(Eckhard Toile)을 인용하여 이런 출현을 사실적으로 묘사하였다:

> 신체로 가져오는 의식이 많으면 많을수록 면역체계는 더욱더 강해진다. 신체는 여러분이 관심을 가져주길 좋아한다. 대부분의 질병은 당신이 신체 내에 있지 않을 때, 몰래 침입한다. 주인이 집안에 있지 않다면 여러 수상한 사람들이 그 집을 차지할 것이다. 전인적 상담에서, 우리는 호흡을 회복함에 따라 건강을 유지하고 개선할 수 있을 것으로 기대한다. 우리가 온전히 호흡할 때, 우리는 신체의 모든 부분에 머물고, 신체적, 정신적, 영적인 행복의 향상을 유지할 수 있다.

호흡: 상처 진단도

전인적 모델에서, 우리는 정서적, 정신적 트라우마가 신체의 어떤 부위에 나타나든지, 고통을 느끼는 부위에 상위 의식이나 존재가 사라짐으로써 호흡이 억제된다고 생각한다. 고통에 대한 첫 번째 반응은 고통의 부위로부터 나와서, 신체의 그 부위에 호흡과 의식을 철수하는 것이다. 정서적 트라우마에서의 호흡의 억제는 누군가 또는 가치 있는 어떤 것에 대한 슬픔과 상실감과 관련하여 스트레스를 주는 정보가 주어졌을 때 쉽게 관찰될 수 있다. 트라우마는 아스트랄체나 또는 마음 의식의 하위 층을 통해 에테르 층을 지나 신체의 실질적 세포까지 이동하는 파장의 형태로 저장된다. 결국, 트라우마가 해결되지 않고 호흡이 완전히 회복되지 않는다면, 신체의 어떤 부분에 장기적인 호흡의 억제가 계속되어 질병으로 이어질 것이다. 만약 내담자가 어떻게 호흡을 억제하는지 정확한 양상과, 그리고 내담자가 트라우마를 저장하는 정확한 장소를 알 수 있다면, 우리는 내담자가 자신의 신체 안에서 온전히 존재하는 것을 막고 있는 트라우마를 정확하게 규명할 수 있을 것이다. 이런 트라우마의 정확한 위치를 아는 것이 트라우마를 치유하고 신체의 그 부분에 호흡을 회복시킬 수 있는 첫 번째 단계이다.

이는 소피아의 전인적 상담모델에서 사용하는 가장 핵심 과정인 “들어가기–나오기–바라보기” 절차를 기본을 한 호흡이라 불리는 중재를 사용하여 실행할 수 있다. 이 과정의 “들어가기–나오기–바라보기”부분은 젠드린(Gendlin)의 포커싱 기법을 연구한 타가에 의해 처음 개발되었다(Sherwood: 2000). 쉐어우드가 호흡의 관념을 발표할 때 그 절차를 적용하였다. 트라우마 경험의 진동패턴을 가진 신체에서 호흡 억제를 신체에서 정확히 탐지할 수 있다면, 우리가 처음에 호흡을 억제한 그 핵심 순간이나 경험에 접근할 수 있다. 그렇지 않고서는, 이런 경험은 일반적으로 의식에서는 더 이상 접근할 수 없다. 하지만 이것은 주요한 패턴으로 나타나는 현재 당면한 문제의 기저에 놓여있다. 예를 들어, 한 내담자는 정성을 다해 준비한 저녁을 아이가 음식이 역겹다 하며 계속 먹기를 거부해서 매우 화가 났다. 그 내담자는 아이를 향한 분노의 강도에 당황하였다. 하지만 자신의 몸 안으로 들어가 보니 호흡을 하지 못하는 억제된 표현이 심장에서 발견됐으며 그 내담자는 치료가 필요한 핵심 경험에 접근하였다. 이 사례에서, 내담자는 그의 어머니에게 결코 좋은 아이가 될 수 없었던 6살의 자신의 경험을 발견하였다. 그녀는 어머니가 요구하는 행동을 아무리 노력해도 바르게 할 수 없었다. 이 과정은 억제된 호흡의 진동패턴을 공유하는 현재의 문제와 마찬가지로 누군가 현재의 문제 아래 깊숙이 놓여있는, 핵심적인 패턴을 드러내도록 노력할 때 항상 대두된다. 이는 정신역동적 과정을 근거로 한 신체이며 아래와 같이 요약된다.

"들어가기-나오기-바라보기" 절차에 따른 호흡

전반적인 치료적 절차는 다음과 같다:

- 우선 내담자는 스트레스를 받은 경험을 이야기할 때, 호흡 "에너지"가 억제되거나 불편함을 느끼는 신체의 부분을 감지한다. 그 경험을 추적하기 쉽게 그 부분에 손을 올려놓는다.
- 내담자는 긴장감을 느끼는 가상의 신체 부분으로 들어간다. 이것을 "들어가기"라고 한다. 이제 내담자는 어떤 모양으로 본인이 호흡을 하지 않는지 감지한다.
- 내담자는 다시 나와서 에너지의 모양이나 신체의 그 부분에서 억압되어 있는 호흡의 모양을 그림으로 그린다. 단단한 공 같은가? 평평한 나무판자, 또는 꼬인 줄 모양인가?
- 내담자는 자신의 몸 전체를 그 모양에 일치시키면서 그 그림 안으로 들어간다. 내담자의 몸 전체가 어떻게 호흡이 억제되었는지를 보여주는 몸짓을 한다.
- 내담자는 그 자세를 유지한 채로 자신의 몸이 그 모양 내부에 있을 때 어떻게 느끼는지 말한다.
- 내담자가 억제된 호흡의 자세로 머물면 몸의 세포 기억들은 예전에 이런 자세를 지었던 최초의 기억들을 들어낼 것이다. 내담자에게 단순하게 물어본다: 예전에 당신의 몸 안에서 이런 자세로 있었던 가장 초기의 기억은 무엇인가요?
- 이 자세에서, 내담자는 내부로 부터 트라우마의 활발한 역동을 재경험한다. 내담자는 상처 입은 곳에서 무슨 일이 일어나고 있는지를 알기 위해서 필요한 시간 이상으로 길게 공포, 고통, 두려움을 경험하는 자세로 있을 필요가 없다. 필요한 정보를 얻자마자(그 자세에서의 느낌) 내담자는 그 자세로 부터 "나온다". 반면 어떤 내담자들은 그 사건에 대한 추가 정보를 얻기 위해 좀 더 오래 동안 머무는 것을 선택할 수도 있다.
- "나오기"는 글자 그대로 실제로 그 경험을 털어버리는 것처럼 팔과 손

을 흔들면서 뒤로 걸어 나와서 완전히 그 자세로부터 빠져나오는 것을 의미한다.

• 고통스러운 경험으로 오염되지 않은 장소에서 내담자에게 다른 자세를 취하도록 요청한다. 내담자들은 빠져나온 자세로부터 그들 자신에게 무슨 일이 벌어지고 있는지 볼 수도 있다. 하지만 그것은 마치 그들이 그 자세의 바깥쪽에 있는 것처럼 관찰하는 것이며 전략상의 거리를 두고 있는 것과 같다. 타거(1996, 담화)는 이 자세를 "베란다(verandah)"라고 묘사하였다. 그 자세로부터 빠져나온 내담자는 그가 고통받고 있는 자세를 되돌아보고 그에게 지금 무슨 일이 벌어지고 있는지를 묘사하도록 한다. 이 안전한 위치에서, 내담자는 외부의 관찰자로서 수반되는 역동을 지켜본다. 물리적으로 다른 장소는 내담자에게 자신이 목격한 트라우마를 숙고해 보도록 하는데 이용된다. 내담자는 사람들이 무대 위의 드라마를 시청하듯이 거리를 두고 그렇게 볼 수 있다, 자신들이 트라우마를 목격했던 그 행동이 "바라보기"이며, 내담자가 신체 자세로 표현했던 것을 그림으로 그린다. 내담자는 이 그림을 상담사와 공유하고 상처받은 그곳에 필요한 것이 무엇인지 알아낼 수 있다.

이 기법은 내담자가 오랫동안 자신이 저항해왔던 상처 입은 그 속으로 빠져 들거나 함몰할 수 있는 위험으로 부터 벗어나 경험의 층들이 가지고 있는 역동을 드러내는데 효과적으로 작용한다. 이 과정을 통해, 내담자는 자신의 내적 고통의 장소로 갈 수 있고, 하지만 스트레스가 가득한 상태로 빠져들거나 압도당하기보다는 트라우마의 경험과 현재의 삶 사이에서 "나(I)" 또는 "온전히 존재하는 자신"을 위치시킬 수 있다. 여기서 내담자는 치유를 위해 활용할 수 있는 그의 모든 성숙적 자원을 가지고 그 경험들을 바라볼 수 있으며, 그 위치에 서 있는 것이다(Sherwood: 2001).

내담자는 이 과정을 통해 경험의 내적 패턴으로 들어갈 수 있게 되며 형식적으로 그곳에서 나올 수 있게 된다. 그리고 마침내 안전한 장소에서 고통스러운 역동을 바라보며 경험에 대한 치료 절차를 설계하기 위한 필요한 정보를 얻을 수 있다. 나오기 과정은 내담자가 압도당하거나 정신적인 충격의 과정에서 내담자의 취약한 부분이 드러나서 내담자가 침습하는 스트레스 단계로 들어가는 것을 방지한다. 이 절차의 가장 큰 기여점은 침습적 표현 치료와 같은 홍수법; 인지치료에서의 정서적 분리 사이의 중간적 위치를 촉진한다는 점이다. 이 과정은 성적 학대의 생존자들과 효과적으로 작업한 쉐어우드(2001)의 연구에 자세히 기술되어 있다.

매우 드물지만, 내담자가 그 경험으로 너무 깊게 들어가서 함몰되고 심지어 거기에서 나올 때도 여전히 그 경험 안에 있게 된다. 타거(1996, 담화)는 "대나무"라고 부르는 나오기 절차를 변형하여 발전시켰다. 이 과정은 내담자가 나오기 과정을 되풀이함으로써 밖으로 나올 수 있도록 하는 것이다.

내담자 나오기: 대나무 절차

대나무 절차는 위에서 묘사한 "들어가기-나오기-바라보기"과정을 사용할 때, 세 가지 뚜렷한 상황을 근거로 한다.

1. 어떤 이유로든 내담자가 트라우마의 흔적이 있는 신체의 그 장소에 들어가 함몰 되었을 때, 내담자가 거기에 머무르고 싶지 않을 경우
2. 내담자가 날카롭게 변하고, 올바른 호흡을 하지 않으며, 혼란스러운 트라우마 증상을 보이며 "안에" 머무는 것이 내담자의 행복과 관계가 없다고 평가되는 경우
3. 내담자가 빠져 나왔지만 여전히 그 경험 안에 있는 한 강렬한 느낌을 경험하고 확실하게 현재의 순간으로 돌아오지 않았을 경우

내담자는 다음과 같이 간단하지만 효과적인 "대나무" 절차를 따라 하면서 충분히 빠져나올 수 있다.

- 내담자의 이름을 크게 부른다.
- 두려움이 느껴지는 부분에 손을 올려놓으라고 한다.
- 손으로 두려움을 잡는다.

- “g”소리를 크게 내며 그 두려움을 몸 밖으로 던진다.
- 신체의 그 부분에서 빠져 나온다.
- 양 손을 흔들며 그 경험의 에너지를 털어 낸다.

위의 과정을 필요한 만큼, 내담자가 안전감을 느끼고 그리고 그 경험에서 완전히 빠져 나올 때까지 반복한다. 개인마다 차이는 있을 수 있다. 어떤 사람은 즉시 빠져나올 것이며, 어떤 사람은 두 세번 반복해야 할지 모르고, 드문 경우지만 어떤 사람은 더 많이 반복해야 할지도 모른다.

상처에 내재된 흔적

내담자가 트라우마나 힘든 사건을 이야기할 때 내담자의 신체 내에 억압된 호흡을 추적해 본 결과, 신체의 몸짓을 통해서 내담자가 경험했던 내재된 트라우마를 추적할 수 있다. 이런 트라우마는 현재 나타나는 문제의 진동패턴과 공명하는 진동패턴을 가지고 있었다. 도전은 진동패턴을 치유하는 것으로, 내담자는 더 이상 초기에 나타났던 트라우마 측면에서, 또는 “나(I)” 또는 깨끗한 마음이 온전한 호흡을 하는 상태를 유지하는 것보다 내담자가 와해되는 반응을 야기하고 방아쇠 역할을 하는 비슷한 진동패턴을 가진 다른 어떤 삶의 경험들 측면에서 더 이상 취약해지지 않을 것이다.

호흡 회복하기: 정신적 건강 함양하기

류니그(Leunig, 1990)는 그의 감동적이고 심원한 시에서 삶이 다시 의식의 빛과 통합되기 위해서 억눌린 가슴이나 감정을 회복할 필요성을 표현하였다;

> 우리는 억눌린 가슴을 구원해야 할 것이다. 빛과 공기가 있는 표면으로 드러나게 해야 할 것이다. 우리는 가슴을 잘 보살피고 그들의 이야기를 주의깊게 들어야 할 것이다. 고통과 질식에 대한 그리고 어둠과 갈망에 대한 이야기들을 말이다. 우리는 밝은 빛 아래서 우리의 감정이 살 수 있도록 도와야 할 것이다. 다 함께 우리는 다시 안도감과 기쁨을 찾아야 할 것이다.

인간 경험의 양극 균형 기억하기

숨겨져 있고 부인해왔며, 억압하고 망각했던 경험들을 자각하는 것은 치유의 가능성을 열어준다. 가장 단순한 핵심은 정신적인 충격을 주었던 진동패턴이 일어난 신체의 그 부분에 호흡을 되돌려 놓는 것이다. 우리는 명상을 하는 부처의 자세처럼 똑바른 자세를 되찾는 것이 필요하다. 물론, 호흡은 신체의 중심에서 나와서 주변으로 이동하지만 건강하고 균형 잡힌 인간은 그 호흡이 다시 중심으로 움직일 것이다. 움켜쥐고 있는 자세는 본질적으로 얼어붙은 호흡이다. 움직일 때 그것은 "나(I)"의 신체를 통해 나타나는 신체적 징후이다. 균형 잡힌 똑바른 자세에서 심장의 중심을 통해 호흡의 중심점으로 돌아오기보다는 내담자가 호흡을 움켜쥐고 있거나 그곳을 나타내는 자세와 움직임에는 세 가지 핵심적인 양극이 있다. 타거가 명명하고 쉐어우드(2004: 24-27)가 인용한 인간의 호흡과 자세의 세 가지 양극은 진지함과 가벼움, 억제와 팽창, 그리고 오목함과 볼록함이다. 이들은 인간 심리의 몸짓들인 신체적 자세로 나타난다.

진지함과 가벼움

진지함은 땅으로 향하는 자세를 말하며 피곤하고 괴로운 심리적 상태를 반영한다. 삶의 경험들에 의해 과부하가 걸리고 그리고 그 경험들에 의해 압도당하는 시점에 호흡은 억제된다. 이 모두는 너무 심하고, 과도한 요구로 인해 호흡은 점차 목을 조여오게 된다. 진지함의 몸짓은 바닥을 치는 순간에 현실의 상황에 자신을 내려놓을 필요가 있지만 이 자세에 "갇히게 되면" 문제가 발생한다. 이때 호흡은 중심으로 돌아오지 못하고 그리고 세상의 모든 짐은 그를 과부하가 걸려 가라앉도록 하고, 삶의 요구에 의해 견잡을 수 없도록 만든다.

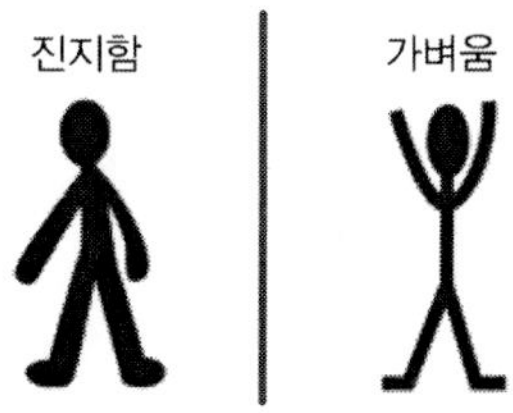

반대로 가벼움은 하늘로 향하고 성취와 더 높이, 그리고 더 많이 성취하려고 하는 고무된 자세이다. 극단적인 형태로 더 많이 성취하려는 자세는 과호흡과 소진으로 이끈다. 이 자세는 한계를 잊어버리고 때로는 잠시 멈추고 집중해서 호흡을 하면서 에너지를 갱신할 필요를 잊어버린다. 이는 끝이 없는 기대치와 사람들이 그에 부응하는 현대의 최고 위주의 라이프 스타일에서 오는 전형적인 스트레스의 자세이다. 이렇게 중심으로 돌아오지 않은 채 과하게 호흡하고, 노력하는 것은 스트레스, 만성피로, 심근경색, 또는 발작과 같은 현대 질병을 야기할 수 있다.

완전하게 중심으로 향하는 호흡을 하기 위해서, 사람은 진지함과 가벼움 사이의 긴장에 균형을 맞춰야 한다. 정신의 호흡이 위로 향하는 것과 삶의 책임을 아래쪽으로 당기는 것 사이에서 균형을 잡아야 한다. 균형 잡힌 호흡을 하기 위해서는 항상 중심인 심장으로 돌아와야 한다. 심장은 호흡의 리듬을 조절한다. 신체의 머리인 상단과 몸통, 다리 부분의 하단 사이의 균형을 이루는 것이 핵심적인 요소이다(Bott:1995:21).

수축과 확장

수축은 제한된 공간에서 팔과 다리가 속박당한 것으로 표현된다. 이것은 타인과의 친밀함에서 물러서려는 심리적인 자세이다. 호흡을 위한 장소도 개인을 위한 장소도 없다. 극단적인 형태로는 그곳에는 그 사람을 위한 공간이 없거나 안전하지 않기 때문에, 우울함과 패배감, 고립감 그리고 호흡에 대한 무기력함 등을 포함한다. 가능한 본연의 자신의 모습을 포기했기 때문에 제한된 호흡의 자세가 나타난다. 하지만 이것은 또한, 에너지의 침투로 인해, 자신의 자아를 다시 찾으려고 시도할 때 도피의 자세일 수도 있다.

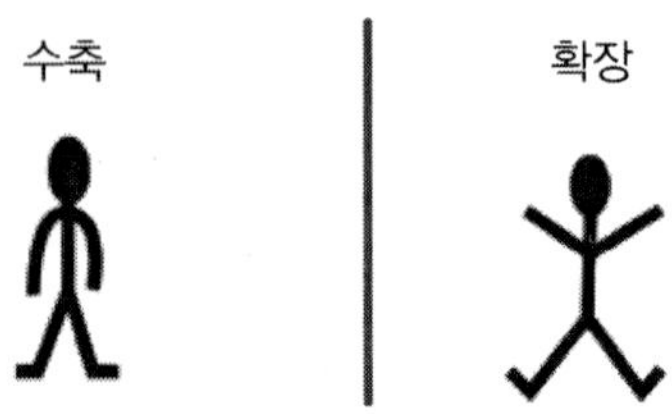

반대로, 확장은 팔을 활짝 벌려 포옹하고 삶의 기쁨과 행복의 파장을 환영하는 자세이다. 이것은 "내가 원하는 자신이 될 수 있다"는 심리적인 자세이다. 거기에는 "현재의 나"를 축복하는 공간이 있고 나의 삶을 공유할 수 있는 공간이 있다. 호흡은 제약 없이 자유롭게 움직인다. 규칙적인 호흡의 패턴 회복을 위해 중심으로 되돌아오지 않고 한계를 모른 채, 확장은 과호흡과 과대 확장 그리고 결국에는 소진으로 이어진다. 확장과 수축 사이의 긴장은 인간 심리의 여름과 겨울 사이를 당기는 힘과 같다. 수축은 상처를 치료하고 내적 자원을 재발견하기 위해서 내외적으로 꽈리를 튼 심리적 겨울과 같다. 확장은 축하하고 춤추고 싶은 욕망과 잠재력, 그리고 힘을 드러내려는 심리적인 자세이다. 양쪽 모두 중심점을 찾기 위해서 각각의 한계와 초과를 수용하기 위해서 신체의 중심인 심장에서 만나야 한다.

오목함과 볼록함

오목함은 삶의 저변에 깔린 공허함을 반영한다. 거기에는 제한된 약한 호흡이 있고 삶의 공허함이 있다. 자아존중감과 자아 가치가 낮고 무미건조한 호흡은 자기 비하를 나타낸다. 그것은 또한, 수치심의 자세이기도 하다.

볼록함은 전체적인 노출, 지나친 자신감, 자신이 누구인가를 세계에 드러내는 솔직함의 상태를 나타낸다. 호흡은 확장되어 있고 각각 자기의 영역 너머로 뻗어있다. 거기에는 흥분과 때로는 지나친 자신감이 내포되어 있다. 평형상태를 위해 심장의 중심으로 호흡이 돌아오지 못하고, 이것은 자신의 과다 팽창 및 원활한 인간관계에 걸림돌이 될 수 있다. 심장으로 돌아가는 집중된 호흡을 통해서, 규칙적인 균형은 이 양극단에서 얻을 수 있다.

인간 자세의 각각의 양극성은 인간의 경험에 따라 자신만의 위치를 가지고 있지만 똑바른 중심위치를 통한 규칙적인 흐름과 균형은 신체를 통한 호흡의 흐름을 유지하고 신체적, 감정적, 정신적 그리고 영적으로 인간을 건강하게 하는데 필수적이다.

에너지 체계에서 상단과 하단의 균형

전인적 상담을 뒷받침해주는 인간에 대한 인지학적 의학 모델에서, 인간은 "차크라"라고도 불리는 7개의 에너지 센터를 가지고 있으며 동양 의학에서의 요가 모델과 유사하다. 이 7개의 센터는 힌두교에서 유래하는 동양적 모델에 따른다(Daver, 2004:93). 불교와 도교에도 세 개의 하단 센터인 기본 차크라, 성적 · 창의적 차크라와 태양신경총 차크라가 있다. 이들은 인간의 에너지 체계의 하단을 구성한다. 목 차크라, 이마 차크라, 송과체(역자 주: 뇌 속에 솔방울 모양의 내분비기관) 차크라는 인간의 에너지 체계 상단을 구성한다. 상단과 하단은 심장 차크라를 통해 교차하며 온전한 호흡을 하며 균형이 잡힌 인간은 에테르, 아스트랄, "자기(I am)"의 에너지 흐름이 렘니스케이트(lemniscate, 역자 주: 수학용어. 직교좌표에서 방정식(x2+y2)2=2a2(x2−y2)으로 주어지는 곡선이다.)라고 부르는 아래 그림처럼 8자 모양이 된다.

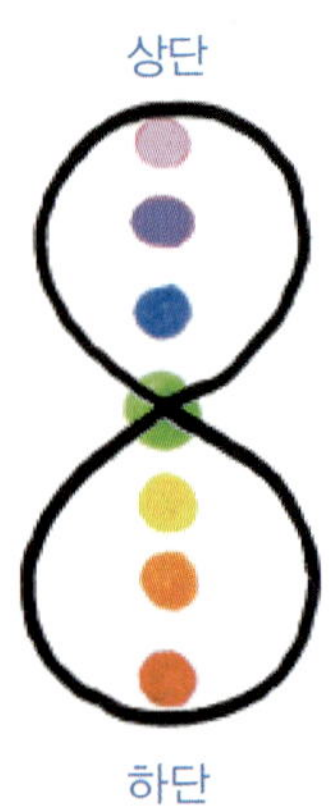

그림 4 : 렘니스케이트: 균형 잡힌 인간

우리가 호흡을 온전히 하지 않을 때, 우리는 호흡과 에너지의 흐름에 주로 두 가지의 습관적인 불균형 패턴을 만들어 낸다. 가장 일반적으로 나타나는 신체적, 심리적 문제들을 보여주었던 이들 불균형 패턴들과 또한, 이들 불균형 패턴들을 회복하기 위한 적합한 호흡의 연습에 대해 설명을 할 것이다. 상단과 하단 간의 이들 불균형 모델들은 보트(Bott)가 좀 더 상세히 기술하고 있다(1995, 2장).

1. 상단의 과잉발달

이러한 현상은 아래의 그림과 같이 나타낼 수 있는데, 상단의 차크라가 하단의 차크라에 비해 과잉 발달했을 때 나타난다.

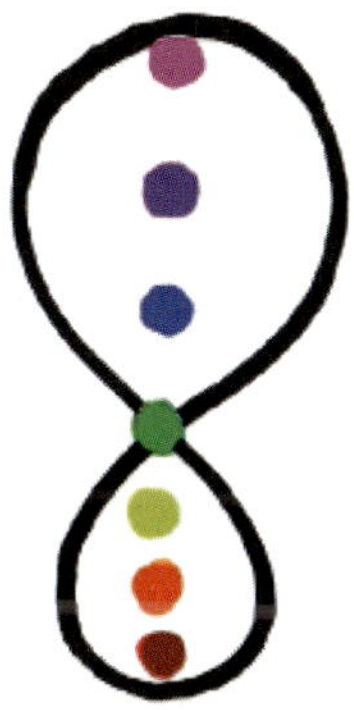

그림 5 : 상단의 과잉발달

이런 유형의 사람들은 매우 창의적이며 상상력이 뛰어나서 정신적이거나 비물질적인 경험들을 측정하는데 어려움을 느끼지 않는다. 그들은 풍부한 아이디어의 세계에 살고 있으며 종종 창의성, 상상력, 사고력과 관계된 부분에서 높은 점수를 기록한다. 하지만, 이런 사람들은 근거에 입각하지 않고 하단 차크라가 결핍되어 있다. 이는 삶의 도전에 맞서고 상황을 직시하며 신체적, 재정적 문제들을 해결하는데 있어서 어려움을 초래한다. 그들은 인간의 신체적, 실제적 존재의 문제를 다루기 위한 힘을 제공하는 하단 차크라의 내부로 호흡하는 것을 피하며 그 결과, 자기영역이 불분명해지고 어려운 상황에 쉽게 굴복하게 되며 다른 사람에게 치욕적인 대접을 받기도 한다. 극단적으로는, 험난한 세상에서 심각한 존재의 결핍으로 인해 정신장애나 심각한 정신 건강상태를 경험할 수도 있다. 신체적으로는 다리나 생식기 또는 신진대사와 연관된 질병을 앓기 쉽다. 왜냐하면 육체의 이런 부분에 호흡의 결핍이 있기 때문이다. 인지학적 의학 모델에서 우리는 이런 타입을 완전히 구체화되지 못하였다고 묘사하며 "나(I)"와 아스트랄체가 실질적인 신체에 충분히 나타나지 않는다고 말한다.

이런 불균형과 하단의 호흡 결핍을 치료하기 위해서는, 발에 집중하며 천천히 걷는 걷기 명상법을 처방할 수 있을 것이다. 그들은 10미터의 거리를 반복적으로 한발을 움직이며 호흡을 들이마시고 다른 한발을 움직이며 내쉬며 걷는다. 하루에 적어도 10분 정도로 시작해서 30분까지 늘려갈 수 있다. 이 방법은 신체 하단의 차크라로 호흡하는 과정을 일깨운다. 이런 타입들은 정원 가꾸기, 애완동물 키우기, 운동 및 신체의 아래 부분을 움직이는 활동으로 하단의 차크라로 흐르는 호흡을 늘릴 수 있다. 상담에서는, 신체의 하단부에서 충분히 머물기 위해 안전감을 느낄 수 있도록 하는 경계(boundary) 작업에 중점을 둬야 할 것이다.

2. 하단의 과잉발달

이런 타입들은 자신의 "나(I)"와 아스트랄체가 하단의 차크라에 과도하게 집중되어있다고 묘사된다.

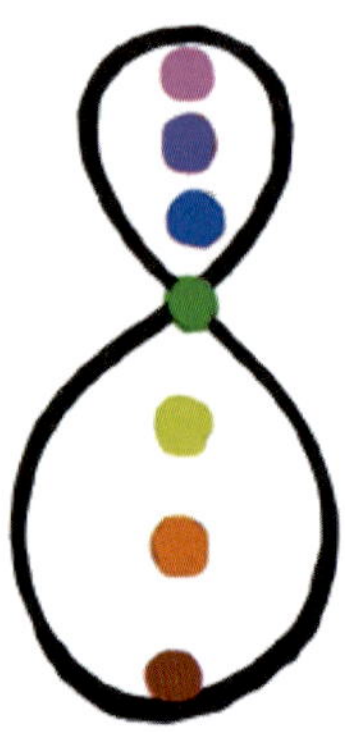

그림 6 : 하단의 과잉발달

그들은 상단의 차크라로 호흡하는 것을 기피하며 이것은 그들이 감정, 창조적이며 상상의 아이디어, 정신적 예술적 경험들을 접하기 어렵다는 의미이다. 이런 사람들은 신체적 세계, 특히 물질적 권력, 정치적 권력, 성적 권력에 관련된 분야에서 크게 성공할 수 있는 잠재력을 가지고 있다. 그들은 사람과 환경과의 관계가 희생되는 가운데 탐욕스럽고 친밀함이나 사랑이 없는 성욕만을 채우며 권력이나 경제력을 추구한다. 그들은 인간관계에서도 감수성이 부족하며 다른 사람들을 "성공으로 향하는 길 위의 방지 턱" 정도로 생각하며 과도하게 발달한 자기 영역을 가지고 있다. 상단의 호흡이 제한되어 있기 때문에, 이런 타입들은 심장과 연관된 질병이나 발작 등의 병을 얻기 쉽다. 극단적으로는 자기애나 학대를 하는 경향도 있다.

신체 상단의 호흡을 회복하기 위해서는, 앉아서 하는 명상법, 특히 알아차림 명상 수행이 좋다. 하루에 10분 정도로 시작해서 30분 정도까지 늘린다. 이런 사람들은 어떤 예술적 또는 정신적인 추구와 가난하고 도움이 필요한 사람들과 물질적으로 자신보다 약한 사람들을 위해 자선활동을 지속적으로 하며, 상단의 차크라 호흡에 집중하는 것이 매우 유익하다.

결 론

우리가 상단과 하단으로 온전한 호흡을 할 수 있고 우리의 삶 안에서 통합된 호흡의 리듬을 창조할 때 세 개의 양극성을 아우를 수 있다. 우리는 균형을 유지하기 위해서 항상 중심이나 또는 심장 차크라로 돌아가야 하며, 그렇게 되면 우리는 깊은 평화와 온전함을 경험하게 된다. 우리는 지금 여기에서 우리의 삶에서 온전히 존재하는 장소에 도달한다. 아잔 차흐(Ajahn Chah, 1994)는 그의 저서 고요한 숲의 연못(*Still Forest Pool*)에서 이러한 평화로움의 상태가 온전한 호흡의 결과라고 묘사하였다. 이것은 우리의 삶을 지배하는 깨끗한 마음을 가능하게 하며 우리 안의 "깨끗한 숲의 연못"을 만들어 낸다.:

> 모든 경이롭고 진귀한 생명체들은 숲으로 물을 마시러 올 것이며, 당신은 모든 것의 본질을 선명하게 볼 것이다. 당신은 매우 낯설고 경이로운 것들이 오가는 것을 보지만 당신은 평화로울 것이다. 이것이 부처의 행복이다.

이곳이 바로 희망과 절망을 넘어선 정신적 평화와 행복을 추구하는 장소이다. 우리는 더 이상 분노와 두려움의 바램에 대항하여 고분 분투하지 않고 신체의 각각의 세포 안으로 호흡을 할 수 있고 진정한 자신으로 깨어날 수 있다. 우리는 삶의 매 순간에 완전하게 존재할 수 있을 것이다.

참고문헌

Bedson, P. (2005) "The Healing Power of Presence" *Healthy Living* Gawler Foundation Melbourne, Spring 2005

Bott, V. (1995) *Spiritual Science and the Art of Healing* Healing Arts Press, Vermont

Chah, A. (1994) *A Still Forest Pool*, Theosophical House, Illinois

Dalai, Lama et al (1991) *Mind Science: an East West dialogue*, Wisdom Publi-cations, Boston

Daver, H. (2004) *My True Reality*, Daver, Sydney

Grof, S. (1988) *The Adventure Of Self-discovery*. State University, NY

Hendricks, G. (1995) *Conscious Breathing*, Benton, NY

Kabat-Zinn, J. (1990) *Full Catastrophe Living: How to cope with stress, pain and illness using mindfulness meditation*. Piatkus, London

Khantipalo, B. (1984) *Calm and Insight A Buddhist Manual for Meditators*, Curzon Press. London.

Lowen, A. (1976) *Bioenergetics*, Penguin, London

Leunig, (1990) *A Common Prayer*, Collins, Melbourne

Nagarathna, R. (1999) "Research on medical applications of yoga: a review" 5th *International Conference on frontiers in yoga research and applications* 16-19th December, Bangalore, India. pp35-37

Pert, C. (1997) *Molecules of Emotion: the Science behind mind-body medicine*. Touchstone, New York.

Sherwood, P. (2001) "Bridging the chasm: philophonetics counselling and healing the trauma of sexual abuse." *Diversity* Vol 2, no4,:pp18-25

Sherwood, P. (2004) *The Healing Art of Clay Therapy* Acer, Melbourne,

Totton, N. (2002) "The Future for Body Psychotherapy" Staunton, T., *Body Psychotherapy*, Brunner- Routledge. East Sussex, pp202-224.

제3장

몸, 마음, 그리고 정신의 또 다른 언어: 소리, 색, 움직임 그리고 자세

시바의 춤은 양자 문제의 춤이다…… 우리시대의 물리학자들은 이 우주의 춤의 패턴을 묘사하기 위해서 가장 발전된 기술을 사용하였다. 우주의 춤의 상징은 고대 신화, 종교적 예술, 그리고 현대 물리학을 통합한다. 프리조프 카프라(Frijof Capra, 1978)

도교의 물리학

삽화 : 시바 나타라지(Shiva Nataraj). www.1001geschenkideen.de

제3장 몸, 마음, 그리고 정신의 또 다른 언어: 소리, 색, 움직임 그리고 자세

시바 나타라지(shiva nataraj)의 역동적인 움직임에서 우리는 영속성의 개념과 경계와 형태의 불변성이 녹아드는 우주의 춤의 상징적 표현을 볼 수 있다. 카프라Capra(1982: 79)는 다음과 같이 말했다:

> 현대 물리학은 수동적이고 비역동적인 것이 아닌, 지속적인 춤과 진동하는 움직임의 존재에 중점을 둔다. 율동적 패턴은 분자, 원자 그리고 핵 배열에 의해 결정된다…자연에는 정적인 구조는 없다. 안정성은 있지만 이 안정성이란 역동적인 균형의 하나이다.

인간을 포함한 모든 현상들이 상호 연관이 있는 역동적인 시스템이라는 것이 명확해진다. 서구의 근대 물리학에서 질량은 에너지의 한 형태라는 발견은 심리학에서는 전인적 모델로 해석되었으며 인간의 크기는 시-공간 배치에 따라서 다른 비율로 진동하고 다른 원동력을 책임지고 있는 에너지의 묶음으로 인식되었다. 몸-마음-정신의 연결성은 상호 연관이 있으며 비영속적인 에너지에 대한 이해로 추정된다. 우리는 고정불변의 개념이 하나의 허상이며 인간 경험의 위대한 "환영(maya)"임을 알고 있다. 사실, 인간은 지속적으로 다른 사람과 서로 소통하는 에너지의 동적 패턴, 에너지의 춤, 시바의 춤으로 구성되어 있다. 이는 서양의 심리학과 상담에서의 적용에 심오하고 함축적 의미를 가지고 있으며, 그리고 육체적 경험과 영적인 경험으로부터 마음을 분리하는 모델의 개념이나 독립된 마음의 구조라는 개념에 근거한 심리학적 모델의 가치를 매우 제한하고 있다.

전인적 상담모델은 몸, 마음/감정, 정신이 타인과 또는 자신들의 환경 내에서 역동적인 체계와 역동적인 상호소통을 하는 에너지 패턴이라는 가정을 기본으로 한다. 인간의 경험은 즐겁거나 슬픈 경험 모두 감각에서 받아들이는 역동적인 배열로 만들어지며 색, 소리, 그리고 움직임과 같은 감각들이 주는 역동적인 경험들을 통해서 변형될 수 있다. 이런 매개들은 공격당하고 침해당한 과거의 경험들을 치료하고 변형시키는데 놀랄만한 효과를 줄 수 있다. 내가 치료를 담당했던 5살짜리 한 아이는 자신의 경험으로부터 위와 같은 심오하고 간단한 사실을 알고 있었다. 그녀는 학교나 집에서 기분이 나쁘거나(어렵거나) 슬픈(감정 소모의) 경험을 할 때, 자신을 기쁘고 행복하게 만들 수 있는 일들을 함으로써 이를 극복할 수 있다고 말했다. 한번은 그녀가 학교 연극에서 작은 빨간 모자(Little Red Riding Hood) 대신에 토끼 역을 맡아서 무척이나 슬프다고 말했다. 반 아이들은 모두 그녀를 비웃어서 너무 슬프고 화가 났다고 말했다. 그녀는 그 이야기를 나에게 하자마자 갑자기 일어서서 말했다: "선생님은 이제부터 작은 빨간 모자 연극을 관람하는 거예요, 그리고 저는 작은 빨간 모자 역을 할 거예요." 나는 그녀가 붉은색의 스카프를 감고 상상의 캔디가 가득 있는 바구니를 발견하고 작은 빨간 모자 이야기를 말하며 상담실을 돌며 춤을 추는 것을 보았다. 그녀는 행복한 목소리로 콧노래를 흥얼거렸고 그녀의 얼굴은 기쁨과 즐거움으로 빛이 났다. 그 연극이 끝나자 그녀는 돌아서서 말했다: 제 마음은 이제 행복해요. 기분이 좋아요". 나는 이 아이의 깊은 지혜와 본능적인 지식을 곰곰이 생각해 보았다. 그녀의 경험은 삶의 에너지를 주는 패턴으로 바꿀 수 있는 힘을 가지고 있었다. 그리고 그녀는 그녀의 작은 연극에서 간단하게 색, 소리, 움직임, 그리고 몸짓 등을 사용해서 해냈던 것이다.

역동적인 상담모델의 역사적 선구자

불교심리학이 인간의 경험에서 역동적인 패턴의 모델을 유지하고 자각의 궁극적인 목표로서 "무아(not-self)"의 개념과 함께 불변의 자아라는 환상을 가지고 있었다면, 역동적인 모델에 대한 서구의 심리학적 모델은 비교적 최근에 나타났다. 프로이트의 초기 제자인 라이히는 인간의 경험을 통해 나타나는 역동적인 상호 연관성에 대해 매우 흥미를 가진 첫 번째 서구의 심리치료사였다. 그는 "바이오에너지"라는 용어를 정의하였고, 이것은 신체의 전체에 퍼져있고 체내의 체액의 흐름과 움직임을 통제하며 또한, 감정적,

정신적으로 나타나는 기본적인 에너지라고 기술하고 있다. 라이히는 바이오 에너지는 어떤 감정적 경험에 의해 막힐 수 있는 에너지의 움직임 또는 흐름과도 같은 진동을 가지고 있으며, 자연스러운 인간의 온전하고 통합된 자유로운 흐름을 멈추게 하는 강력한 무기가 될 수 있다고 하였다(Capra, 1982: 377). 라이히는 또한, 치료사를 포함하여 개인과 개인을 둘러싼 체계 사이에 나타나는 상호의존성을 인식하였다. 육체, 마음과 감정 사이의 에너지 흐름에 중점을 둔 심리치료에 근거한 신체의 발달에 영향을 준 사람들은 로웬(Lowen), 켈러만(Keleman), 피에라코스(Pierrakos), 보이슨(Boyeson), 그리고 보아델라(Boadella)와 같은 후기 라이히파였다. 켈러만은 에너지의 움직임을 점차 줄어드는 단계들로 구분하여 작업하는 방법들을 개발하였다. 보이슨은 또한, 경험되어 질 수 있는 자아(ego)를 넘어선 단계에서의 생명력을 허락하는 에너지의 움직임을 강조하였다. 그 움직임은 경험하는 삶의 영향력을 가능하게 한다(Eiden, 2002:40). 보아델라는 육체적, 심리적, 정신적으로 묘사되는 인간 존재의 세가지 본질적 흐름을 통합하는 바이오 통합(biosynthesis) 이론을 확립해 나갔다. 피에라코스는 코어-에너제틱(core-energetic)이라는 신체 작업을 개발했고, 오늘날 로버트 키르비(Robert Kirby)에 의해 호주에서 실행 및 활성화되고 있다. 에너지 흐름이라는 모델에서 이것은 몸의 내부에 에너지를 보내주는 차크라와 활발한 확장과 "용해"를 통해 심장 차크라를 확장시키는 프라닉 힘을 포함한다(Eiden 2002:40). 키르비는 코어-에너제틱을 육체, 감정, 마음, 의지 그리고 정신을 아우르는 심원한 과정이라고 정의하였다. 피에르아코스(1990)는 그의 책 *코어-에너제틱(Core Energetics)*에서 코어 에너제틱의 궁극적인 목표는 타인 또는 우주와 자신을 통합하는 힘을 제공하는 인간의 더 높은 차원의 자신 또는 정신(영혼), 또는 인간의 핵심을 활성화하는 법을 배우는 것이라고 말했다. 그것은 에너지 움직임의 심원한 모델이며, 육체의 차원에서 에테르의 미묘한 차원을 거쳐, 가장 강력한 진동, 정신 그리고 인간의 의지와 변형을 거쳐 감정과 정신의 상태에 이르는 흐름의 모델이다.

전인적 상담모델과 에너지의 상호 연관 패턴

몸과 마음 그리고 정신을 위한 전인적 상담에서 사용되는 4층부의 인지학적인 모델은 피에라코스의 모델과 가장 유사하다. 이 둘은 육체, 프라닉 힘 또는 에테르, 감정/마음의 층(아스트랄)과 의지가 속해있는 정신 또는 "나(I)"라는 근본적인 역동적인 층을 가지고 있다. 마찬가지로, 치료의 목표도 정신 또는 개인과 사회 그리고 우주를 위한 치료와 변형 그리고 통합의 에너지 힘을 제공하는 "나(I)"를 재활성화하는 법을 배우는 피에라코스의 방법과 동일하다. 이런 정신 또는 "그대로의 큰자기(I AM)"는 영원한 것의 한 부분이며 매튜 폭스(Matthew Fox)는 이것을 많은 종교적 전통에서 창조와 힘의 근원으로 간주한다. 폭스가 바가바드-기따(Bhagavad-Gita, 역자주: 인도의 경전)에서 인용한 문구는 이런 현상의 본질을 잘 말해준다:

> …나는 물의 맛이며 태양과 달의 빛이며 베다의 기도문에 있는 성스러운 음절인 '옴(om)'이다: 나는 에테르 안의 소리이며 인간의 능력이다. 나는 대지의 향기이며 불의 열기이다. 나는 모든 살아있는 것들의 생명이며 모든 금욕주의자들의 참회다… 나는 존재하는 모든 것들의 근원이며 지식인들의 지성이며 세력을 가진 모든 이들의 권력이다… 나의 에너지로 인해 나타나는 선량함, 열정, 또는 무시 등의 모든 상태를 알고 있다. 나는 하나의 감각이자 모든 것이며 독립적이다. 나는 물질세계의 양식에 속하지 않고 반대로 그들이 나에게 속한다. 나는 목표이며, 부양자이며, 주인이며, 존재의 증인이며, 피난처이고 영원한 씨앗이다.

전인적 상담모델에서 "나(I)"는 변형하는 힘이며, 인간의 모든 다른 층들을 활발하게 상호 침투하면서 회복하고 치료하고 바꿀 수 있는 가장 최상위의 진동의 근원이다. 이것은 또한, 불교에서 말하는 현상이나 통찰력, 또는 깨어있는 마음과 연결되어 있으며 무지로 인한 평범한 마음과 혐오와 열망으로 표현되는 영속성과 갈망의 환상에 대한 애착과 대조될 수 있다(Brazier, 1997). 아스트랄은 다음의 두 가지 부분을 구성하고 있다: 실질적인 육체와 에테르체 속으로 아스트랄을 견고하게 끼워 넣는 감각적인 육체로, 슈다이너가 "영혼(soul)"이라고 묘사한 마음과 감정의 더 높은 층을 아스트랄과 연결하는 감각적인 영혼(Sentient Soul)이다. 이것은 감각이 영적 세계와 물질세계를 중재하고, 인간 경험의 통로를 제공하는 감각적 육체와 감각적 영혼 사이에 있다. 감각을 통해서 경험이 존재하는 상태가 되고 아스트랄과 에테르 층위로 진동하며 새겨진다. 인간의 능력은 그들 자신의 외부의 현상을 알아차리는 감각의 건강한 작업을 근거로 한다. 타거(1999:71)는 공동작업을 위해 총괄적으로 감지하는 능력을 감각(sensing)이라고 묘사하였다. 이 모델에서, 감각(sensing)은 외부 환경뿐만 아니라 인간의 역동적 신체 내에서 진동하는 패턴에 접근할 수 있는 능력으로 정의된다. 이것은 정상적인 발달의 범위 내에 있는 인간이라면 모두 보유하고 있는 특성이며, 역동적 신체 내에 각인된 경험에 접근하기 위한 핵심이 된다. 이는 감각적인 경험을 통합하는 능력이며, 내담자가 신체의 에너지 층들에 저장되어 있는 정보에 접근할 수 있는 핵심이 된다. 마음/감정의 층을 통해서 신체와 에테르체에 반향하는 슬픔과 상실, 분노, 수치, 격노, 학대 그리고 트라우마, 공포, 걱정, 죄의식과 같은 인간의 핵심적인 경험의 변형 속에 있는 "나(I)"의 중추적 역할이 전인적 상담의 본질이다. 이번 장에서는 인간의 정서적 상처를 변형하고 치유하기 위해서 색, 소리, 그리고 움직임의 진동 패턴에 접근하고 결집하는 "나(I)"의 능력에 중점을 둘 것이다. 여기에서는 각각에 대해 언급하겠지만, 색, 움직임 그리고 소리는 치료 과정에서 통합된 방법으로 함께 사용될 것이다.

소리: 역동적인 언어: 경험의 표현 및 변형

치료에서 소리: 연구

인간을 치유하는데 있어서 소리의 활용에 대한 연구 문헌은 심리치료에서 진동음향, 음악치료, 음운론/말하기 그리고 소리치유에 중점을 두고 있다. 치유의 근원으로서 소리 진동(진동음향)의 아이디어는 1968년 스킬(Skille)과 앨빈(Alvin)에 의해 발전되었고, 1980년에는 발달장애아를 위한 소리 목욕의 적용에 대해 연구하였다(Wigram et al, 1995: 24). 스킬은 특정한 리듬이 없고, 즉흥적인 소리와 저주파의 음조, 치료적 진동 시리즈를 연구하고 개발하였다. 그는 40-50 Hz의 저주파가 허리 아랫부분과 골반, 허벅지, 그리고 다리에서 공명 응답을 하는 것을 발견하였다. 고주파는 가슴 위쪽 부분과 목 그리고 머리의 고밀도 조직으로 움직인다. 진동음향 치료에 관한 스킬의 연구는 자폐와 근육발작치료에 괄목할만한 효과를 보여줬다(Skille and Wigwam, 1995:27). 노르웨이, 독일, 영국에서는 고통의 감소를 위한 진동음향의 사용에 대해 연구를 하고 있다. 스킬은 노르웨이에서 시행한 진동음향 치료가 자폐, 천식, 낭포성 섬유증, 배앓이, 소아마비, 변비, 어깨통증, 월경증후군, 요통, 우울증으로 인한 스트레스, 스포츠 부상에 효과적이라고 말한다(Skille and Wigram 1995:39). 드 베르제라크(De Bergerac, 1998: 108)가 실시한 돌고래의 수중음파탐지기에 반응하는 성인에 대한 연구는 자신과 타인에게 평화, 사랑, 유대감을 증가시킨다고 말한 성인들에게서 세타 브레인 웨이브 패턴이 증가함을 보였다. 쉐어우드와 아테나(Athena, 2005)는 돌고래의 수중음파탐지기에 노출되는 경험이 어떤 사람들에게는 우울함을 경감시켜주며, 행복함과 신체적 건강을 증가시킴을 언급하였다. 음악이 건강에 미치는 영향에 대해 많은 사람들이 연구를 해왔다. 일반화된 결과는 여성이 남성보다 음악에 더 효과적으로 반응한다는 것이다. 아이들과 청소년이 성인보다 더 잘 반응한다. 생음악으로 녹음된 음악이 훨씬 더 효과적이다. 맥박, 근전도, 통증관리에 대한 자기 보고에 따르면 필요한 진통제의 양에 가장 긍정적인 효과를 보였다(Standley, 1995:6). 크노브라우치(Knoblauch, 2000)는 음악이 인간의 정신(프시케)을 온전하게 하며 치료를 한다고 생각한다. 그는 레오왈드(Loewald, 1997)의 이론인 개체 모델이라는 프로이트의 이론에서 단어들이 말로 나타나기 전후 모두 신체에 영향을 준다는 음향적 분야로 넘어가는 언어의 구성을 인용하였다. 크노브라우치가 인용한 펠드스테인(Feldstein)과 웰코비츠(Welkowitz, 1978)는 그들이 언행 일치라고 칭하는 인간의 건강과 심리적-사회적 행복에 영향을 끼치는 주기적인 반응의 강력한 현상을 발견했다. 이것은 발성과 휴지(休止)의 주기에 어울리는 가장 효과적인 의사소통이라고 묘사하였다. 알드리즈(Aldridge, 1989)는 음악 형식과 생물학적 형식이 동일하고 즉흥적이며 창조적으로 연주되는 음악이 비언어적이며 전인적 형식을 제공하며, 환자가 어떻게 자신의 정체성을 확립하고 유지하는지를 알 수 있게 한다고 하였다. 기분장애, 공격적 행동장애, 통증 관리 그리고 의사소통을 포함한 치료 프로그램에서 음악적 방법의 역할에 대한 광범위한 연구가 진행되고 있다.

오래전부터 유대교, 힌두교, 불교, 이슬람교, 기독교에서는 감정치료와 영적 개발에 인간의 말(소리)이 사용되어 왔다. 크로레이(Crowley, 1994)는 리그 베다(Rig Veda, 역자 주: 인도에서 가장 오래된 브라만교 기본 경전), 카발라(Kabbalah, 역자 주: 신비주의)와 코란(Koran)과 같은 전통적인 종교적 문구에 나타난 변형을 위한 말의 힘에 대해 논하였다. 그는 신체적, 정신적인 질병을 완화하기 위해 목소리의 사용과 신비적 말의 힘을 다룬 앤드류(Andrews, 1994)의 이론을 인용하였다.

브로필드(Blofield, 1997)와 이스와렌(Easwaren, 1977)은 힌두교나 불교에서 매우 일반적인 기도나 반복적인 찬송의 형태에서 소리의 힘에 대한 이론을 제시하였다. 최근 10년 동안, 치유의 목적으로 연설이나 찬송과 같은 소리의 사용이 다시 대두되고 있다.

전인적 상담의 4층부의 모델에서 소리: 학술 연구

전인적 상담모델에서 인간 경험에 대한 슈테이너의 소리 모델은 소리의 적용이 그 핵심이다. 보이는 언어로써 율동적인 동작(*Eurythmy as Visible Speech*)에서 그는 모든 소리는 특정한 인간 경험의 표현을 나타낸다고 제안한다. 슈테이너는 표현적인 움직임의 형태를 “율동적인 동작(eurythmy)”이라고 설명했고, 이는 소리 경험의 표현을 용이하게 한다. 알파벳(*The Alphabet*)에서 슈테이너(1921, 재판 1982)는 말하기에서 소리의 역동은 인간을 구성하는 전체적인 구조를 제공한다고 주장하며 소리 경험의 전인적 이론을 밝혔다. 자음이 신체를 표현한다면 에테르체는 모음의 힘으로 구성되며 아스트랄체는 자음소리와 모음에 의한 “나(I)”에 의해 지배된다. 모음은 인간 내면의 경험을 표현하며 자음은 외부세계와의 관계를 표현한다. 슈테이너는 말과 드라마(*Speech and Drama*)(1924, 재판 1986)에서 인간 경험의 모든 양상은 소리 패턴에서 대응물을 찾을 수 있고, 인간이 말하는 소리는 인간 경험의 전체범위에서 많은 다양한 결합을 나타낼 수 있다고 제안하였다.

슈테이너의 모델을 발전시킨 타거(1996, 1997, 2000)는 심리치료에서 소리의 잠재력을 연구하였고 "음성학(philophonetics)"이라고 명명하였다. 2002년도에 그는 인간의 영혼, 정신을 치유하는데 소리치료를 묘사하기 위해 이 용어를 "심리-음성학"으로 변경하였다. 타거는 심신치료에서 소리의 사용에 관한 논문을 4, 5, 6번째 이안 가울러(Ian Gawler) 회보에 기고한 논문들이 있으며, 전인적 건강(Holistic Health)회의는 1996년과 2000년 사이에 멜버른에서 열렸다. 쉐어우드와 타거(2000)는 소리를 기본을 한 치료를 신경쇠약에 걸린 간호사들을 대상으로 진행했으며 호주 전인적 간호저널(*Australian Journal of Holistic Nursing*)에 연구결과를 게재하였다. 쉐어우드(2000a와 2000b)는 성적 학대를 받은 사람들을 대상으로 심리-음성학 모델에서 파생된 소리-움직임 중재법 사용에 관한 논문을 발표하였다.

4층부의 전인적 상담모델에서 소리의 방법론

타거(1999: 84)는 4층부 모델에서 음파가 어떻게 작용하는지 도표로 설명하였다.

> …인간 경험은 자신의 반향실 안에서 들어오고 나가며 소용돌이치고 진동한다. 거기에는 인간의 창조적인 세상의 반향도 또한, 있다: 자신의 생각, 감정, 상상, 반응, 행위의 반향이 있다. 외부의 삶의 사건에 의해 내부의 삶의 사건들이 일어나며 시간의 흐름에 따라 사라진다. 하지만 그들의 반향은 남아서 계속해서 울려 퍼진다: 시간의 아래에서, 시간의 위에서, 하지만 항상 정시에 울려 퍼지지지는 않는다. 인간의 민감한 반향실 안에서, 신체는 완전히 반향으로 이루어지며, 경험의 반향은 계속 울려 퍼진다. 반향의 이런 패턴에

서 이전에 경험했던 경험의 모든 양상들이 나타난다. 거기로부터 그들은 자신의 삶의 기본 패턴을 통제한다...

본질적으로, 모든 경험은 감각들이 세계와 만나는 아스트랄체 안에서 머무는 진동패턴을 가지며 육체의 바로 아래 위치한 에테르체 안쪽에서 진동한다. 인간의 경험은 이렇게 진동하는 반향 패턴 안에 존재한다. 이런 반향은 종종 의식 너머로부터 새로운 경험에 대한 우리의 반응을 이끌어 낸다. 타거(1999:87)는 반향의 이런 패턴과 인간의 말소리 사이에 본질적인 유사점이 있다고 제안했으며, 이런 패턴은 소리패턴으로 해석될 수 있다고 말했다. 이런 소리 패턴은 시간과는 상관없이 남아있으며 인생의 어떤 시점에서나 접근할 수 있고 어느 날 유사한 소리 패턴으로 인해 촉발될 수 있을 것이다. 예를 들면, 한 내담자는 특정한 식기 세트를 사용하자는 그녀의 파트너에게 이유 없이 강렬한 분노를 느꼈다고 말했다. 신체의 어느 부분에서 분노를 느끼는지 집중하면서 그녀는 "들어가기-나오기-바라보기" 과정을 진행하면서 호흡을 하지 않는 자세를 찾아보았다. 그 자세를 취한 후에 나는 그녀에게 그 자세 안으로 들어가 보라고 요청하였다. 그 자세 안으로 몸을 구부리고 들어갔을 때, 그러한 자세를 취했든 신체의 가장 최초의 기억을 떠올려 보라고 요청하였다. 그녀는 즉시 5살 때 부엌을 엉망으로 만들어서 어머니에게 혼이 났던 기억을 말하였다. 이것은 파트너의 요청과 그녀가 5살 때 받았던 어머니의 처벌 사이의 경험에서 감정적 반응을 하는 반향을 나타낸 것이다.

내담자의 의도는 파트너를 향해 분노를 느끼지 않는 것이었고 소리는 그녀의 관계를 망치는 이 패턴의 자물쇠를 여는데 사용되었다. 내담자에게 구부러진 자세 안으로 다시 들어가서 외부를 느껴보라고 말하였다. 그녀에게 그녀가 "phe, phe, phe"로 묘사한, 그녀를 공격하는 힘의 소리를 찾아보라고 말했다. 타거는 치명적인 소리 공격의 패턴을 바꿀 수 있는 놀랄만한 방법을 개발하였다. 그것은 5장에서 자세히 다룰 것이다. 여기에서는 간략한 요약으로도 충분하다. 그녀에게 동시에 "phe"소리를 자세를 취하면서 같이 밖으로 내보내라고 말하였다. 그녀는 "phe"소리로 인한 압박을 느끼지 않을 때까지 "arhh"소리를 반복하였다. 다시 우리는 5살의 그녀를 나오게 해서, 그 당시 그녀가 받지 못했던 사랑, 이해, 부드러움과 같은 특징을 표현하는 소리로 그녀를 양육하기로 하였다. 그녀는 "mmmm"소리를 내며 방안을 걸었고 곧이어 이해를 나타내는 "oooooommmm"라는 부드러운 소리를 냈고 부드러움을 나타내는 부드럽지만 높고 길게 들리는 "eeee"소리를 냈다. 그녀는 이번 장의 초반에 언급한 빨간 모자의 5살 아이처럼 사랑, 이해의 소리를 각각 5분 이상 내면서 5살의 그녀를 치유하였다. 특정한 경험으로 둘러싸인 신체에서 진동을 하는 활발한 패턴을 변형시킴으로써 내담자는 파트너가 테이블을 세팅하도록 시켰을 때 분노가 일어나지 않음을 발견하였다. 대신 그녀는 5살의 그녀에게 사랑과 이해의 소리를 해주는 것을 의식적으로 유지했으며 그녀의 테이블 세팅과 관련해서 파트너의 요구에 순응하게 되었다.

타거(1996: 47)는 치료적 적용을 위해 말의 소리를 사용하는 것을 전문화하였고 4층부 모델에 각각의 진동을 하는 영역과 각각의 소리에 각각의 진동 패턴을 연관시켰다. 이들 자음의 연결은 쉐어우드가 일부 수정하여, 아래와 같이 요약하였다:

표 1: 4가지 모델의 소리 관계

역동적 단계	소리	요소
나(I)	R, wh	바람
아스트랄(하위의 마음/감정)	S, sh, fsh, f, v, z, vah, h, hah	불
에테르	L, w	물
신체	k, d, g, b, p	대지

이 모델에서 불의 소리는 "나(I)"보다는 아스트랄에 연결되어져 왔다. 왜냐하면 내담자들이 아스트랄의 침습이나 오염을 해소하고 깨끗이 하는데 불의 소리를 가장 자주 사용했기 때문이다. 게다가, 강세가 없는 소리는 모두 모음을 나타내며: a, e, i, o, u, y는 내담자가 자신의 "나(I)"를 강하게 하

기 위해 사용한다. "Ng, N, M, Mg"같은 나무 소리나 수축된 비음은 신체와 에테르체 사이에 있다. 이 표는 지침일 뿐이며 소리는 내담자의 필요에 따라 적용되어야 하며, 치료사에 의해 처방되는 것보다 특정 경험을 변형시키기 위해 필요한 소리가 무엇인지 내담자가 직접 지정해야 한다.

소리의 치료적 응용들

대지의 소리는 내부의 감정 장애물과 에테르 흐름에서 나타난 장애물에 의해 신체에 나타나는 통증을 모두 해소할 수 있다. 단지, 특정 장애물에 맞는 제대로 된 대지의 소리를 찾아야 한다. 대지의 소리 특히 "g"소리는 장애물을 만드는 수축되어 있는 호흡을 되돌려서 그 흐름을 복구하는데 도움을 준다. 나무의 소리는 주로 인대, 근육, 연골, 피부 같은 고체와 액체의 중간에 있는 조직을 표현하며 이에 반향한다. 그것들은 감싸고 보호하며 덮고 양육하는 소리이다. 이런 소리들은 신체와 정신 내부에서 둘 다 보호의 진동을 제공한다. 내담자가 자신이 상처받기 쉽고 노출되어 있으며 보호받지 못함을 발견했을 때마다 그 소리를 나타낸다. 그것들은 특히 상처를 받아서 보호, 치유가 필요한 심장에 도움이 되며 음의 흔적에서 잃어버린 특징을 복구하는데 도움이 된다.

물의 소리는 액체나 흐르는 자세를 나타내며 막혀있는 곳에 액체의 흐름을 용이하게 하며 감정적 삶에서 치유의 흐름을 복구하는데 도움이 될 수 있다. 타거(Conversation: 2000)는 "lllll"은 삶의 가장 강력한 힘을 나타내며 낙담한 에테르를 복구하는데 가장 중요한 역할을 한다고 하였다. 바람의 소리는 주로 "rrr" 소리로 진동을 하며 신체를 소생시키고, 힘을 주고, 독성을 제거하는 효과를 가지고 있으며 오염된 아스트랄 덩어리를 회복시키고 정화하는데 적용할 수 있다. 불의 소리는 신체를 따뜻하게 하는 과정을 강화하는데 그리고 냉담함, 포기, 분리가 냉담함의 각인을 남긴 정신을 위해 사용할 수 있다. 불의 소리는 또한, 독성으로 오염된 경험의 각인들을 정화하고 깨끗이 하는데 사용할 수 있다.

모음은 특히, “나(I)”를 강하게 하고 활력을 주며 그리고 단독으로 또는 배합(a, e, i, o, u, om, aum)한 것처럼 노래에서도 규칙적으로 선택된다. “나(I)”의 강화는 항상 창조성, 사명감 그리고 영성과 의지의 문제와 관련한 선택의 문제가 있을 때 나타난다. 내담자들은 잃어버린 특성들을 그들의 진동체계 안으로 가져오기 위해서 녹음된 찬송가이나 음악을 사용할 수 있다. 하지만 내담자 본인이 낸 소리가 가장 심원한 변화를 가져올 수 있다. 일반적으로 내담자들은 2-3주 동안 매일 하루에 2-5분 정도 잃어버린 특성들을 나타내는 치유의 소리를 되풀이 하도록 처방을 받는다. 이것은 그들의 역동적 시스템 안에 새로운 진동패턴을 강화해준다. 실제로 내담자들에게 소리와 자신들이 선택한 적절한 자세를 함께 사용하도록 독려한다.

치료적으로, 비록 내담자는 항상 자신들이 적절하다고 느끼는 소리 패턴을 선택하지만, 사실은 내담자의 역동적인 시스템의 다양한 상태와 관련해서 나타난 문제가 적절한 소리의 범위를 결정한다. 만일 내담자가 치명적이고 자극적인 경험과 같은 강한 침략을 멈추도록 하기 위해 더 명확한 경계선이 필요하다면, 일반적인 이론에서는 대지의 소리가 내담자에게 대지의 활발한 진동을 강화시켜 주기 때문에 필수적이다. 만일 내담자가 사랑이라는 원기 왕성한 경험의 부재로 인한 결핍을 경험한다면, 물의 소리나 모음의 선택이 적절할 것이다. 불의 소리는 종종 내담자가 원기가 부족할 때 선택하며 이 소리들은 부드럽게 발음될 것이다. 만일 내담자가 독성의 에너지를 정화하고 싶을 때, 강력한 불의 소리나 강력한 물의 소리를 선택할 수 있다.

움직임: 역동적 언어: 경험의 표현과 변형

치료에서의 움직임: 학술 연구

신체 언어에 대한 많은 연구가 진행되고 있다. 피스(Pease, 1992)가 그 중 가장 유명하다. 삶에 대한 내담자의 생각/감정의 가장 중요한 지도로 간주되는 특정한 자세와 움직임에 관련한 의미를 서술하였다. 피스(1992:6)는 하나의 메시지가 주는 영향력은 7%의 단어와, 38%의 억양, 그리고 55%의 비언어적 요소임을 발견한 메라비안(Mehrabian)의 연구를 인용했다. 신체의 움직임을 통해서 심리치료적 상태를 표현하고 변형하는 것에 중점을 둔 전통적인 심리치료 방법이 있다. 가장 잘 알려진 것이 모레노(Moreno)의 심리극이나 사회극이다. 이것들은 내담자가 타인과 함께 경험의 특정 부분을 흉내 내며, 역할 분담이나, 따라 하기, 시간의 역행, 또는 미래 투사와 같은 방법을 사용하여 내면의 감정적 경험을 행동화하는 것이다. 데이톤(Dayton, 1994)은 내담자에게 치료법으로 사용될 수 있는 많은 게임이나 연극을 제공하는 심리극 과정에 대해 명확하게 설명하였다. 해머(Hammer, 2000)는 심리극의 근원이 AD 744에서 835년에 살았던 쿠다이(Kudai)에 의해 시작된 일본의 신곤(shingon) 불교의 분파에서 찾을 수 있다. 이 분파는 개인의 의식을 바꿀 수 있는 심리적, 영적 에너지를 만드는 것을 강조하는 상상의 연극, 드라마, 의식, 호흡 그리고 명상을 사용한다.

다양한 다른 드라마 치료법들도 있다. 드라마 치료는 내담자가 자신의 이야기를 편하게 할 수 있도록 움직임, 소리, 행동을 결합하여 사용하는 것으로 오네일(O'Neill)이 광범위하게 정의하였다. 영국 드라마치료사 협회는 드라마 치료를 연출, 창조성, 상상력, 학습, 통찰력, 성장을 사용하는 활동과 작업 기법으로 정의하였다(www.badth.org.uk 6/06 인용). 드라마 치료는 프랑스, 독일, 러시아에서 시작한 유럽으로부터 20세기에 출현한 움직임을 통한 치유 과정이다. 1930년대 영국에서는 많은 전문적인 치료사들이 내담자와 함께하는 드라마 치료를 사용하기 시작했으며 1960년대에 훈련 프로그램이 만들어졌다.

댄스 치료는 최근에 등장한 기법으로서 감정적 장애물을 처리하기 위해 신체의 움직임을 사용하는 것이다. 댄스 치료법은 1920년대부터 줄곧 개발해 온 이사도라 던컨, 마사 그레이엄, 그리고 도리스 험프리와 같은 근대 선구자들에게서 그 근원을 찾을 수 있다. 근대 프리댄스, 동작 분석과 심리분석 이론이 댄스 치료법의 기초를 형성하고 댄스가 치료에 도움이 된다고 생각하였다. 몸과 마음이 통합되고 몸의 움직임이 내면의 감정을 표현하고 변화시킬 수 있도록 하기 때문이다. 마리온 체이스(Marion Chace)가 1960년대에 댄스 치료법의 형식을 갖추고 내담자에게 적용한 초창기 훈련자였다(Defina, www.studyoverseas.com에서 06년 6월 1일 인용). 내담자 그룹과 함께 한 댄스 치료의 연구 결과는 인상적이다. 코치(Koch)와 브루아닝거(Bruaninger, 2005)는 종양환자의 불안과 우울을 감소시키기 위한 치료에서 댄스 치료의 효과를 인용하였다(Mannheim과 Weis); 섬유 근육통 증후군 환자들의 증가된 에너지와 고통의 감소(Horwitz) 및 스트레스 감소(Brauninger), 또한, 코쉬랜드(Koshland), 윌슨(Wilson), 그리고 휘태커(Wittake, 2004)는 댄스 치료법이 54명의 다국적 초등학교 어린이들의 공격적 행동을 줄이는데 효과적임을 발견하였다.

4층부의 전인적 상담모델에서 움직임의 적용

4층부의 모델에 근거해서, 슈테이너는 「*Curative Eurythmy*」(치료효과가 있는 율동적인 운동)이라는 책을 출판하였다. 여기에서 그는 소리와 움직임의 내적 연결을 아이들의 발달 지연에 사용되는 치유의 형태로 결합하였다. 후두의 보이지 않은 힘을 통찰하고 소리와 움직임을 통해서 에테르 힘에 생기를 높여주는 가능성을 알려준다. 말이 소리와 움직임 사이의 치료학적 연결이 신체적 발달 분야에서도 언급된다. 1921년에, (1984년에 재판) 슈테이너는 보이는 말로서 율동적인 움직임(*Eurythmy as Visible Speech*)에서 말의 소리와 인간의 움직임 사이의 관계에 대해 아주 상세하게 기술하고 있다. 타거(1999:71)는 모든 활동하는 인간들은 몸짓을 통해 자신의 경험을 직접적으로 표현할 수 있다고 했으며 보편적으로 누구나 이해할 수 있을 것이라고 말했다. 그는 내담자가 공격적인 학대나 정신적 충격을 주는 상황에서 내담자를 공격하는 힘의 모양을 식별할 수 있는 몸짓을 이용하였다. 반복되는 몸짓으로부터 내담자는 자신을 공격하거나 상처를 주는 힘의 소리패턴을 찾아서 그 힘을 무력화 할 몸짓이나 소리를 발견할 수 있다.

쉐어우드(Sherwood, 2004:26)는 "얼어붙은 호흡"이라고 명명한 수축된 호흡이 어떻게 몸짓에 사로잡히는지 보여주었다. 내담자는 몸 전체를 사용해서 몸짓 안으로 들어간다. 기존에 내담자의 신체에 들어가 있었던 몸짓에 대한 기억이 들어 날 것이다. 수축된 호흡을 자유롭게 해서 호흡이 돌아오고 수축된 감정적 에너지 패턴이 다시 살아나기 위해서는 움직임이 필수적이다. 내담자는 상처받은 곳에서 사라진 특성; 기쁨, 사랑, 이해, 자유의 움직임을 다시 되돌려놔야 한다. 그들은 몸 전체로 자신의 에너지 장에서 사라진 특성을 표현하기 위해 몸 전체를 사용하여 동작을 활발하게 만들어내야 한다. 만일 그 동작이 소리와 같이 나온다면, 에너지 효과는 더 커질 것이다. 내담자는 자신의 신체에서 움직임의 특성이 어떻게 표현되어야 할지는 경험에 따른 동작의 정확한 특징을 나타내야 한다. 내담자들은 항상 그들의 몸 안에서 진동하는 힘을 증가시키기 위해 그들이 선택한 움직임을 크게 하도록 독려된다.

임상 적용의 좋은 예로 강박증을 가지고 있는 한 여성이 있었다. 그녀는 패배한 군인처럼 그녀의 몸을 웅크리고 찾아왔다. 라이히에 의하면 그녀는 마조히즘적인 성격을 가지고 있고, 에이든(Eiden)은 다음과 같이 그림으로 표현하였다(2002:33).

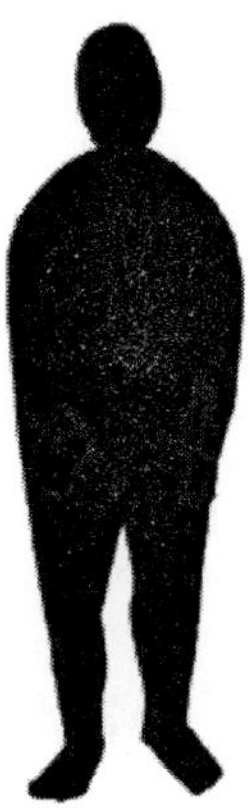

그림 7: 마조히즘적 신체구조(스턴톤, 2002)

그녀는 2주 동안 하루에 한번 씩, 10회기의 전인적 상담을 마쳤다. 심리치료를 계획한 그녀의 의도는 당연했다. 그녀의 주요 목적은 "자신을 좀 더 멋지게 생각하며 자존감을 갖는 것"이였다. 우리는 매일 다양한 동작을 시도하였다. 그 동작들은 자부심을 표현하는 몸짓의 특징들을 나타냈다. 내담자는 자존감으로 빛나는 다른 사람의 특성들을 나타내는 4개의 이미지를 선택하였다. 눈으로 덮인 높은 산, 호랑이, 이모, 그리고 민주적으로 당선된 버마의 지도자이었으며 현재는 가택연금 중인 아웅산 수지 여사의 사진들이었다. 그녀는 각각의 이미지들을 가지고 독특한 자세와 동작을 만들어냈다. 그리고 나서 차례로 소리와 함께 자존감의 특성을 나타내는 자세를 취하고 호흡을 들이쉬고 내쉬며 방안을 돌아다녔다. 이 활동은 회기 도중에 그리고 회기가 끝난 후에 각각 약 10분 동안 진행되었다. 2주간의 치료 프로그램이 끝난 후, 그녀의 신체 자세는 위로 똑바로 선 모양으로 변했다. 4층부의 전인적 상담모델에서 우리는 자세를 단독으로 사용하지는 않지만 신체, 에테르체, 아스트랄체의 진동패턴을 바꾸는데 없어서는 안 될 부분으로 작용한다. 확실히 신체에서 움직임은 그 과정의 전반에 걸쳐 일어나는 진동의 변화를 더욱 강화시키며 아스트랄의 외면당하고 억제된 부분으로 호흡이 들어오게 만든다.

때때로, 건강이 좋지 않고 경험의 부족으로 특히 42세 이상의 사람들에게 호흡과 에너지를 신체로 운반하는 에테르는 활기가 없고 둔해진다. 동양 전통에서는 요가, 기공 그리고 신체를 기본으로 하는 동작이 신체를 활기 있기 만드는데 이용된다. 타거(1996, 담화)는 좌우로 흔들기, 앞뒤로 흔들기와 같은 일련의 부드럽고 반복적인 신체의 움직임이 어떻게 내담자의 에테르를 활기 있게 만드는지 설명하였다. 우선 내담자는 몸 전체를 움직이다가 에테르가 활성화될 때까지 점차 몸의 특정 부분을 움직인다. 내담자들이 자신의 감각 경험 안으로 능동적으로 들어가기 위해 이런 활동들은 반드시 필요하다.

본질적으로, 전인적 모델에서 동작과 몸짓은 아스트랄 층에 에너지의 수축된 패턴으로 저장되어 있는 감정적, 정신적 경험을 변화시키기 위한 핵심적인 방법으로 보인다. 치료를 위한 동작과 자세의 주요 목적은 수축되어 있는 에테르를 지나는 호흡의 자연스러운 흐름을 복구하는 것이다. 이것은 신체를 활성화시키며 "나(I)"가 막혀있는 아스트랄 에너지 주머니를 감지하고 관련된 흔적들을 해소하는 과정에 관여하게 된다.

색: 경험을 변화시키고 표현하는 역동적인 언어

치료에서 색: 학술 연구

색은 색채 파동을 이용하거나 미술에서의 색깔 사용, 둘 다 치료에 이용된다. 육체적, 정신적, 감정적 질병에 각기 다른 색깔들의 빛의 사용에 대한 많은 연구가 진행되고 있다. 리버만(Liberman, 1996)은 드러나지 않는 감정적 트라우마를 드러내어 치유할 수 있도록 하는 특정한 색깔의 특질을 지닌 빛의 역할을 시사하였다. 페스너(Pesner, 1999)는 특정한 신체적, 감정적 상태를 치료하기 위해서 특정한 색깔의 사용을 언급하였다. 하르테이(Hartey, 1999)는 계절성 정서 장애(SAD)를 완화시키기 위해 스펙트럼의 모든 색을 사용했으며 두빈(Dubin, 1999)은 베트남 참전용사들에게 나타나는 외상 후 스트레스성장애(PTSD)를 치료하기 위해서 파란색을 사용하였다. 미술 치료에서 감정을 표현하거나 변화시키는 예술작품을 만들기 위해 미술 도구를 사용한다. 수성 물감, 크레용, 유성 물감, 아크릴, 그리고 혼합한 도구들이 여기에 속한다. 이들은 내담자의 경험의 표현이나 변형을 더욱 촉진시킨다.

4층부의 전인적 상담모델에서 색깔 작업에 대한 이론

슈테이너는 1910년대에서 20년대 동안의 예술(Art)이라는 시집에서 선택한 핵심 아이디어에 대한 강의 시리즈와 4층부 모델과 관련하여 예술의 역할에 대하여 열정적으로 설명하였다. 그는 예술을 영적인 행위이며 창조와 상상 그리고 영감을 향한 욕구이며 "나(I)"의 모든 능력이라고 생각하였다. 그는 모든 색깔은 어둠과 빛 사이(색채에 대한 뉴턴의 이론에 대한 괴테)에서 상호 작용으로 나타난다는 괴테의 색채 이론을 강하게 지지하며 부활시켰다. 슈테이너는 모든 예술은 어둠과 빛 사이의 움직임을 나타낸다고 제안했으며, 특정한 예술이 4층부 인간의 특정한 부분의 치료에 적절하다고 말했다. 다음과 같이 그의 의견을 전인적 상담모델에 맞게 수정하였다(2003:218).

표 2 : 4층부 모델과 관련된 예술 활동

신체	건축
에테르	조각
아스트랄	그리기
자기(I am)	음악
큰 자기(I AM)	시

치료에서 내담자에게 적용할 때는, 내담자가 보여주는 문제와 4층부의 모델에서 특정한 신체에서 나타나는 약점이나 강점에 따라서 특정한 예술 매체의 적용이 결정된다. 예를 들어, 수성물감 페인팅은 젖은 붓과 종이를 사용해서 그리는 것이며 에테르체가 약한 사람에게 처방된다. 왜냐하면 이런 방식의 페인팅은 "나(I)"를 유동적으로 움직이게 하며 에테르체의 생명력이 결집되기 때문이다. 에너지 레벨은 색깔이 아스트랄체에 영양분을 공급할 때 회복된다. 습식 덧칠하기는 호흡을 용이하게 하는 에테르 층 위에 있는 아스트랄의 지배를 약하게 하며 아스트랄 층의 강렬한 지배로부터 쉬게 하여 다시 균형을 잡게 해준다. 드'허보이스(D'Herbois, 2000:59)는 4층부 모델의 미술 치료 창시자들 중 한 명으로, 그는 종이의 위치를 강조하였다. 수평으로 긴 종이는 아스트랄이 약하거나, 우울하거나 또는 울적한 기분일 때 적절하며 반면에, 수직으로 긴 종이는 의지나 선택, 창조, 적성과 관련이 있는 "자기(I am)"의 상태를 다룰 때 적절하다고 강조하였다.

인간의 상단과 하단 사이(제2장)의 균형을 맞추기 위해 특정한 색깔을 사용하는 것이 이런 예술적 작업에서 가장 중점을 둔다. 각각의 색깔을 사용하는 방식은 내담자가 너무 과하게 하단이 발달(신체의 하단이나 하단 차크라에 집중되어 있는 것)했거나 아니면 하단의 부재(신체의 하단이 거의 없고 신체의 상단이 너무 발달한 경우)를 카르킨다.

성육화는 일생동안 발달상 일어나는 영혼의 활동을 통해 정신과 육체가 만나는 과정을 말한다. 발달의 인지학적 모델은 7년 단위로 인간화가 되는 다른 신체들을 보여준다. 처음 7년은 신체, 7-14살은 에테르체, 14-21살에는 성을 포함하는 아스트랄체의 발달에 집중하며, 21-28살에는 "나(I)"의 구체화에 집중하게 된다. 상단이 가장 클 때 성육화가 늦거나 성육화가 되지 않았다고 말하며 하단이 크면 과하게 성육화가 되었다고 말한다. 일반적으로 상단이 더 발달된 내담자들은 매우 밝은 색깔을 사용해서 그림을 그리며, 하단이 더 발달한 사람은 어두운 색깔을 사용해서 그림을 그리는 경향이 있다. 4층부 모델에 관하여 특정 색깔의 사용과 진동의 특성을 드'허보이스(2000)가 다음과 같이 자세히 정리하였다:

표 3: 색채와 관련된 치료적 효과

색상	활발한 치유 기능
자홍색: 적색, 자주색	치유 충격, 신경쇠약, 4층부 신체의 균형과 조화
암적색: 적색	아스트랄체와 에테르체의 통합: 모든 것은 스며들고 침투하며 동작과 열렬함을 나타냄
주홍색과 진홍색: 오렌지색 적색	신진대사 시스템에서 실체의 형성과 온기 타인과 세계와의 유대감을 인지하기 위한 자기몰두의 벽 깨트리기 폐의 하부로 호흡하는 것을 돕기
오렌지색	하단의 움직임을 강화. 내부의 움직임을 촉진하며, 삶의 목표에 명확한 의사결정, 열렬함과 열정을 주기
노랑색	사고의 오픈 마인드: 막혀있는 생각을 부수고 새로운 통찰력을 가져오기
황록색	삶의 즐거움과 느슨함, 자신감을 촉진하고 긍정적인 생각과 유머를 활성화 함
녹색	감정적 균형, 심장의 상처 치유
청록색	도덕적, 윤리적 결정을 지지하며 맑고 투명한 사고와 인식의 명쾌함
코발트 블루	봉쇄, 내부 균형, 헌신적 집중 그리고 집중할 수 있는 능력
남색	보호, 갇혀있다는 생각이 들지 않는 경계선. 뼈와 피부 상처의 치유
보라색	"나(I)"로의 연결. 감사와 존경 그리고 경외의 마음 활성화

전인적 상담모델에서 색채치료의 상담적 적용

전인적 상담모델에서 색깔은 내담자가 경험을 표현하고 변형할 수 있게 해주며 슬픔과 상실감을 회복하기 위해 수채화 물감을 사용하여 그림을 그림으로써 불완전한 경험을 치유할 수 있게 해준다.

슬픔과 상실감: 수채화 물감 사용

이 과정은 슬픔을 변형시키기 위한 모델에서 수채화 물감을 사용하였으며, 타거(Sherwood: 2004)는 다음과 같이 요약하였다.

1. 슬픔을 간직하고 있는 움츠려진 신체나 장기의 호흡 회복하기
2. 슬픔 때문에 사라진 특성들을 감정적으로 제공하기
3. 잃어버리거나, 부서지고, 파괴되거나, 방해를 받아왔던 것들과의 만남의 가능성을 위한 의례행위 창조하기

위의 영역을 통합하여, 나는 심도 깊은 치유방법으로 슬픔의 경험과 작업할 수 있도록 수채화 물감으로 다음과 같은 과정을 만들었다. 수채화 물감 과정은 아이들이나 허약한 사람, 생명 에너지가 적어서 에테르적으로 고갈된 내담자, 그리고 내담자의 아스트랄이 신체를 속박해서 신체 에너지의 자연스러운 흐름이 막히고 그 결과 슬픔이 더 강해지는 내담자에게 이상적이다.

슬픔을 간직하고 있는 신체나 장기의 움츠려진 부분의 호흡 회복

어떤 사람이 슬픔을 경험할 때, 트라우마를 경험하고 있는 몸의 일부분에서 호흡이 수축되는 자연스러운 반응이 생긴다. 그 부분의 호흡이 회복되어야 하며, 수채화 물감은 에테르에 생명의 흐름을 되찾고 슬픔이 위치해 있는 몸의 그 부분에 생명의 흐름을 되찾게 하는데 이상적이다.

슬픔을 위한 수채화 물감 과정 1: 호흡 회복하기

수축되어 있는 호흡을 되돌림으로써 몸 안에 존재하는 슬픔을 해소할 수

있다. 젖은 채 덧칠하기(wet on wet)를 위해 수채화 물감에 적합한 종이 준비한다. 내담자에게 수채화 물감의 핵심 스펙트럼을 이용하게 한다.

1단계 :

- 내담자에게 신체 감각을 일깨울 자세하고도 강도가 있는 슬픔의 경험을 회상하라고 요청한다.
- 신체의 가장 불편한 부분을 그에게 물어본다.

2단계 :

- 내담자에게 일어서서 손을 그 부분에 대고 그 곳의 감각을 몸짓으로 나타내도록 요청한다.
- 내담자에게 한 발자국 나와서 몸의 그 부분으로 들어가는 것을 상상함으로써 몸의 정확한 그 부분에 들어가도록 요청한다.
- 내담자에게 몸의 그 부분에서 호흡이 어떻게 움직이지 않고 있는지 느껴보라고 요청한다: 꼬여있는지, 막혀있는지, 찢어져 있는지, 텅 빈 구멍이 있는지, 넘어져 있는지.
- 내담자는 그 장소에서 나와서 슬픔의 감정을 그림으로 그리도록 한다. 이는 생명력이 몸의 그 부분에서 어떻게 수축되어 있는지 알 수 있는 흔적이다.
- 내담자에게 그 색깔에서 떠오르는 감정을 이야기하게 한다. 만일 내담자가 특정 색깔의 의미를 모른다면 그 색깔 안으로 들어가서 그 색깔 위에 서 있을 때 무엇을 느끼는지 이야기해보라고 한다. 내담자는 그 색깔의 의미를 느낄 수 있을 것이다. 한 내담자는 하나의 색깔 안에 갇혀있는 감정에 대해 더 알기 위해서 그림의 다양한 색깔 안으로 들어갈 수도 있다.

3단계 :

- 내담자가 호흡이 자유롭게 흐를 때까지 슬픔이 있는 장소에서 호흡하도록 시간을(5–20분) 보낸다. 이 시간 동안, 내담자는 에테르의 흐름이 회복되면서 눈물을 흘릴 수도 있으며 호흡은 다시 수축되어 있었던 부분으로 흐를 것이다.

4단계 :

- 이제 내담자에게 다시 그 부분으로 들어가서 에너지가 어떻게 움직이는지에 대해 모양과 색깔을 느껴보게 한다.
- 빠져 나와서 수채화 물감으로 그 감각을 그림으로 그린다.

첫 번째와 두 번째 그림의 차이는 그 부분을 치유하기 위해 필요한 호흡과 그로 인한 변화의 양을 알려준다. 치유는 두 번째 그림이 들쭉날쭉한 동작이 아닌 유연하게 흐르는 동작을 명확히 나타내는 정도에 따라 달라지며 단단히 수축되고 긴장된 장소보다 좀 더 확장된 형태의 정도에 따라 다르게 일어난다. 마지막으로, 첫 번째의 그림의 슬픔이 항상 어둡고 강렬하며 불길한 전조의 색깔로 나타나지만 그 색깔은 점차 가벼워지고 밝아질 것이다.

슬픔을 위한 수채화 물감 과정 2: 잃어버린 특성들 제공하기

이번 활동은 내담자가 슬픔으로 인해 텅 빈 부분에서 느껴지는 잃어버린 특성들을 찾을 수 있도록 한다. 위의 1단계와 2단계를 반복한 후,

3단계 :

- 슬픔으로 가장 혼란스러운 신체의 그 부분에 손을 올려놓는다.
- 텅 빈 자리로 들어가서 다음과 같은 질문에 대해 답해본다: "슬픔 때문에 잃어버린 특성들이 무엇인가?"
- 이런 특성들이 언제 나타나는가? 비통함이 자리 잡은 곳을 들어갔을 때인가? 나왔을 때인가?
- 잃어버린 특성들을 나열해 본다.

4단계 :

- 잃어버린 특성 중에 가장 먼저 개발하고 싶은 것을 선택한다.
- 그 특성을 나타내는 누군가를 떠올려 본다.
- 그 특성이 어떤 느낌이었는지 상상해 본다.
- 슬픔으로 상처받은 곳에 그 특성들로 호흡한다.

- 그 특성을 나타내는 색상을 선택하고 그 색으로 숨을 들이쉰다.
- 그 특성을 몸짓으로 표현한다.
- 수채화 물감으로 그 특성을 그림으로 그린다.
- 슬픔의 회기에서 그렸던 그림을 보며 질문을 해본다: “상처받고 슬퍼하는 첫 번째 그림이 이 특성을 받고 나서 어떻게 치유되었는가?”
- 그 변화를 세 번째 그림으로 그려본다.

5단계 :

- 다른 잃어버린 특성들을 위해 4단계를 반복한다.

6단계 :

- 내담자의 개인적, 사회적 경험들을 통해 각각의 특정한 특성이 더 표현될 수 있도록 삶을 재구성하는 방법을 내담자와 함께 브레인스토밍을 해본다.

슬픔을 위한 수채화 물감 과정 3: 관계/속성의 잠재력 존중하기

놓쳐버린 만남의 가능성을 되찾을 의식을 만들어보는 방법은 다음과 같다:

1단계 :

- 슬픔이 자리 잡은, 하지만 이제 회복하는데 필요한 특성들을 받은 그 부분으로 들어간다.
- 그 특성들이 어떻게 그곳을 치유하고 있는지 집중한다.
- 다시 빠져 나와서 치유하는 모습을 몸 전체를 사용해서 몸짓으로 표현한다.
- 그 치유 장소를 수채화 물감으로 그림을 그린다.

2단계 :

- 관계의 가능성이나 그 사람의 속성을 존중하기 위해 수채화 물감으로 그린 치유 장소를 사용해서 의식을 만든다. 이 의식은 다양한 방법을 사용해서 만들 수 있지만 반드시 신체 활동을 포함해야 한다. 두 사람이 만날 수 있는 가능성을 생각해서 원예활동을 할 수도 있다. 나무를 그리

거나 또는 그 사람을 존중하기 위해 그림을 액자에 넣을 수도 있다.

이 방식은 매우 강력한 변형의 활동이다. 위의 3가지 활동은 만일 호흡 연습이 오래 걸리지 않는다면 1시간 안에 끝날 수도 있다. 하지만 그 과정은 원한다면 3개의 한 시간짜리 회기로 나눌 수도 있다. 수채화 물감 과정은 에테르의 리듬과 흐름이 회복될 수 있도록 호흡이 원활해야 한다. 내담자의 에너지 체계내의 색깔의 움직임을 통해서 새로운 진동 요소들이 감정적 고통과 상처를 변형시키고 균형을 맞추며, 완전함과 치유의 과정을 시작하거나 가속화한다.

슬픔과 상실감의 충격 변형하기

때때로 상실의 소식이 내담자에게는 충격으로 경험된다는 사실을 알아야 한다. 모든 충격은 강력한 현실이며 모든 내담자들은 자신의 몸 어느 부분에서 충격을 어떻게 느끼는지 알고 있다. 내담자가 자신의 몸 안으로 들어가서 충격이 어디에 위치하는지, 어떻게 거기에 있게 되었는지를 찾는 것은 중요하다. 내담자는 "심장 안의 칼" "숨차게 하는 가슴의 구멍", "배 안의 매듭"과 같이 다양한 묘사를 사용해서 자신의 몸 안에 있는 충격을 설명한다. 내담자가 몸 안에 있는 충격의 모양을 식별하고 나면, "뒤집기"를 사용해서 제거할 수 있다. 이것은 타거가 개발한 방법으로 충격의 몸짓과 소리에 대해 그 반대로 하면서 충격을 없앨 수 있다. 예를 들어, 만일 그 충격이 심장 안의 칼이라면 "k"소리를 내고 날카롭고 찌르는 듯 한 소리일 것이다. 내담자는 "arrrh"처럼 파열음으로 발음될 수도 있는 수축된 "nnn"소리로 전환한다. 그리고 충격의 진동음을 가지고 있는 "kkk"의 힘 때문에 발생한 호흡의 방해물을 없앤다. 내담자에게 위에서 요약한 슬픔과 상실감의 연습이 좀 더 효과적일 수 있도록 에너지 체계에서 충격을 없애는 것도 중요하다.

전인적 상담모델에서 색깔을 사용하는 일반적인 자원 찾기 과정

내담자가 결핍을 발견할 때마다, 색깔이 주로 사용되며 때로는 소리와 움직임을 결합시킨다. 이 결핍은 내담자가 사랑, 기쁨, 평화를 느끼지 못하고 공허, 소외, 단절, 사랑받지 못하거나 돌봄을 받지 못한다고 느낄 때 나타난다. 내담자의 기본 의도는 자신들의 인생에 사라진 요소들을 갖는 것이다. 상실감이나 공허감에서 존재와 온전함으로 바꾸는 진동 패턴을 위해서 가장 중요한 색깔을 찾는 기본적인 자원 찾기 과정을 수행할 것이다.

자원 찾기 과정: 상실감과 공허감에서 존재감과 온전함으로 경험 바꾸기

1단계 :

- 내담자에게 텅 빈 느낌이나 공허감을 느꼈던 경험을 자세히 물어본다.
- 몸의 어느 부분이 가장 불편했는지 물어본다.

2단계 :

- 내담자는 서서 신체의 그 부분에 손을 대고 그 장소에서 받은 느낌을 몸짓으로 표현한다.
- 한 발자국 내디디며 그 부분으로 들어간다는 상상을 하면서 신체의 바로 그 부분으로 정확히 들어간다.
- 내담자는 그 곳의 에너지 형태를 느낀다.
- 그 곳에서 나와서 수채화 물감으로 칠하거나 유성 파스텔로 그 에너지의 형태를 그린다.
- 내담자는 잃어버린 특성의 이름을 짓고 그 장소를 치유하도록 한다.
- 그 특성을 표현하는 누군가를 회상한다.
- 그 특성이 어떤 느낌인지 상상한다.
- 신체의 그 부분으로 그 특성을 들이마신다.
- 내담자는 사라진 색깔을 나타내는 스카프를 선택하고 그 색깔의 자극과 감각을 확대하기 위해 신체의 그 부분에 스카프를 올려놓는다.
- 내담자는 필요한 특성을 나타내는 색깔을 입는 몸짓을 하며 걷는다.
- 내담자에게 묻는다: “걸으면서 그 색깔과 특성이 공명하는 소리를 찾았는가?”
- 내담자는 수채화 물감으로 그림을 그리거나 유성 파스텔로 그 특성의

느낌을 그린다.

4단계 :

- 내담자는 다시 신체의 그 부분으로 들어가서 에너지가 그 장소에서 움직이는 모양과 색깔을 느끼도록 한다.
- 내담자는 그 장소에서 빠져 나와 에너지의 흐름을 수채화 물감이나 유성 파스텔로 그림을 그리도록 한다.

첫 번째와 두 번째 그림의 차이는 이 과정에서 얻은 변화의 양을 나타내며 만일 필요하다면, 그 곳을 치유하기 위해 필요한 치료의 양을 나타낸다. 치유는 두 번째 그림에서 들쭉날쭉한 움직임이 아니라 리듬을 타고 유연한 움직임을 보여주는 정도에 따라, 단단하게 수축되거나 긴장되어 있는 장소가 아니라 확장되어 있는 모양일수록 더 많은 치유를 나타난다. 마지막으로 어둡고 강렬하며 불길한 느낌의 색상으로 슬픔을 나타낸 그림의 색상은 가벼워지는 경향을 보일 것이다. 아래의 그림은 한 내담자의 희망과 사랑이라는 잃어버렸던 특성을 되찾기 위한 내담자의 미술치료의 예이다. 매우 전형적인 에너지 변화가 일어났다.

그림 8 : 상실감의 전/후 흔적

치료를 위한 에너지적 모델의 전망

우리는 우리가 에너지로 가득한 세계에서 살고 있다는 것을 기억하게 하는 시바의 춤을 자각하고 있다. 우리는 환경, 그리고 가장 중요한 우리를 둘러싼 타인과의 활발한 상호작용을 통해서 에너지 패턴을 형성하고 있다. 우리는 이러한 활발한 상호작용이 고갈되거나 공격받았을 때 우울해하고 절망하거나 또는 스트레스로 인해 자멸하거나 포기할 수도 있다. 우리의 경험들을 바꾸는 중추적인 힘이 있다는 사실을 알게 되면 희망을 회복하고 우리의 강점과 자존감을 다시 세울 수 있다. 우리는 말 그대로 자신의 경험의 창시자이다. 왜냐하면 우리는 어떤 트라우마를 만나도 다시 뛸 수 있으며 삶을 유지하는 에너지 흐름을 만들 수 있기 때문이다. 이 깨달음의 잠재력은 해리포터의 세 번째 책에 아주 잘 나와 있다. 히포크라피이자 해그리디의 절친한 괴물인 벅빅은 약을 올리는 말포이에게 큰 상처를 입혀서 사형에 처해진다. 해리와 헤르미온 그리고 론은 그를 구할 수 없었다. 하지만 덤블도어는 그들에게 시바의 전수자를 기억나게 하였다. 그들은 그 상황을 되돌렸고 벅빅을 자유롭게 해줄 수 있었다. 그것이 전부였으며 슬픔과 비통함은 기쁨과 축하로 변했다. 옛날에는 이것을 단지 행복한 결말로 끝나는 아이들의 동화라고 생각하였다. 오늘날 양자물리학의 이해(What The Bleep do we know?)와 같은 영화로 쉽게 대중을 사로잡은 양자 물리학에 감사한다. 개인적으로 또는 사회적으로든 에너지 변환의 가능성은 놀라운 일이다.

우리도 풀리지 않는 에너지 체계를 창조하고 재창조하는 힘을 의식하면서 시바의 춤에 합류할 수 있다. 우리는 몸의 세포까지 전달되는 진동하는 에너지 패턴을 슬픔과 상실감에서 평정으로, 슬픔에서 기쁨으로, 외로움에서 상호소통으로 바꿀 수 있다. 우리는 시바 춤의 에너지 패턴과 감정적 해소와 치유의 잠재력이 내담자를 위한 전인적 상담의 선물이며 현실인 시대에 살고 있다.

참고문헌

Birch, L, (1997) "Fortifying the healing process; art therapy for children with cancer"

Gawler, I (ed) *Science, Passion and Healing*, Ian Gawler Foundation, Melbourne.

Blofeld, John, (1977) *Mantras Sacred Words of Power*. London: Mandala.

Brazier, D (1997) *The Feeling Buddha* Robinson, London

Crowley, B & E (1994) *Words of Power* Llewellyn, Minnesota.

Capra, F (1982) *The Turning Point*, Simon Schuster, USA

Dayton, T. (1994) *The Drama Within* Health communications, Florida

De Bergerac, O. (1998) *The Dolphin Within: Awakening Human Potential*, Simon and Schuster, Sydney.

D'Herbois, L (2000) *Light, Darkness and Colour in Painting Therapy*. Floris books, Edinburgh

Easwaren E. (1977) Formulas for Transformation. Nilgiri Press, Berkeley.

Eiden, B. (2002) "Application of post- Reichian body psychotherapy: a chiron perspective" Staunton, T (Ed) *Body Psychotherapy*, Brunner Routledge, East Sussex

Fox, M. (2001) *One River, Many Wells: wisdom springing from Global Faiths. Gateway*, Dublin.

Hammer, R. (2000) "Psychodrama, skill training and Role Playing," *International Journal of Action Methods: psychodrama, skill training and role playing* v 52, i4 pp155-164.

Knoblauch, S. (2000) *The Musical Edge of Therapeutic Dialogue*. The Analytic Press, London.

Koch, C. and Brauninger, I. (2005) "International Dance Movement Therapy Research: theory, Methods, and Empirical Findings" American *Journal of Dance therapy*, Vol 27, no1, pp37-46

Koshland, L, Wilson, J. and Wittaker, B. (2004) "Peace through Dance/movement: evaluation a violence prevention program" *American Journal of Dance Therapy* vol 26, no2, pp69-90

Liberman et al (1999) *Light Years Ahead* Celestial Arts, California.

Pease, A. (1992) *Body Language* Camel, NSW.

Sherwood, P. (2004) *The Healing Art of Clay Therapy*, Acer, Melbourne

Sherwood, P. and Athena, P. (2005) "A Dolphin Discovery Community", *New Community Quarterly*, vol 3 (4) pp 45-50

Sherwood, P. (2000a) "Bridging the chasm: Philophonetics counselling and healing the trauma of sexual abuse". *Diversity*. Vol 2, no4 pp 18-25

Sherwood, P. (2000b) 'Beholding: bridging the chasm between flooding and denial. Philophonetics counselling and sexual abuse survivors". *Journal of the Incest Survivors Association*, September, pp23-32

Sherwood, P. and Tagar, Y. (2000) "Experience Awareness tools for preventing Burnout in Nurses". *Australian Journal of Holistic Nursing* April. Vol 7, pp15-20

Sherwood, P. and Tagar, Y. (2000) "Philophonetics and Burnout in Nurses. a case study" *Australian Journal of Holistic Nursing* Vol 8, pp194-200

Standley, J. (1995) "Music as a therapeutic Intervention in Medical and Dental Treatment: research and clinical applications" Wigram, et al. (eds) *The Art and Science of Music Therapy: a handbook*. Harwood, Switzerland. pp3-25

Skille, O. and Wigram, O. (1995) "The effect of music, vocalisation and vibration on brain and muscle tissue: studies in vibroacoustic therapy" Wigram et al (ed) *The Art and Science of music therapy: a Handbook* Harwood, Switzerland. pp 23-45

Staunton, T. (2002) ed. *Body Psychotherapy*, Brunner Routledge, East Sussex, pp27-55

Steiner, R. (1999) reprint. *A Psychology of Body, Soul & Spirit*. Anthroposophic Press, NY

Steiner, R. (1983) *Curative Eurythmy*. Rudolf Steiner Press, London.

Steiner, R (2003) *Art* Rudolf Steiner Press, London.

Steiner, R. (1982) *The Alphabet* Mercury Press, Spring Valley, NY

Steiner, R (1921) reprint. (1984) trans. Compton Burnett. *Eurythmy as Visible Speech*. Rudolf Steiner Press, London.

Tagar, Y. (1996) *Philophonetics - Love of Sounds, Awakening to Human Experience*. Persephone College Publications, Melbourne.

Tagar, Y. (1996a) "Cancer as a Threshold of Inner Healing" *Mind Immunity and Health*, Gawler Foundation. Melbourne

Tagar, Y. (1997) "Cooperating with the Life Forces from Within" *Science, Passion and Healing* Third International Annual Conference on Mind Immunity and Healing of the Gawler Foundation, Melbourne

Tagar, Y. (1999) "The use of Non-Verbal Expression in Stress Management - with Philophonetics-Counselling". *Medicine of the Mind* Fifth International Annual Conference on Mind Immunity and Healing of the Gawler Foundation, Melbourne.

Tagar, Y.(2000) "Participatory Therapy: the Non-Verbal Communication and the Healing. Team of Client, Therapist and the Life-Body". *Pathways to*

Holistic Health Monash Institute of Public Health of Monash University, Sixth International Holistic Health Conference, Melbourne.

Wigram, T. Saperson, B. West R. (1995) *The Art and Science of Music Therapy: a Handbook*. Harwood, Switzerland.

http://www.fritjofcapra.net/shiva/html

http://www.robertkirkby.com/core/benefits/index.html

http://home.earthlink.net/~johnrpenner/Articles//GoetheColour.html

http://www.studyoverseas.com/performingarts/eds/dance.htm

http://www.badth.org.uk/Dth/therapy.htm

www.gabrielleroth.com

제4장

몸, 마음, 정신의 자원:
원형과 상징

부처님께서 말씀하시길, 모든 번민의 짐은 스스로가 짊어져야 한다고 하셨다. 즉, 내가 해결하고 견뎌야 하는 것이다. 결코 외면하고 도망을 가거나 걱정하고 두려워하며 겁을 내거나 다시 되돌릴 수 없다. 모든 것을 감내하고서라도 내게 주어진 짐을 스스로 이겨내야 한다. 이 세상을 사는 나는 탄생과 나이가 들어가는 자신의 일생, 질병과 죽음, 그리고 환생에서 겪는 두려움으로부터 스스로를 지켜내야 한다...

버트(Burtt)의 '자비로운 부처'에서 인용

삽화 : 하라나 잔토(Hrana Janto)의 타라(Tara)

제4장 몸, 마음, 정신의 자원: 원형과 상징

타라는 티베트 불교에서 최고의 여성보살이다. 타라는 보호, 보살핌, 사랑, 친절, 힘 등을 상징하는 21가지 특성으로 나뉘며, 인간을 보살피고 아우르는 헌신적인 보살이다. 특히 그녀의 탄생 배경은 인간을 자비롭게 보호하는 존재로서의 타라를 설명하기에 좋은 이야깃거리가 된다. 최고의 보살로 손꼽히는 관세음보살은 고통 받는 모든 중생을 구원하는 매우 자비로운 마음을 가졌다. 그래서 그녀의 몸은 자비와 사랑이 뿜어져 나오는 하얀 밝은 빛으로 둘러싸여 있다. 어느 날 어떻게 하면 더 많은 중생을 구제할 수 있을지 고민하고 있었는데, 관세음보살에게 새로운 팔들이 생겨나기 시작했고, 그 팔에는 먼 곳의 사람들이 겪는 고통까지 살필 수 있는 눈이 달려 있었다. 덕분에 수천 개의 팔과 수천 개의 눈을 통해서 고통 받는 이들을 살필 수는 있었지만, 모두를 도울 방법은 없었다. 이를 깨달은 관세음보살의 눈에서는 눈물이 흘러 땅으로 떨어졌고, 이는 자비로운 아름다운 영혼이 되었는데 바로 이것이 인간의 고통의 울부짖음을 들어주는 타라보살이다. 인간의 부름에 빠르게 도움을 주는 그녀는 여러 가지 색상을 가지고 있는데, 빨강, 금색, 녹색, 흰색, 파란색 등 다양하다. 또한, 이름도 다양해서 일본에서는 '카논', 중국에서는 '관인'이라고 불리지만 어디서나 '세상의 고통을 들어주는 자'라는 것은 같다. 이러한 자비로움은 '**지혜의 완성, 8000 문장**' 즉 '**대반야바라밀다경**'에 잘 묘사되어 있다. 이처럼 타라는 지혜와 자비를 완전히 갖춘 어머니로서 자리 잡게 된다(Macy: 1991).

타라는 인간이 공포를 느끼거나 나약한 순간에 찾아온다. 언덕과 계곡, 절벽과 낭떠러지 등이 펼쳐진 인간의 삶의 여정에 힘을 실어주는 역할을 하는 것이다. 이는 마치 영화 '히말라야'에서 유목민들이 곡식을 얻기 위해서 소금을 팔러 가는 길이 생명을 위협할 만큼 바위투성이의 거친 여정과 비슷하다. 보통 자연이나 사회 속에서 평화로운 삶에 위협을 느낄 경우, 타라에게 기도를 한다. '옴 따레 뚜 따레 투레 소하'라는 기도문은 인간에게 고난을 극복할 힘을 준다. 하지만 사실 유대감이 삶을 개척해 나아감에 있어서 개개인이나 한 집단에 영향력을 발휘한다. 이러한 유대감은 그들만의 토착문화와 문명에 어울리는 종교적 전통으로 통합되어, 위대한 인물이나 정신적 의미, 상징물, 원형을 통해 실체를 찾아내고자 하는 것이다. 정신적 혁명을 주장한 타세이(Tacey)는 호주의 아이들을 대상으로 어린 시절의 치유의 경험과 종교를 가진 아이들의 경향을 파악하고, 자연과의 관계를 살펴보았다. 그는 어린 여자아이들을 통해 전형적인 예를 인용하였다.

> 가족과 다툰 후, 나는 바닷가로 여행을 떠났다. 밤에 파도소리를 들으며 해변을 걸었다. 지평선 너머로 달이 떠오르자 나는 달빛으로 치유 받는 기분이었다. 깊은 평화가 날 감쌌고 그때만큼은 가족과의 갈등을 잊을 수 있었다. 바다와 하늘, 달과 연결된 듯한 기분은 날 즐겁게 했다. 나는 종종 삶의 문제들로 고통스러울 때면 감정을 다스리기 위해 노력한다.

타세이(2003)는 인간이 자신의 목적이나 장소, 필요에 따라 범 우주적 자연을 변형시키고 이를 통해 치유를 받음으로써 소외감이나 무기력, 단절된 느낌에서 벗어난다고 말한다. 또한, 로웬은 인간은 육체적 건강을 소속감이나 연결감이 없이는 불완전하다고 주장한다. 특히 확장을 갈구하는 인간에게 핵심적인 것을 소속감으로 보았으며 이에 대해 다음과 같이 강도 높게 기술하고 있다.

> 인간은 소속되기 위한 확장을 갈구한다. 이러한 소속감은 주변 환경이나 사회와 밀접한 연관이 있는 매우 중요한 감정 중의 하나이다. 인간은 소속감을 통해 영혼이 스스로의 한계에서 벗어나서 자신감과 자아존중감을 잃지 않을 수 있다.

윌버(Wilber, 1998:7)는 서양의 과학적인 혁명에 앞서서 종교적 전통의 핵심에 '존재의 대사슬(둥지)'(Great chain(nest) of being)을 받아들였음에 주목한다. 이는 우리가 겪는 문제를 정신적으로 받아들여 새롭게 바라보는 방식으로, 땅, 식물과 동물, 인간과 영적인 삶, 그리고 무한한 창의력까지 확장하여 문제를 이해하는 것이다. 현재 일반적인 세계관은 인간의 경험에 의존하고 있으며 특히 과학적인 물질만능주의를 기초로 하고 있어, 문제를 해결할 수 있는 방법은 오직 실제 눈에 보이는 유효한 실체밖에 없다. 윌버는 이를 '2차원 공간'으로 표현하였다. 이는 메마르고 삭막한 사회를 만들고 스스로를 잃어버리거나 자아도취에 빠져서 정신 건강상의 문제를 급증시킨다. 그리고 이는 우울증과 공포, 스트레스, 분노로 이어져서 온갖 중독과 폭력, 욕설, 트라우마 등의 사회 문제로 비화된다. 대부분의 사람들이 경제적으로 훨씬 부유해지고 있지만 오히려 집단 간 분리와 사회적 분열, 소외감 그리고 사회적, 환경적 붕괴가 나타나는 현상은 물질만능주의의 역효과라고 하겠다.

상담전문분야에 관여하는 우리들의 문제는 서로 다시 화합하고 의미를 되찾기 위해서는 어떻게 해야 할까? 하는 것이다. 경험을 통한 진실의 빛에 다가서기 위해서는 어떻게 해야 할까? 과학적 물질만능주의가 제안한 방법은 지나치게 단순한 방법이라서 적당하지 않으니 무시해야 한다. 이는 마음과 정신적인 경험을 설명하는데 불충분하고 단순한 시각이나 직접적인 감각은 적합하지 않으므로 윌버(1988:18)는 단지 신선하거나 또는 감각의 눈을 통해 볼 수 있다고 지적했다. 물질만능주의로는 마음의 눈으로 볼 수도 없을 뿐만 아니라, 논리적이거나 정신적인 세계에 접근할 수 있는 완성된 눈으로 볼 수 있는 수단이 있는 것도 아니다. 물론 물질만능주의 덕분에 과거 마녀사냥이나 종교재판과 같은 종교적 암흑기에서 벗어나 제대로 된 진실을 파악하고 연구하는 실제적 방법이 발달했다. 현재 정신적인 빈곤은 경험론에 의해 발생한 것으로, 하나의 사실 외에는 전적으로 부정되면서도 방법론적으로 그 진실이 밝혀지지 못했기에 또 다른 사실이 만들어지는 것이다. 윌버(1988:154-155)는 과학적 물질만능주의가 지나치게 좁은 영역에 국한되어 있으므로, 이제 이성적인 면과 명상적인 면을 아우르는, 인간의 마음과 정신적 경험까지 포괄적으로 확대되어야 한다고 말한다. 그는 경험론이 지나치게 정신적인 면에 집착하거나 종교적 세계관이 기형적으로 자리 잡는 것을 막아주는 물질만능주의의 긍정적인 면이라는 걸 안다.

그래서 윌버(1988:155-6)는 경험적 방법에 대해서 세 가지 측면에서 정의했다.

1. **중요한 경고**: 경험 또는 실행 셋트 : 만약 당신이 이것을 하는 것보다 알고 싶을 때
2. **직접적 이해**: 경험에 대한 직접적이고 즉각적인 자료
3. **집단적 확인**: 상기 과정을 수행한 타인의 결과나 정황의 확인

만약 경험론과 정신적 논리의 영역이 결합될 수 있다면, 상황에 대한 결과를 입증할 수 있고 인간 경험에 대한 영역이 확장될 것이다. 그리하여 활기차고 타당성이 있는 정신적인 존재로서 인간은 성숙할 것이며, 결코 이전과 같은 과도한 종교적 지배는 없을 것이고 상호 확인을 통한 균형적인 모습을 갖추게 된다.

전인적 상담모델을 발전시키고 적용하는데 있어서 실제 눈으로 확인할 수 있는 인간의 경험으로부터 마음의 눈과 정신의 눈까지 인간의 경험 영역을 확장하기 위해 내적 이해와 경험 사이의 관계를 증명하고 방법론적인 방법을 접목시킬 필요성이 있다. 상담의 본질은 내담자의 경험에 좌우되는데, 이는 보이지 않는 슬픔, 상실, 아픔, 공포, 분노, 배신, 희망, 꿈, 목적, 기쁨 등을 포함하며 정신적인 경험, 지난 삶의 경험, 이전의 기억 등 모두를 탐색하기 위해 광범위한 안목이 요구된다. 하지만 타당성을 재고하기 위해서는 혼자서 그 세계에 뛰어드는 것은 삼가해야하며, 경험적 방법론은 검증 가능한 부분에만 접근하므로 한계가 존재한다. 우리가 상담에서 사용하는 기법은 상담의 기록으로 남게 되며, 다른 누군가에 의해서 필수적인 훈련과정에 따라 상담을 받게 되면 비슷한 결과에 도달할 수 있는 것이다. 그러므로 눈에 보이는 내담자의 경험 너머에 있는 무언가를 발견할 수 있도록 강도 높은 훈련과 세밀한 관찰과 반복적인 수련이 선행되어야 한다.

후설학파(Husserlian)의 현상학과 4층부의 전인적 상담모델

본 전인적 상담모델과 치료과정은 슈테이너가 주창한 독일의 이상주의 현상학적 전통에 따라서 내담자의 경험에 그 기반을 두고 있다. 상담에 있어서 현상학적 조사는 눈에 보이는 가시적 현상을 기본으로 하지만 정신적 경험에 대한 경험적 조사를 병행하므로 매우 적절한 모델이라 하겠다. 현상학은 "이미 반영된 즉각적인 경험적 삶에 대한 탐구"를 이야기한 반 마넨(Van Manen, 1990:9)의 연구에서 발달한 학문이다. 현상학은 내담자의 경험을 보다 빠르고 생생하게 밝혀내는 장점이 있다. 드리에르(Drier, 1993)와 기오르기(Giorgi, 1975, 1985)는 현상학적 방법론은 경험에 대한 정보이자 문제의 본질을 파악하는 가장 중요한 경험의 정수라고 말했다. 이러한 접근은 내담자를 직접 경험에 대한 탐구자로서 인식하게 하고 그 경험에 가치를 두도록 하는데 의미가 있다(Anderson, Goolishian, 1992: Van Manen, 1990)). 무스타커스(Moustakes, 1994: 60)는 현상학적 방법론의 적용 가능성에 대해서 다음과 같이 말했다. 다방면에서 여러 가지 가능성과 다양한 시각으로 문제의 본질에 접근하는 목적은 현상이나 경험을 하나로 모으는데 있다. 후설학파의 현상학은 한 방법론으로, 비록 누군가의 표현이 다른 사람에 비해서 완벽성에 대한 정도의 차이는 있지만, 삶의 단계를 거치며 살아가는 인간은 결국 비슷한 현상학적 상황에 도달하게 된다는 정신적 측면의 반복성으로 쉐어우드(2001)와 데브니쉬(Devenish, 2002)가 요약하였다.

현상학에 있어서 핵심은 충분히 조사하고 설명해서 인간의 전형적인 경험을 밝혀냈다면, 이것을 다른 사람에게도 구조적으로 적용할 수 있는가에 달려있다. 분명한 사례가 많아질수록 경험의 숨겨진 측면들이 드러나는 것은 좋은 현상이지만, 단지 사례의 증가가 충분한 근거자료가 된다고는 할 수 없다. 대표성이 인정되고 내면적인 경험이 충분하여 선발된 8명은 현상학적 본질에 도달할 수 있도록 상담사에게 오랫동안 함께 한 배우자를 잃은 슬픔, 아이를 잃은 슬픔, 우울증, 절망감, 배신감 그리고 자살충동 등에 대해서 자신을 설명하고자 하였다. 하나의 방법론으로 현상학은 내담자를 치료할 목적으로 세심한 탐색과 상담을 통한 정보를 바탕으로 해야 하며, 내담자의 경험과 정신적 본질의 근원과의 연결고리를 찾도록 한다. 이는 그들의 삶을 치유하기 위해서 내담자의 신체적이고 심리적인 근본 원인을 찾는데 도움이 된다.

상담의 정신적 측면

슈네이에르(Schneier, 1987:67)는 정신적 측면은 인간의 내적인 삶의 정신에만 국한되는 것이 아니라고 주장하며, '신체, 건강, 사회, 정치적 측면'까지 포괄하는 삶 전체를 의미한다고 했다. 매튜 폭스(Matthew Fox, 1990)는 정신적 측면을 생명체의 독립과 연민의 측면에서 이해했다. 넬슨 존스 Nelson Jones(2000:65)를 인용한 융은 매우 집단적이고 범우주적인 역사의 저장소인, 인간의 경험의 원형들이 저장되어 있는 "집단 무의식"에 대해 말했다. 개별적으로 이들에 접근할 수 있고, 상당히 변형적인 태고적부터 가지고 있던 이미지와 생각을 제공한다. 원형들은 깊은 정신적 충족과 수많은 의미를 담고 있으며 상징을 통해 표현되곤 한다. 그들은 심오한 방식의 형태로 무의식에 발현되기도 한다.

나는 정신적인 측면을 원형을 통해 발견되는 숭고한 인간의 능력을 통해 증명하고자 한다. 이는 자기 자신이나 타인, 세상에 행사하는 권력, 아름다움, 사랑, 지혜에 대한 측면을 말한다. 나를 의미하는 개인적인 표현은 우리가 의식하는 신체적, 영성적인 면에 영향을 미치며, 개인적 결정은 진실과 사랑, 지혜에 대한 불변의 원칙을 깨닫게 한다. 이는 시대를 아우르는 종교의 전통적인 핵심가치이다. 전인적 상담과정을 통해서 자신의 정신적인 측면을 깨닫고자 하는 내담자들은 총 네 가지의 핵심 경험에 도달하게 된다: 정신적인 수면: 트라우마의 고통; 정신적인 자각: 의도 명명하기; 정신적인 환기: 정신적 자원의 활성화; 그리고 정신적 강화: 상처 치유.

정신적 수면: 트라우마의 고통

내담자가 치료받으러 오는 경우는, 그들이 느끼는 "무기력", "압박감", "침체", "우울", "피로", "무력감", "자신이나 타인과의 단절" 등의 감정이 지나칠 때이다. 그들은 '자신'이라는 정신적으로 중요한 개념을 잃은 것이다. 당장 눈에 보이는 문제점은 자녀, 배우자, 가족 구성원, 직장 동료, 심리적 상실감, 어떤 트라우마, 또는 사생활 침해 등에 대한 관계적인 부분이다. 내담자들은 이미 정신 건강에 적신호가 와서 억압된 강박 증세를 보이고 공포, 분노, 우울 등의 증상을 보인다. 그들은 세속적인 뉴에이지 정신이나 절충주의에 타협하거나 기독교, 힌두교, 불교 등의 종교적 믿음을 가지고 있다. 하지만 이러한 상태에 놓인 내담자들은 이미 정신적 수면 상태에 있으므로 스스로 치유할 수 있는 잠재력을 깨닫지 못한다. 스스로 충분히 장애를 물리치고 회복할 수 있는 가능성을 가지고 있는데도 말이다. 모두가 지니고 있는 잠재적인 능력은 내담자들의 경우 찾기 어려운 방법으로 변형되어 있으므로 접근이 어렵다. 현상학적인 연구(Sherwood 2000)에 의하면, 경험적 치료를 통해서 내담자를 치유하거나 더 상처를 입힐 수 있다고 한다. 내담자의 성공적인 치유를 위해서는 세 가지 측면이 고려되어야 한다. 우선 내담자의 근본적 문제를 찾아내어 상담할 "상담사", 내담자 스스로와 타인, 세상을 새롭게 받아들여 관계를 맺게 해주는 "상담사의 경험", 그리고 내면의 희망에 접근하여 얼굴을 마주했을 때 공포나 두려움에서 자유롭게 해줄 수 있는 "상담 과정"이 그것이다. 무엇보다 중요한 것은 내담자들에게 편안함을 제공하고 상담사가 자신을 판단하고자 한다는 불쾌감을 주지 않는 것이다.

타세이(Scape conference 29/4/05)는 내담자의 정신적 삶을 새로이 탄생시키는 상담사의 놀라운 역할에 대해서 이야기한다. 또한, 더 이상 종교로 정신적 삶을 치유하지 못한다고도 했다. 그리고 그가 '양(陽)'으로 표현하는 내면적인 부분은 그 유래가 어디인가에 상관없이, 매우 깨끗하고 생기가 넘치며 강한 정신력을 의미한다고 한다. 또한, 외적으로 드러난 '음(陰)'은 내담자와의 상담 중에 쉽게 파악되는 부분으로 상담사의 경험이 부족해도 알 수 있다. 그는 상담사의 자질에 대해서도 이야기한다. 내면에 음의 기운이 강하면 부드럽고 유약하며 정신적으로 강하지 못하며, 외적인 면에 양의 기운이 있으면 내담자의 요구와 관심에 상관없이 그들의 방식대로 정신적인 경험을 전환시키는 경향이 있다. 이 두 가지 내용에 대한 것은 상담사의 좋은 사례(치유)와 나쁜 사례(상처를 가중)에 자세히 설명되어 있다(Sherwood: 2001). 내담자는 상담 과정에서 도움이 되지 않는 계획을 가진 상담사를 가려내야 하며, 상담사는 내담자가 정신적 의미와 상징, 원형을 찾는 여정에 동참하기에 앞서 자신의 마음의 잔을 비워야 한다. 그리고 내담자의 정신적 근원을 찾아감에 따라서 그 잔을 다시 채워가야 할 것이다.

정신적 자각: 의도 명명하기

내담자가 정신적인 자각을 하도록, 나는 그들이 '나(I)'를 표현하는 의지와 동기를 살펴보아야 한다. 동기화는 인간의 의식에 한 단계 접근하는 핵심이다. 예를 들어, 내담자가 자신의 고통이나 죽음에 대해 이야기하는 것을 충분히 들은 뒤, 나는 "당신의 삶이 어떻게 달라지기를 바라나요?"라고 묻는다. 이를 통해 내담자들은 자신의 삶에 동기를 부여하게 된다. 단, 모성애와 같이 상담할 수 없는 부분처럼 대답이 불가능한 질문은 하지 않는다. 비윤리적인 의도는 자신과 타인에게 독이 된다. 내담자가 자신의 영혼에 다가섰을 즈음, 나는 그의 의지가 어떻게 변화했으며 삶의 어떤 부분을 변화시켰는지에 대해 질문한다. 의도가 명확하지 않고 내담자의 의지력이 없으면, 우리는 이 전인적 상담모델을 통한 치유를 할 수 없다. 의지와 의도는 상담사가 아닌 내담자의 마음을 움직여서 확고한 의지를 가지고 정신적 기능 장애와 문제점을 변화시키게 된다. 또한, 내담자가 가지고 있던 낡은 생각들과 자포자기했던 노력 등을 치유의 잠재력으로 탈바꿈 시킨다.

핵심적인 심리치료적 상태는 아래 나열된 의도를 근거로 하며 아스트랄 또는 저 차원적 마음, 또는 '나(I)'의 상태 또는 고차원적 마음 안에서 근본적인 상태가 어떠한지로 분류된다.

표 4 : '자기(I am)'와 아스트랄의 심리 상태

자기(I am)	아스트랄
절망	자기영역
순수한 슬픔	분노
수치심	죄책감
배신감	두려움
창조성	공포
소명의식	공황상태
결정력: 선택	분노
자기용서	격노
냉소 / 질투	격양
복수	좌절
증오	심판
잔인함	짜증
탐욕	발작적 슬픔
불의	포기
자신이나 타인과의 단절	거절
나르시시즘	애정의 부재

평범하지만 강한 의도를 보여주는 예는 다음과 같다. 직장 상사가 나를 비난할 때 느끼는 분노로 부터 자유롭고 싶다. 내 아내가 아무렇게나 옷을 입고 설거지를 하는 모습에서 짜증을 느끼는 마음에 평화를 찾고 싶다. 자식을 잃은 슬픔을 이제 진정시키고 싶다. 이 직장을 그만두어야 할지 계속 다녀야 할지 명확하게 결정하고 싶다. 이처럼 내담자들은 스스로 확실한 목적을 찾고 나면, 자신의 의지로 정신적인 부분에 한발 다가서게 되는 것이다.

정신적 환기: 정신적 자원의 활성화

자신의 삶의 어려운 문제를 해결하는 힘은 어디서 나올까? 이러한 질문은 내담자가 자신의 정신적 문제의 이유를 찾고 나면 하는 질문으로, 정신적인 측면이나 내면의 강인함, 스스로와 타인, 세상과 연결고리를 만드는 중요한 질문이다. 이 질문에 대한 대답은 내담자가 어떻게 자신의 정신적 측면에 도달하는가로 얻을 수 있다. 정신적 자원에 가까이 다가갈수록 문제에 대한 해답을 빨리 얻을 수 있다. 전인적 상담모델의 훈련과 치유는 처음에 아프리카 흑인, 말레이시아, 싱가포르, 호주에 사는 정신적 근본이 강하다고 주장되는 이들을 대상으로 사용되었다. 이들은 기독교, 불교, 힌두교, 유대교뿐만 아니라 뉴에이지 정신이나 절충주의, 세속주의에 빠진 이들이다. 하지만 이것은 그들이 종교를 가지고 있느냐의 문제가 아니라 그들이 자신의 삶에 강한 유대감을 형성하는 정신적 자원들을 가지고 있느냐의 문제이다. 대부분의 내담자들이 어떤 대답을 할지 알고 있다. 세속적인 호주 내담자들은 올가(Olga)나 벙글벙글 산맥(bungle bungles) 과 같은 자연, 숲, 바다, 햇살, 산, 거대한 암석에 대해 이야기 할 것이다. 뉴에이지 내담자들은 자연과 고대의 정신적 전통에 대해서 표현하며 켈트, 이집트, 그리스, 북유럽과 아메리칸 인디언, 아즈텍 등을 늘어놓을 것이다. 종교에 심취한 내담자들은 또한, 그에 관련한 인물을 이야기한다. 불교의 경우는 관세음보살, 부처, 야만타카, 타라가 될 것이고, 기독교의 경우는 주, 마리아, 하느님, 예수 또는 수호성인들이며, 힌두교의 경우에도 인도를 여행한 호주인들에 의해 신과 여신들이 나열될 것이다. 이들을 정신적 자원이라고 칭하기는 모호하지만, 내담자의 생각이나 느낌에 긍정적이고 힘이 되는 연결고리가 되어 주는 것만은 확실하다. 이로써 내담자가 직면한 문제를 풀어내는 힘을 고양시키고 자신의 목적을 분명히 하기 때문이다. 분명한 것은 지지가 없이는, 내담자가 안정을 찾을 수 없어서 치료의 과정을 진행시킬 수 없다는 것이다.

내가 믿음으로부터 영성을 이끌어내는 초기 임상실습을 나갔을 때를 회상해 볼 수 있다. 당시 나는 개인적으로 불교의 명상에 심취해서 열정과 헌신으로 대표되는 불교 심리학을 공부하고 있었다. 하지만 내가 실습하던 지역은 대부분이 기독교를 믿는 지역이었으며, 내담자들의 대부분과 그들과 갈등을 겪는 결혼 상대, 배우자, 부모님 등이 모두 기독교 신자였다. 내담자들은 인간관계의 친밀감을 유지하면서도 경제적 활동도 병행하고 싶어 했다. 내가 그들에게 “당신의 삶에서 어려운 문제를 해결하는 힘은 어디서 나오나요?”라고 질문을 했을 때, 그들은 망설임 없이 “예수(신)”라고 말했다. 그러나 내가 그들에게 힘을 주는 정신적, 심리적 안정감을 주는 신에 대해 질문했을 때, 대답을 못하거나 이해조차 못하는 모습을 보였다. 즉, 그들 대부분에게 신은 외적인 존재였다. 신과 그들 자신의 내적인 연결을 통한 떨림은 경험하지 못한 것이다. 이러한 외적인 신이라는 존재 뒤에 숨어서, 그들은 진정으로 자신의 트라우마를 극복할 수 있는 영향력을 경험하지 못했다. 내가 오랜 기간 심리치료를 하면서, 기독교인들이 신과의 정신적인 만남을 통해 신의 영향력과 용서, 사랑을 이해하는 새로운 삶의 경험을 이끌었다. 신의 존재를 인지시키고 신의 이름을 되뇌고 몸의 모든 세포를 울리는 신과의 호흡을 가능하게 하고 몸과 마음, 정신적으로 신과 함께 하며 삶을 살아간다는 것을 깨닫게 했다. 이로써 우리 안에, 주변에, 위에, 아래에 등 우리 삶에 깊이 스며들어 있는 신의 존재를 그려내고 색을 입힐 수 있었다. 내담자가 신과 심오한 만남을 하게 되면 우리는 신의 영향력을 그들이 직면한 현실적 문제로 옮겨오도록 한다. 이 과정에서 내적 기억을 떠올리고 몸과 마음을 새롭게 할 정신적 경험을 이끌어 내며 찬송가를 통해 확인 받는다.

제게 숨을 불어 넣으시는 신의 숨결
제가 당신의 것이 될 때까지
제가 이 세상의 일부가 될 때까지
당신의 신성한 빛이 타오르네.

내담자들은 삶에 대한 접근에서 변화를 느낀다. 그들의 삶을 변화시키는 능력이 강해졌다는 데에 기뻐한다. 계속되는 치료 과정 중에서 눈에 띄는 사례에 나는 관심이 간다. 그들은 상담 과정을 경험에 대한 한계와 새로운 도전이라는 것에 의미를 두고, 종교적 소속감을 강화시키면서 자신의 삶을 변화시키는 힘을 키운다. 그들은 내적으로 성숙해서 충분히 강해진 이후에도 꾸준하다. 나는 이러한 경우를 "정신적인 자원"이라 칭하며, 마음과 몸에 정신적인 힘을 가져다주어 삶을 이끌어 새로운 변화를 가져다주는데 더욱 희망적이고 긍정적이며 활기가 있도록 한다. 이처럼 내담자의 삶을 움직일 수 있다면 상담사로서는 영광이다.

자원을 명명하지 못하거나 또는 연결되지 못한 내담자의 정신적 자원의 활성화

많은 내담자들 특히 젊은이들 중에 그들이 연결할 수 있는 자원에 대한 감각을 지니지 못한 이들이 있다. 그들은 자연현상에 대한 느낌은 가지고 있지만 자원로서 그것을 적극적으로 활용하지 못하고 있다. 우리 상담실에서는 세 종류의 자원폴더가 있는데, 고대인과 동시대의 전통으로부터 그린 이미지와 그리고 내담자에 영감을 줄 수 있는 자연에서 나온 이미지들이 있다. 이들 이미지는 몸과 마음, 정신의 자원 조달을 위해 필요한 유형에 따라 분류되었다.

자원 파일 1: 부드러운 연민

모성애
부성애
친구를 사랑하는 마음
상대를 사랑하는 마음
천사
자연을 돌보는 따스한 마음

자원 파일 2: 강한 연민

여성 전사와 보호자
남성 전사와 보호자
권력과 보호에 관한 가벼운 이미지들
자연으로부터 보호적인 강한 이미지들

자원 파일 3: "나(I)" 문제

희망의 이미지/신뢰: 위대한 인간
빛과 연결되는 가벼운 이미지
빛과 그림자 그리고 해결과 관련한 이미지들
어두움과 그림자 그리고 해결과 관련한 이미지들

상담사는 내담자가 자기 자신의 삶의 문제점을 극복하고 삶의 목적을 이룰 수 있도록 잃어버린 가치를 찾아주는 역할을 해야 한다. 전인적 상담모델은 항상 내담자의 내적 자원을 찾아주고 늘리는 것으로 시작하는 것처럼 모든 상담 회기는 내담자와 함께 자원을 탐색하는데 사용될 수 있다. 내담자는 정신적 자원들이 증대된 역동적인 곳으로부터 효과적으로 경험을 변형하고 치유에 이른다. 하지만 자원이 없는 공황 발작을 앓고 있는 젊은 여성과 심도 깊게 진행중인 회기의 작업에서, 내담자는 그녀의 주위에 있는 정신적인 천사의 느낌을 발견하였다고 말했다. 그녀는 천사에게 이름을 지어주고 색칠을 하도록 하였다. 그녀는 천사에게 손짓을 하고, 천사의 영향력과 보호 속에서 호흡하며 가장 영광스러운 색상인 금색과 분홍색으로 천사의 그림을 그렸다. 그녀가 공포를 변형하는 작업을 진행했을 때, 우리는 그녀가 혼자 하도록 하지 않았다. 이 아름답고 보호적인 천사의 존재는 항상 그녀의 주변과 그녀의 호흡 속에 그리고 그녀의 곁에 실재하도록 하였다. 그녀는 계속해서 이 아름다운 존재의 이미지들을 그렸고, 공포의 순간에도 천사와 연결할 수 있음을 깨닫고 자신과 공포감 사이에 천사의 존재를 위치시켰다. 그녀는 더 이상 혼자서 맞설 필요가 없어졌고 그녀의 삶은 공포 대신에 새로운 동반자인 천사의 존재로 인해 심도 깊게 변화하기 시작하였다.

만다라 과정: 몸, 마음, 정신을 위한 자원 확장

만다라 과정은 내담자가 연결시킬 수 있는 자원들을 파악하지 못했거나 삶을 변화시킬 목적이 너무 약해서 치료가 잘 진행되지 않는 경우에 유용하게 활용하는 기법이다. 융은 인도와 티베트에서 볼 수 있는 불화인 '만다라'를 통해 심리치료를 시행한 최초의 서양 심리학자이다. 그는 이에 대해 다음과 같이 기술하고 있다.

> 기본적인 주제는 인간성에 내재된 예감이다. 이는 매우 심리적인 것으로서 모든 것과 연관이 되어 다른 작용을 이끌기도 하는 등 스스로 보이지 않는 힘을 가지고 있다. 그 힘은 저항할 수 없는 충동을 표현하며 앞으로 어떻게 될지를 경고한다. 느껴지지 않지만 자아를 깨닫게 하며, 자신을 포함한 모든 것

들로 주변이 둘러싸인 듯한 느낌을 갖게 된다... 그 맞은편에 전체적인 인간성이 만들어지고 있다.

만다라는 둥근 형태의 불화로 종교적 의식에 주로 사용되며, 여기에는 몸과 마음, 정신의 심오한 본질이 담겨있다. 만다라 형태의 핵심은 원소, 식물, 동물, 인간, 인간 경험을 기반으로 한 정신적 측면을 모두 아우르는 철학에 있다. 종종 불화인 만다라는 상징적 여정을 이야기하거나 우리를 내면적 평화로 이끌고 또는 깊은 영적인 이해를 이끌어낸다. 만다라는 또한, 내적인 연결 지도를 나타낸다. 융은 인간 내면의 경험을 관찰하기 위해 만다라를 사용하였고 그 유대감을 설명한 최초의 서양 심리학자이다(Watts, 2000:22). 만다라의 형태는 전인적 상담의 네 가지 측면의 기초가 되었으며, 그것은 아래와 같이 구분된다.

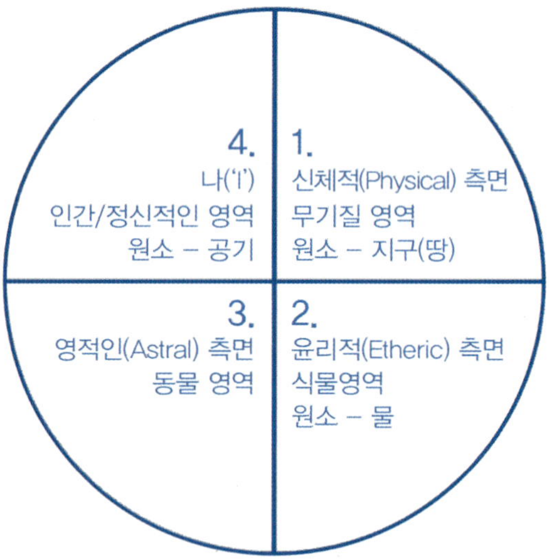

그림 9: 자원 만다라

정신적인 외상이 심할수록 내담자는 4번 영역의 자원 원형에 더 가까워진다. 4번 영역과 관련된 원형은 종종 신화적인 전통과 연결되기도 하는데, 융(1935:111)은 강력한 변형적인 이미지들이 저장된 곳을 '집단 무의식'이라고 묘사했다. 내담자가 자발적으로 자신의 이미지를 찾지 못하면, 내담자들에게 영감을 주는 이미지를 찾을 때까지 각 원형의 요소를 통해 상담을 해야 한다. 그러면 서서히 색깔과 동작, 소리 등의 이미지를 찾게 되어, 자신을 표현하는 원형적인 경험을 그림으로 그려낸다. 이 상담의 목적은 선택한 이미지를 통해서 내담자의 몸, 마음, 정신의 유기적인 연관성을 이루게 하는 것이다. 원형 4에 해당하는 내담자가 전통이나 역사에 익숙하지 않다면, 상담사는 선택한 이미지에 대해 이야기를 나눌 필요가 있다. 예를 들어, 전통이나 종교적인 여신의 이미지는 젊은 여성들 사이에서 매우 인기가 있다. 또한, 원형 4에 해당하는 내담자는 그 특성상 자신에게 영감을 주는 인물을 선택하곤 한다. 영감을 주는 인물로는 달라이 라마, 마더 테레사, 간디, 마틴 루터킹, 넬슨 만델라, 위어리 던롭, 프레드 할로우스 등이 있다.

몸, 마음, 정신을 위한 자원의 확장: 어린이의 경우

내가 연구소 창을 통해 공동체 상담실을 들여다보았을 때, 두 명의 천사가 있었다. 한 명은 6살짜리 아이였고 한 명은 상담사였다. 둘 다 아름다운 날개를 가지고 있었으며 반짝이는 요정의 옷을 입고 있었다. 나는 두 천사가 정원에서 대화하는 모습을 보고 들었으며, 행복을 선사하고 슬플 때는 마음을 위로하는 모습을 보았다. 내가 대기실에서 봤던 아이는 날개가 구겨지고 여린 아름다운 나비와 같았지만, 전체적으로 슬픈 기운이 감돌았다. 하지만 이제는 자원 찾기를 통해 변화한 모습을 확인할 수 있다. 날개를 펼쳐 빛 속에서 춤을 추고 그녀의 눈은 아름다운 빛을 발산했으며 친절함을 담고 있다. 아이와 아이를 둘러싼 세계가 유대감을 맺게 되어 아이의 영혼이 강해진 것을 보았고, 워즈워스의 시가 떠오르는 장면이었다. "하늘에 무지개가 떠오른 모습에 나의 가슴은 두근거린다"

자원 찾기는 아이들에게 색깔과 빛, 즐거움, 존엄성을 재고시켜주며, 희망을 갖고 어려운 상황도 이겨낼 수 있는 힘을 가져다준다. 즉, 자원을 찾는 작업은 아이들이 일에 열정을 갖도록 하고 자신감을 고취시키며 삶에 어려운 일들을 잘 헤쳐 나갈 수 있는 능력을 심어주는데 매우 중요하다. 아이들이 자신의 자원을 찾게 되면 더욱 창의적이고 자신감이 넘치며 적극적이고, 영적인 삶에 관심이 많아지고 효율적이며 자기 개발에 긍정적인 모습을 갖추게 된다. 특히 7살 이하의 아이들은 상상력과 환상, 가상의 마술 세계에 호기심이 많으며 자원 찾기에서 어떤 울림이나 열의를 보인다. 비록 어린 아이의 정신세계가 본능적이고 자발적인 이유로 받아들인 것이지만 말이다. 정신적 트라우마를 겪은 대부분의 아이들은, 정신적인 문 앞에 서서 그 문이 다시 열려서 이해를 받고 새로 태어나길 기다린다. 어린이 병원에서 종양을 앓고 있는 4살짜리 아이를 통해 버취(Birch, 1997)는 영적인 자원 찾기를 활용한 중요한 연구결과를 내놓았다. 치료실에서 겪은 두려움과 공포는 아이들의 자원 찾기를 확장시키기 위해 주로 곰 인형, 안전한 섬, 해변, 햇살, 새, 아이에게 갑자기 퍼지는 고통에서도 평화롭고 평온할 수 있는 장소가 자원들이다.

"빛"의 확대, 어린이 그림 그리기의 치유 핵심

아이들이 힘든 상황에 대한 감정을 스스로 그린 그림 속에서 우리는 늘 잠재적 자원을 찾는다. 문제의 원인은 아이의 내면에 들어갈 수 있는 작은 문이다. 보통 그림에 노란색이나 금색이 보이지만 순수한 파랑, 노랑, 분홍이 보이기도 한다(이때 색은 검정을 섞지 않은 순수한 색이다). 아이들의 자원을 찾는데 중요한 것은 그 색깔이 내뿜는 빛을 감지해내고 의미 있는 색깔을 찾는 것이다. 또한, 아이들이 선택한 색깔에 대해서 질문함으로써 그 색깔을 찾아낼 수 있다. 만약 제대로 상담이 되었다면 아이들은 삶의 어려운 상황을 견뎌낼 수 있는데 도움이 될 중요한 힘을 얻게 될 것이다.

나는 단순히 학교를 싫어하는 8살짜리 여자 아이를 상담한 적이 있다. 아이는 매우 밝은 성격으로 친구도 많았고 아이의 가족들의 삶도 훌륭했다. 단지 아이는 학교를 싫어했고 아침마다 학교를 가지 않으려고 했다. 아이의 담임선생님도 착하고 친절한 사람이었지만, 수업은 단조롭고 지루했다. 나는 아이에게 학교에 가는 그림을 그려보라고 말했고 아이는 굉장한 힘과 열정으로 파란색으로 낙서하듯 그림을 그리기 시작했다. 또 초록색 원을 그리고 종이 전체에 검정색으로 낙서를 했다. 아이는 내게 검정색 낙서에 대해서 학교가 너무 지루하고 시험이 너무 싫은데 자꾸만 시험을 보고 작문을 해야 한다고 말했다. 아이가 말한 검정색 낙서는 미끼일 뿐이다. 나는 종이의 한쪽 구석에 있는 초록색과 파란색 낙서에 주목했다. 그것은 이 상황을 개선시키고 앞으로 아이에게 동기를 부여할 아이의 자원이다. 나는 아이에게 문제를 해결할 방법을 찾았으며 이 파란색 선을 통해 점차 나아질 수 있을 것이라고 말했다. 이는 1장에서 이야기한 전형적인 방법과 일치한다. 나는 다시 아이에게 파란색 선에 담긴 의미를 그려볼 것을 주문했고, 아이는 큰 종이에 아름다운 해변에 바다와 돌고래, 그리고 그 속에서 한껏 웃고 있는 자신의 모습을 그렸다. 아이는 이곳이 자신을 자유롭게 하고 행복하게 해주는 곳이라고 말했다. 이번에는 녹색의 낙서를 가지고 다시 그림을 그려보도록 했다. 이번에도 아이는 푸른 언덕과 자연, 강아지, 농장에 있는 자신의 집과 사과나무가 있는 아름다운 그림을 그렸다. 역시 모든 것을 자유롭게 할 수 있고 강아지와 오빠와 함께 어디든 돌아다닐 수 있는 이곳에서 자신은 행복하다고 말했다. 이 두 가지 그림을 통해 아이의 자원을 발견할 수 있었는데, 바로 평화와 기쁨, 행복이다. 아이는 학교에 있는 동안 마음속으로 이러한 공간을 여행하고 싶다고 되뇌는 것이다. 학교에 가야 하지만, 늘 이러한 곳에서 자유를 만끽하고 싶고 결국 이러한 장면을 상상하는 것이다. 결국 우리는 이 그림을 아이의 학교 공책의 겉면에 붙이기로 했고, 아이가 수업이 지루할 때마다 이 그림을 볼 수 있도록 했다. 그 사이 다른 상담은 이루어지지 않으며 그로부터 2달 뒤, 아이는 학교를 좋아하게 되었다. 아이는 마음속에 자신이 바라던 장면들을 떠올리다 보니 학교가 그리 싫지만은 않았다고 말했으며, 아이의 어머니도 아이가 학교에 가지 않겠다는 소리를 훨씬 덜하다고 말했다.

"빛"의 확장, 어린이의 자원 찾기 안에 있는 보석상자

아이들에게 스스로 자원을 찾도록 가르쳐 주는 것은 어른이 되었을 때의 정신건강에 매우 중요한 기초가 된다. 어려운 가정환경으로 고통 받는 아이는 변형을 위해 상담사와 작업할 기회도 없고, 그리고 변화에 대해서 무지하고 싫어하는 부모를 둔 아이는 늘 삶에 짐을 지고 산다. 아이들이 자원을 찾기만 하면 그 절망적인 상황에서 도움이 될 수 있다. 보석상자는 아이들의 그림, 좋아하는 색 등으로 표현된다. 아이들은 그 속에 무언가를 모아 담는데, 그것들로 인해서 아이들은 행복, 기쁨, 안전, 안정감 등 아이들이 살면서 바라던 모든 감정을 느낄 수 있다. 실제 아이들이 수집하는 물건은 깃털, 보석, 강아지 그림, 돌아가신 부모님 사진, 좋아하는 반지, 장신구, 예쁜 돌, 나뭇잎, 카드, 작은 인형 등이다. 아이들은 슬프거나 행복하지 않을 때마다 보석상자를 찾는다. 그리고 이것을 가지고 놀거나 혹은 만지는 것만으로도 행복을 느낀다.

정신적 강화: 상처의 치유

자원을 찾고 유대감을 쌓는 일은 치료에서 현존하는 모든 문제들에 대한 마술적인 해결책은 아니다. 오히려 주요 변형이 일어날 수 있도록 하는 정신적인 바탕을 제공해 준다. 자원 찾기는 내적인 정신에 강한 유대감을 가져다주며, 우리의 경험에 대한 생각이나 느낌("영혼")을 통해 신체적인 힘과 정신과 연관된 능력을 부여한다. 결과적으로 내담자는 그들이 고통 받던 상황을 변형시키고 변화를 위한 동기를 얻을 수 있는 최상의 가능성을 찾게 된다. 하지만 자원을 찾는 것을 포함해 전인적 상담에 있어서 내담자의 몸과 마음, 정신과 연관된 특히, 역동적인 개입이 중요하다. 이 개입에 대한 정확한 본질은 현 문제에 의해 알 수 있다.

내담자의 자원 찾기 필요성: 음(Yin)과 양(Yang)의 각인

내담자의 문제는 아스트랄체와 관련된 두 영역인 '음'과 '양'에 해당되며 다음은 두 영역의 차이를 요약한 표이다.

표 5: 음과 양의 흔적 비교

음의 흔적	양의 흔적
차가운 질병 "다발성 경화증", 암	뜨거운 질병 "열병"
공허/ 공동화/블랙홀	독성 / 오염된 느낌
고갈/결핍	침습 / 범람
에너지 장의 붕괴 영향	힘의 자극
필요한 자기 보살핌 작업	필요한 경계 작업
검정(과/또는) 파란 색에 드러난 각인	검정(과/또는) 빨간 색에 드러난 각인
공포에 대한 감정의 뚜렷함	분노에 대한 감정의 뚜렷함
중독: 블랙홀을 채우려는 시도	극복을 위한 억압 또는 과잉반응
치유에 필요한 유연한 연민 자원	치유에 필요한 격정적인 연민 자원

음의 문제와 관련하여 내담자는 보살핌, 부드럽고 그리고 따뜻한 애정인 음의 정신적 자원을 발견할 수 있도록 용기를 북돋아 주어야하는 것은 분명하다. 반면 양의 성질에 대한 흔적은 내담자들은 마치 돈을 걷는 교회를 벌주는 신, 야만타카, 불교에서 중생을 지키는 신, 붉은 타라, 시바, 칼리, 두르가와 같이 삶에 도움이 되지 않는 모든 종류의 침략을 막아줄 이미지처럼, 격정적인 연민의 이미지를 발견할 수 있도록 용기를 북돋아 주어야 한다. 항상 이미지들은 기술적으로 역동적인 경계를 유지하도록 작업한다.

만약 문제가 완전히 음의 문제라면 자원 찾기 과정이라고 명명된 것에서 사용된 자원 찾기는 심도 깊게 변형이 될 것이다. 반면 양의 문제라면 오래도록 유지할 수 있는 변형의 효과를 위해서 의미심장한 어떤 개입이 대두되어야 한다. 하나의 과정으로서 자원 찾기는 비록 모든 상담 작업의 기본이라 할지라도 상담 회기에서 유일한 기법으로 사용되지는 않는다. 자원 찾기 과정은 어떻게 두 가지 과정: 절망/희망 과정과, 배신/믿음의 과정에 사용되어 질 수 있는지 보여주기 위해 아래와 같이 요약되어 있다.

자원 찾기 과정

과정으로서의 자원 찾기는 아스트랄체와 자기('I am')의 진동하는 에너지 패턴을 변화시키기 위해 기본적으로 고안되었다. 이것은 타거(대화, 1996)

에 의해 처음 발전된 이론으로, 아래와 같이 쉐어우드가 차용하였다. 본질적으로 우리는 절망, 무망감, 버림받음, 냉대, 애정 결핍, 무감동 등으로 한 개인을 위축시키는 진동 패턴을 볼 수 있다. 이들이 계속될 경우 내담자 삶의 에너지 또는 에테르체가 계속 줄어들고 그리고 그 결과 신체조직, 삶의 중요한 욕구와 의욕이 감소하도록 작용한다. 자원 찾기 과정은 다음과 같은 질문으로 시작한다: 삶의 회복을 위한 것 중 빠트린 것은 없을까? 이 질문은 치유와 변형의 잠재력을 가진 큰 자기('I AM')에 대한 궁금증을 담고 있다. 일단 잃어버린 특성이 명명되면 내담자의 몸, 마음, 정신에서 진동하는 잃어버린 특성을 찾기 위해 다음의 6단계를 실시한다.

자원 찾기 과정

자원 찾기 과정은 다음과 같다.

- 당신의 몸에서 잃어버린 특성을 경험한 곳은 몸의 어느 부위인가요?
- 영혼과 인간, 삶과 죽음, 동물과 특성을 잃어버린 존재를 불러내고 그들로부터 잃어버린 특성을 얻는 것을 상상한다.
- 신체의 그 부분에 잃어버린 특성을 호흡으로 들이마시고 몸 전체에 그 특성이 스며들도록 한다.
- 잃어버린 특성의 색깔로 당신의 호흡에 색칠을 하여 5분 동안 호흡을 지속한다.
- 일어서서 새로운 몸짓으로 그 신체 부분을 표현하는 동작을 하며 방안을 돌아다닌다.
- 신체 부분에서 잃어버린 특성의 소리를 듣고 그대로 내지른다.
- 잃어버린 특성의 에너지 흐름에 해당하는 색깔로 그림을 그리거나 잃어버린 특성을 찰흙으로 그 형태를 만들어 본다.

이 과정을 새로운 삶의 에너지가 내담자의 몸, 마음, 정신에 충분히 깃들 때까지 7~14일 동안 반복한다.

절망감 과정

오늘날 절망은 심리치료나 상담에 있어서 흔히 당면하는 문제이다. 전인적 상담모델에서 절망은 자기('I am') 안에 존재하기 때문에 매우 혼란스럽고 강화하기가 어려운 문제이다. 이는 사람들이 자신의 어떤 자원이나 희망에 닿고자 하는 시도조차 포기한 상태로 정의된다. 본질적으로 사람들이 삶을 변화시키고 치유할 잠재력과 정신력과의 연결성마저 포기하게 만든다. 절망은 자신의 삶을 포기하는 사람들에게 많이 나타나고, 오늘날 절망은 자신의 삶마저 포기하게 만들며, 사람들이 이러한 감정에 서서히 물들고 받아들이게 되는 절망적인 상황을 목격할 수 있다. 타세이(2003:220)가 인용한 레니그(Leunig)의 글에 의하면, 탈산업화 이후 급속도로 절망을 경험한 사람들이 나타났다고 하며 다음과 같이 기술하고 있다:

> 우리는 심리적인, 영적인 생태계가 약탈당하고 짓밟히는 현장의 중심에 있다. 사람들의 삶을 파고드는 매우 미묘하고 상호연관적인 생태계가 있다. 우리는 그것을 더럽히고 약탈하고 착취해오면서, 그 결과 사회의 정서적 건강에 막대한 결과를 초래하였을 것이다.

절망은 우울과 무관심, 자살을 포함하는 범위까지 확대된다. 절망은 몸, 마음, 정신적 삶을 메마르게 하고 대부분 나쁜 영향의 씨앗이 된다. 내담자가 스스로 희망과 선함을 향해 분투하지만 계속된 좌절과 패배, 단절, 거부, 탄압, 파괴를 경험하게 되면, 절망의 뿌리는 깊어진다. 말하자면 이러한 자기('I am')의 경험은 주로 희망을 잃어버리고, 선함이 탄압받고, 진실이 부정되고 정의가 왜곡되는 경우이다. 이러한 절망의 감정은 게세마니(Gethsemene) 동산에서 주를 향한 애도의 말에서 잘 나타난다. "주님, 주님, 어째서 저희를 저버리시나요?" 삶을 지탱해 주는 자원과 연결고리 그리고 자신의 영성은 단절되어 버렸다. 이 과정은 그들의 영성과 희망에 대한 연결성을 초래할 수 있도록 고안되었다.

절망 과정

이는 다음의 6단계를 따른다:

- 절망을 느끼는 신체 부분이 어디인가? 몸을 한 발 앞으로 내밀고 절망의 형태를 느낀다. 다시 몸을 제자리로 물린 뒤, 절망의 형태를 그림으로 그린다.
- 절망할 수밖에 없는 모든 이유들로 인해 절망에 빠질 수 밖에 없지만 희망을 보여주는 사람('I AM' 자원 폴더 활용)을 선택한다, 주로 내담자들이 선택하는 인물은, 달라이 라마, 넬슨 만델라, 마더 테레사, 마틴 루터 킹, 간디, 프레드 할로우스, 틱낫한, 찬콩 수녀 등이다. 희망을 보여주는 집단들은 행방불명의 어머니, '숲의 사람들, 이반 드 멜로, 거리의 아이들처럼 생태계적인 절망으로 고통 받고 있는 사람들에게 사용된다.
- 가운데에 절망을 그린 그림을 놔두고 그 주변에 자신이 선택한 희망을 대표하는 인물 세 명을 놔둔다.
- 처음 선택한 인물부터 주어진 자원 찾기 과정의 범주 내에서 내담자의 자원 찾기를 한다. 자원을 찾고 나면 크레파스나 수채화 물감으로 그림을 그리는데, 달라이 라마 등을 통해 희망의 기운을 담은 그림을 그리면서 그 에너지를 몸속에 흐르도록 한다.
- 똑 같은 방법으로 두 번째, 세 번째 인물도 반복한다. 마지막으로 인물들에게서 희망의 에너지를 받게 되면 끝이다.
- 일어서서 절망이 위치했던 몸의 부분을 다시 떠올리고 손에 쥐어본다. 이제 세 사람에게 받은 희망의 에너지가 몸에서 어떻게 흘러 다니는지, 느껴지는 감각대로 그림으로 표현한다.

절망의 상황에 대한 좋은 예를 조(Jo)에게서 찾을 수 있다. 그는 어린 시절 아버지의 폭력에 의한 상처로부터 벗어나고자 했는데, 그의 아버지는 늘 모든 것을 때려 부수고 대부분 술에 취해 집에 돌아왔다. 이제 그는 20살이지만 여전히 자신의 영혼이 파괴되었다고 느끼며 삶에 대한 의지나 희망이

거의 없었다. 우리는 다양한 영역과정과 자원 찾기 작업을 함께 하면서 주변 상황이나 근본적 상황에 대해서는 수 주 내에 해결할 수 있었지만, 절망의 상황은 내적인 강인함이나 희망, 정신력 등을 회복시키는데 매우 힘이 들었다. 그래서 달라이 라마의 이미지를 사용했으며, 또 정신적으로 피폐했던 노예들의 삶을 그린 이미지, 버마철도를 건설하다가 죽어나간 제 8부대의 살아남은 일본 전쟁 포로들을 치료했던 호주출신 의사와 위어리 던롭의 이미지도 사용했다. 이들은 인간의 삶과 희망이 느껴지는 원형이라 하겠다. 결과적으로 조의 눈에 생기가 돌았고 얼굴에도 빛이 났다. 그 역시 "내 스스로 치유할 수 있는 힘이 느껴진다."고 말했다.

배신 과정

배신은 타인과의 신뢰가 파괴되는 경험을 뜻하는 중요한 사건이다. 이는 다양한 상황에서 발생하는데, 연인간의 친밀한 관계, 서로 시기하고 질투하는 직장 동료관계, 험담을 일삼는 가족관계, 정치적 대립관계 등이 있다. 어떤 상황에서든 상담이 빈번히 이루어진다. 신뢰를 깨트리는 일은 '나(I)'라는 중요한 존재를 하찮게 만들어 깎아 내리고 무례한 취급을 받는 것이다. 만약 내 삶을 제대로 치유하고 변화를 도모하지 못한다면, 결국 스스로를 파괴시키고 증오와 복수를 낳게 된다. 즉, '나(I)'라는 사람의 진실성과 강인함은 약화되고 마음과 정신적인 흥분과 불안정 상태가 지속된다. 우리는 배신의 상황을 변화시키기 위해서 주로 인간의 믿음에 신뢰를 가질 수 있도록 노력해야 한다. 인간은 주로 생후 1년 동안 기초적인 유대감을 익히게 되는데 이는 그 사람의 일생에 중요하게 영향을 미친다. 이 과정은 믿음, 희망, 선함, 그리고 인간의 본질적인 영성과 재연결하도록 고안되었다.

배신 과정

배신에너지 제거하기

이 과정은 다음의 단계로 이행된다.

- 당신의 신체에서 배신감을 느끼는 부분은 어디인가? “들어가기–나오기–바라보기”의 기법으로 자신의 몸을 파악한다. 당신을 괴롭히는 배신감의 모양을 느낀다. 그것은 단도, 칼, 가혹한 폭력, 고통스런 비틀림 또는 그와 비슷한 형태인가?
- 이제 당신을 힘들게 한 배신의 형태를 내게 동작으로 보여준다.
- 당신의 몸을 대신한 쿠션을 통해 배신의 형태를 보여주되, 이것은 동작에 따라 소리가 날 때까지 계속한다.
- 배신감을 표현했던 것과 반대되는 동작과 소리를 찾는다. 예를 들어 당신을 힘들게 한 것이 칼의 형태였다면, 당신의 심장을 찌르는 ‘푹푹’ 하는 소리를 냈을 것이다. 이 배신감을 사라지게 하려면 소리와 동작을 반대로 해주면 된다. 즉, ‘으악’하는 소리를 내며 칼을 다시 뽑아내서 빈 공간에 던지는 것이다. 이 동작과 소리는 숨을 막고 있던 것에서 숨이 트이게 하는 것을 의미한다.

신뢰감 자원 찾기

- 같은 공간 안에서 뒤로 움직여서 받은 상처의 형태를 느낀다. 상처를 받은 곳을 벗어나 뒤로 물러난 뒤, 유성 크레파스로 상처의 형태를 그림으로 그린다.
- 배신을 경험한 세 사람(세 사람을 생각해내지 못할 경우, ‘자기(I am)’의 자원폴더를 활용하여 선택하되, 희망의 힘에 대한 믿음을 가진 사람들이다. 보통 사람들이 선택하는 인물은 달라이 라마, 넬슨 만델라, 마틴 루터 킹, 고프 휘틀럼, 틱낫한, 에디트 슈타인, 빅터 프랭클, 아웅산 수지, 주 예수, 아시시의 성 프란시스 등이다.
- 가운데에 배신의 그림을 두고 그 주변에 아직은 선함과 희망을 가지고 있는 세 인물의 그림을 놔둔다.
- 처음 선택한 인물이 고프 휘틀럼이면, 위에 기술한 자원 찾기 과정에 따라 자원 찾기를 실시한다. 과정이 종료되면 크레파스나 수채화 물감으로 그림을 그리는데, 고프 휘틀럼을 통해 믿음의 특성을 담은 그림

을 그리면서 그 특성이 몸 속에 흐르도록 한다.

- 선택한 두 번째, 세 번째 인물도 자원 찾기 과정을 반복하고, 내담자는 희망을 보여주는 3장의 그림과 함께 이 과정이 끝난다.
- 일어서서 배신감이 느껴졌던 몸의 부분을 다시 떠올리고 손에 쥐어본다.
- 이제 세 사람에게 받은 믿음의 기운이 몸에서 어떻게 흘러 다니는지, 느껴지는 감각대로 한 장의 큰 종이에 그림으로 표현한다.

가까운 직장 동료로부터 배신감을 느낀 한 여성과 작업한 좋은 사례가 있는데, 그녀는 직장은 물론 작은 모임에서조차 그녀의 순수성이 위축되는 모습을 보였다. 결국 그녀는 그 동료를 향한 복수의 감정으로 인해 상담을 받으러 왔다. 그녀는 동료의 질 나쁜 술수에 말려들어서 보기 좋게 당했다고 여겼다. 이로써 깊은 상실감을 안고 직장을 떠나고 싶어 했다. 특히 그녀는 "나는 내 동료에 대한 복수의 감정에서 벗어나고 싶고 그 동료의 무서운 기운으로부터 멀어지고 싶다"고 했다. 그녀를 괴롭힌 기운의 형태는 '악(uuuuuggghh)' 소리조차 낼 수 없도록 한 그녀의 심장에 꽂힌 단도였다. 당시 그 내담자가 선택한 믿음의 이미지는 고프 휘틀럼, 빅터 프랭클, 그녀의 애완견이었다. 몇 번의 상담 동안은 중간에 멈추고 펑펑 울었다. 회기의 마지막에 내담자는 숨쉬기가 한결 편안해 질 수 있었다. 다수의 경계 작업 상담이 이어졌고 2달이 지났을 때, 그녀는 여전히 같은 직장에 다니고 있었고 더 이상 그 직장 동료의 존재로 인해 영향을 받지 않는다고 했다.

전인적 상담 과정을 통한 영성과 연결된 잠재력

전인적 상담모델은 개인이 자신에게, 타인에게 그리고 전체와의 유대감을 회복하거나 재발견하는 과정이 핵심이다. 몸, 마음과 정신 간 생기가 넘치도록 건강한 연결이 될 수 있도록 하는 것이 본질이다. 정신은 어떤 외적인 장소의 바깥 어디에 존재할 수 없다. 몸의 모든 세포가 한데 모여 있어야만, 제대로 움직이고 걸어 다니고 느끼며 유대감이나 심오한 철학, 정신적 울림에 대해 생각할 수 있다. 그렇다고 나는 이것이 모든 정신적, 감정적 문제를 해결하고 치유할 수 있는 만병통치약이라고는 말하지 않겠다. 자원과 재연결하는 과정이 마법과 같은 일이라거나 심리 상태를 기적적으로 회복시키는 것은 아니다. 단지 인간이 스스로 치유하고 삶을 변화시킬 수 있는 제대로 된 기초를 제공해 주어, 잘못된 근본적인 생각으로 인해 상처받은 마음을 바로잡아주는 것이다. 이 과정을 통해서 수명이 단축된다거나 늘어나는 일은 없다. 그저 도전하고 완벽을 꾀하려는 인간의 삶에 하루하루 필요한 것일 뿐이다.

한번은 호감이 가는 6살짜리 여자아이인 타라(Tara)를 상담한 적이 있다. 그 아이는 어두운 것을 무서워해 밤에 혼자서 자는 것은 물론 잠자리에 드는 것조차 두려워했다. 우리는 아이의 부모님이 안 계실 때도 아이를 지켜줄 수 있는 크고 힘센 누군가가 있어야겠다고 생각했다. 그래서 생각한 것이 타라 보살로 우리는 매우 큰 타라 보살을 그렸다. 총 5장의 그림을 그려서 아이 방의 각 벽에 붙이고 하나는 침대 머리맡에 붙였다. 그리고 아이에게 타라 보살에 대한 이야기를 들려주며 직접 재현해 주었다. 놀이를 하는 동안 아이는 사람들에게 공포와 고통을 덜어주는 21개의 거대한 팔을 가진 타라 불상이 되었다. 많은 사람들을 공포로부터 구해줄 수 있는 팔을 실제로 가진 것처럼 행동하도록 했기 때문이다. 또한, 타라 불상을 불러내어 아이가 잠자리에 드는 매일 밤마다 아이의 공포로부터 보호하도록 했다. 점차 시간이 지날수록 아이의 공포심도 줄어들었고 결국 내게 이런 이야기를 털어놓았다.

> 내가 큰 타라에게 와서 날 도와달라고 부르면 가끔은 오래 걸려서 도착하곤 하지만 나는 그 이유를 알고 있었어요. 왜냐하면, 무서워서 타라를 부르는 사람들은 어른들도 있어서 기다리는 줄이 매우 길다 보니, 큰 타라가 굉장히 바쁘기 때문에 나는 내 차례가 올 때까지 한참을 기다려야 했었어요.

타세이(2003:187)는 본성을 통한 유대감을 확립하는 자기-보고서를 통해 유년시절의 영성에 대해 곰곰이 생각해 보고, 인간의 삶에 있어서 영성의 변형적인 힘을 효과적으로 포착하였다.

> 인간은 우주적 진리에 의해 변화하고 치유된다. 우리가 누구이며 어떤 존재인지, 전체와의 관계와 삶의 목적에 대해 궁금해 하는 것이 최초로 자신을 발견하고 되찾는 일이다. 즉, 인간은 자아를 확립하고 더 큰 세상과의 관계를 맺고, 신비한 영역에 대해서도 탐구하고 이해함으로써 정신적인 소외와 단절을 없애려는 노력이 필요한 것 같다.

영성은 인간의 몸, 마음과 정신에 스며들어 우리 자신은 물론 타인과 전 세계와 우리를 연결하는 매우 중요한 것이다. 전인적 상담에서, 우리는 정신 건강과 제대로 된 삶을 영위할 수 있는 기초를 제공한다. 21가지 능력을 가진 위대한 타라 불상은 우리에게 정신적 안정을 가져다주며 이는 우리가 내담자들을 대하는 태도와도 매우 닮아있다. 타라의 21가지 능력은 내담자들이 필요로 하는 정신적 결핍에 우리가 어떻게 도움을 주어야 하는지의 방법을 상징적으로 보여준다. 타라는 사라스바티(지혜의 원리) 배우자, 날쌘 여걸, 위대한 선을 베푸는 자, 모든 승리의 상징, 지혜를 주는 자, 훌륭한 자, 모든 악의 기운을 물리치는 자, 천하무적, 전 세계의 정복자, 다른 모든 만물의 정복자, 숲의 구원자, 부를 주는 자, 상서로운 자, 온갖 적을 물리치는 자, 불의에 격노하는 자, 지극히 평화로운 자, 희망의 빛, 수많은 악의 무리를 진압하는 자, 독을 없애는 자, 유일무이한 여왕, 탁발하며 산에 사는 수도자, 한 줄기 빛을 의미한다. 위대한 타라 불상과 함께 우리는 세상에 21가지의 힘을 통해, 내적인 강인함을 키워서 우리의 진실성과 완전성, 진실을 만들 줄 아는 정의를 실현할 수 있다.

참고문헌

Anderson, H. & Goolishian, H. (1992). "The client is the expert: A not-knowing approach to therapy". S. McNamee & K. J. Gergan (Eds.). *Therapy as social construction.* Sage Publications, London.

Birch, L, (1997) "Fortifying the healing process; art therapy for children with cancer" Gawler, I (ed) *Science, Passion and Healing*, Ian Gawler Foundation, Melbourne.

Burtt, E. (1983) The Teachings of the *Compassionate Buddha* Mentor, Chicago

Devenish, S. (2002) "An applied method for undertaking phenomenological explication of interview transcripts" *Indo-pacific Journal of Phenomenology*, April, Vol 2, edition1, pp1-20

Drier, O. (1993). "Re-searching psychotherapeutic practice". S. Chaiklin & J. Lave (Eds.). *Understanding practice*. Cambridge University Press, England.

Fox, M. (1990) *A Spirituality Named Compassion*, Harper and Row, San Francisco

Giorgi, A. (1975). "An application of the phenomenological method in psychology". Giorgi, A., Fischer, C & Murray, E (Eds.). *Duquesne studies in phenomeno logical psychology*, Pittsburgh, USA: Duquesne University Press. pp.82-103

Giorgi, A. (1985). "Phenomenology and experimental psychology". *The Review of Existential Psychology & Psychiatry*, Vol 5 No.3, pp.6-10

Jung, CG. (1935) *Analytical Psychology: its theory and practice*. Routledge and Kegan Paul, London.

Jung, CG. (1959) trans. R Hull *The Archetypes and the Collective Unconscious from The Collected works*, Vol 9, Part 1. Routledge and Kegan Paul, London

Macey, J. (1991) *World as Lover, World as Self* Parallax press, Berkeley

Moustakas, C. E. (1994). *Phenomenological research methods*. Sage Publications, USA.

Nelson Jones, R. (2000) *Six Key Approaches to Counselling and Therapy*. Continuum, London.

Schneider, S. (1989) "Spirituality in the Academy" In Theological Studies, Vol 50, No.2

Sherwood, P. (2001) "Psychotherapy that Harms and Psychotherapy that Heals" *Indo-Pacific Journal of Phenomenology*, Vol 2, September, pp 56-76

Tacey, D. (2003) *The Spirituality Revolution- the emergence of contemporary spirituality*-Harper Collins, Sydney.

Van Manen, M. (1990) *Researching lived experience: Human science for an action sensitive pedagogy*. State University of New York Press, NY

Watts, L. (2000) *Mandalas*, Hermes House, London.

Wilber, K. (1998) *The Marriage of Sense and Soul: integrating science and religion* Hill of Content, Melbourne

제5장

몸과 마음 그리고 정신을 보호하기 위한 경계 발달시키기

인생은 야생의 호랑이와 같다.
굴복하고 당신의 머리 위에 그의 발을 올려놓거나
등에 올라타서 달릴 수 있다.

야생 호랑이 타기

삽화 : 하라나 잔토(Hrana Janto)의 두르가(Durga)

제5장 몸과 마음 그리고 정신을 보호하기 위한 경계 발달시키기

힌두 신화에서 두르가(Durga)여신은 힌두 신전에서 가장 위대한 신들이자 트리무르티(Trimurti)로 알려진 브라흐마(Brahma), 비슈누(Vishnu)와 시바(Shiva)의 입에서 나온 화염에서 태어났다고 전해진다. 이들은 창조자인 브라흐마, 유지자인 비슈누, 파괴자인 시바로 3개의 힘을 나타내는 신들이다. 두르가는 어둠의 힘이 너무 강해서 빛을 파괴하겠다고 위협할 때 나타났다. 그녀는 강력한 자애로움의 원형이며 창조자이자 동시에 파괴자이다. 그녀는 무방비 상태의 사람들을 보호하고 불의, 착취나 징발을 파괴할 수 있었다. 세계가 파멸의 끝에 있었던 시절에 힌두 신화가 있었다. 숲은 죽고 물은 메말랐으며 전쟁은 계속되고 사람들은 굶주렸고 아수라로 알려진 악마는 온 세계를 즐겁게 파괴하였고 인간들은 고통을 받고 있었다. 신들은 히말라야 전쟁에서 패배하고 철수했다. 갈랜드(Galland, 1998:xvii)는 다음과 같이 두르가의 탄생을 감동적으로 환기시켰다:

> 신들은 네 번째 화염을 발사했고 그 날카로운 불길은 히말라야 높이만큼 높은 화염 기둥으로 변했다. 이 불길 속에서 위대한 여신 두르가가 강렬한 광채를 내뿜으며 태어났다. 사자를 타고 초승달을 가지고 평온하게 웃는 두르가는 10개의 손과 팔과 신들이 준 강력한 무기를 가지고 있었다.

요새라는 뜻을 가진 두르가는 전쟁의 여신으로 알려져 있으며 난공불락으로 모든 위대한 악마들을 처치하고 세계를 구해서 고통받는 사람들을 자유롭게 하고 기쁨과 평화가 다시 울려퍼지게 했다. 각각의 신은 그녀에게 자신의 가장 강력한 무기를 주었는데 시바는 삼지창을, 비슈누는 디스커스(원반)를, 그리고 인드라는 번개를 줬다. http://en.wikipedia.org/wiki/Durga. 두르가는 쳐부술 수 없는 존재이다. 그녀는 그 경계를 유지할 것이고 그래서 정의는 지켜질 것이다.

오늘날 많은 사람들은 그들의 삶에서 학대와 관련한 이야기들로부터 자신을 보호하기 위해 두르가의 에너지를 받을 필요가 있다. 많은 사람들이 신체적, 감정적, 영적, 정신적 또는 성적인 학대로 고통을 받고 있다. 그들은 자기만의 영역들이 부서졌고 계속되는 고통 속에서 살고 있다. 왜냐하면, 그들은 타인이 내뿜는 유독성의 에너지를 담는 "쓰레기통"으로 변했기 때문이다. 만일 이런 희생적인 패턴을 바꾸기 위해 아무런 노력도 하지 않는다면, 가해자들이 끊임없이 그들의 삶을 격렬하게 공격할 것이다. 그들은 착취, 불의, 몰수에 대해 싫다는 말을 할 수 있도록, 강력한 동정심을 갖기 위해 본질적으로 자신의 내부에 있는 두르가의 에너지를 깨달아야 한다. 그들은 자기만의 영역을 만드는 사람과 정의의 수호자가 되도록 강력한 동정심을 되찾고 회복해야 한다.

폭력과 성적 학대 분야에서 일을 하는 상담사조차 원 가족뿐만 아니라 지속적인 성인들의 관계에서도 학대를 당하는 여성들을 보며 종종 충격을 받는다. 축적되는 독의 침습이 우울증, 절망, 중독 또는 정신장애의 결과로 나타나는 것은 놀랄 일도 아니다. 이렇게 계속되는 자기 영역의 침습으로 인한 또 다른 정신적 결과로는 외상 후 스트레스장애 증후군, 공황, 그리고 불안으로 인한 발작 등이 있다. 피해자의 심리적 건강을 해치는 트라우마의 충격에 대한 광범위한 문헌들이 있다. 매디슨(Maddisson, 2004)은 희생자가 그들을 압도하는 두려움 때문에 그들의 인생에서 중요하고 자신에게 의미가 있는 타인과 많은 부분에 대해 소통을 제대로 하지 못함으로써 경험하는 고독, 트라우마 그리고 학대를 중요시 하였다. 가족, 고문, 또는 전쟁의 경험에서 받은 폭력이나, 성적, 감정적, 정신적 학대로 인한 트라우마는 상호 소통, 사랑, 믿음, 기쁨을 위한 인간의 기본적인 욕구를 다른 방식으로 산산이 부셔버린다. 심리학적 붕괴의 정도는 그 학대가 일어났던 발달 연령과 매우 깊은 관계가 있다. 보통 7살 이내에 경험하는 학대가 정신적으로 가장 큰 영향을 주며 그다음이 7-14살까지의 기간이다. 트라우마나 학대로부터의 생존자를 치료하는 상담 과정은 장기간의 정신분석과 정신역동적 과정, 인지행동적, 인간중심적, 조직적 개입, 이야기 치료와 신체 기반의 개입

등을 포함한다. 커토이스(Courtois, 1988), 듀란트(Durant), 화이트(White, 1990), 그리고 비베카난다(Vivekananda, 2002)와 같이 트라우마에 대해 글을 쓴 많은 저자들이 이런 모델들에 대해 논의하였다. 일반적으로 이들 모델들은 컬트와이스(Courtois, 1989)가 분류한 두 개의 영영으로 구분된다. 인지 행동적 접근의 치료처럼 트라우마의 방어 기제를 증가시키는데 중점을 두거나 트라우마를 탐색하고 종종 표현요법으로 불리는 감정의 표현을 통해 통합을 촉진하는 것에 중점을 두는 영역들이 있다.

전인적 상담모델: 학대의 경험과 에너지 침습과 같은 트라우마 이해하기

전인적 상담모델은 표현적 활동의 일부분을 통합하지만 에너지의 침습으로써 학대당한 경험으로 정의되는, 경험의 에너지의 속성에 초점을 맞춤으로서 구별이 된다. 이 에너지 모델은 모든 행동이나 생각 그리고 감정이 특정한 진동 패턴을 발산한다고 가정한다. 만일 긍정적이라면, 그런 패턴을 받는 사람들은 성장이 촉진되며 그 패턴이 부정적이라면, 건강을 파괴할 것이다. 이런 에너지 패턴은 그 사람 안에서 공명하며 초기의 에너지 침습을 더욱 강하게 만들며 계속해서 울려 퍼진다. 이모토(Emoto)의 혁신적인 연구는 그러한 현상의 세계관을 잘 보여준다. 이모토 박사의 유명한 실험 중의 하나는 같은 곳에서 추수한 두 그릇의 쌀에 관한 것이다. 한쪽 그릇의 쌀에는 아이들이 계속해서 "바보야"라고 말하고 다른 쪽 쌀 앞에서는 "고마워"를 되풀이하도록 했다. 한 달 후에, 경멸적인 말에 노출되었던 쌀은 검게 변해있었고 악취가 났다. 긍정적인 말을 들었던 쌀은 빛나는 황금색을 띄었으며 좋은 향이 났다(Warda, 2005: 16). 일본의 HIM 연구소의 이모토(2001) 박사는 물의 분자구조가 붙어있던 라벨의 종류에 따라 변한다는 것을 보여주기 위한 실험을 실시했다. 사랑, 기쁨, 평화와 같은 글이 붙어 있던 물은 아름답고 규칙적이며 투명하며 만다라 타입의 구조를 형성하고 증오, 복수와 같은 단어를 붙인 물은 불규칙적이고 탁하며 서로 분리된 패턴을 형성하였다. 우리가 강하게 인식하고 있지 않거나, 우리의 "자기(I am)"가 부정적인 에너지 앞에서 자기 영역을 형성하지 못한다면, 그런 부정적인 에너지는 우리를 좀 먹으며 말 그대로 유독성의 쓰레기통이 되어버린다. 유년 시절의 부정성은 특히 "자기(I am)"가 아직 발달되지 않아서 방어기제가 거의 없을 때, 심하게 손상을 입힌다. 아이들의 자기 영역은 가해자가 내뿜는 유독성의 에너지에 쉽게 점령당하고 피해자인 아이들은 이런 유독성의 에너지를 지니게 된다. 전인적 모델에는, 어떤 사람이 자신의 에너지 체계 내부로 에너지의 침습을 당하게 되면 양의 흔적을 형성한다. 양의 자국은 음의 자국보다 더 다루기 어렵다. 왜냐하면 양의 자국은 단순히 긍정적인 특성들로 채워지기를 바라는 비어있는 아스트랄 덩어리가 아니라 활기찬 에너지 체계를 오염시키는 유독성의 아스트랄 에너지 덩어리이기 때문이다. 인간의 에너지 장에서 양의 자국이 발생하는 곳마다, 그것은 에너지 장이나 경계를 분열시킨다. 그렇게 되면 그 사람은 아스트랄체에 들어오는 유독성의 공명의 모든 활발한, 고통을 만들어내는 진동에 의해 쉽게 상처를 받게 된다. 성인 트라우마와 유년시절의 트라우마 사이의 관계는 정신역동적 모델에서 명확하게 나타난다. 전인적 모델은 정신역동적 관점에 의견을 같이하지만 추적 경로는 내담자 몸 안의 활동적인 공명을 사용하는 방식으로 훨씬 더 직접적이다. 성인 내담자가 트라우마를 가지고 있을 때, 유년 시절의 근원은 "들어가기-나오기-바라보기" 과정을 통해서 쉽고 빠르게 드러낼 수 있다. 이 과정을 통해서, 내담자들은 트라우마를 일으킨 사건을 회상했을 때 가장 불편함을 느낀 신체의 그 부분을 들어간다. 이 과정은 아이였을 때 경험했던 최초의 유독성 침습이 자기 경계를 파괴한 사건으로 곧바로 안내할 수 있을 것이다. 이것은 에너지 패턴을 바꾸기 위해서는 반드시 치유해야 할 핵심적인 사건으로 내담자는 더 이상 그 진동 패턴에 공명하지 않을 것이며, 이는 과거의 힘든 희생 패턴을 끊어버리는 것이다.

자기 경계의 붕괴와 양의 흔적과 작업하기 위한 임상적 개입을 제시하기 전에, 전인적 상담모델의 중심 개념인 해리에 대해 이해하는 것이 매우 중요하다.

자기 경계의 붕괴로써 학대와 트라우마 경험에 반응하기: 해리

되풀이되는 내담자의 자기 영역 침습을 방지하기 위해서는 해리를 이해하는 것이 우선이다. 해리에 대한 국제기구인 SIDRAN(www.http//sidran.org/catalogue/des. accessed 12/1/066)은 해리를 "사람들이 트라우마로부터 자신을 보호하는 심리학적이고 생리학적인 능력"으로 보고 있다. 또한, 외상 후 스트레스 증후군(PTSD)으로 고통 받고 있는 사람들에게 나타난다. 사실 SIDRAN은 해리성 장애를 가지고 있는 사람 중 80-100%가 부수적으로 PTSD를 가지고 있다고 주장한다. DSMR IV는 해리성 장애의 가장 중요 특징을 "주체성, 기억 또는 의식의 일반적으로 부정적인 기능에 대한 동요나 변경"으로 보고 있다. 물론, 해리의 정도는 내담자마다, 시기마다 매우 다르다. 터커스(Turkus)는 사람들이 정신이 완전히 들지 않았을 때 경험하는 백일몽 같은 것을 포함하는 연속적인 해리의 경험을 명확하게 확인하였다. 다른 극단적인 경우는 해리성 정체성 장애의 결과를 유발하는 병리학적 상태가 있는데, 보통 다중인격장애라고 한다. 터커스는 어떤 면에서 해리는 모든 정신적 질병에서 나타난다고 말한다.

한 아이가 갑작스럽고 많은 양의 유독한 에너지의 공격을 받는다면 그 아이는 고통과 공포 그리고 동화될 수 없는 경험의 인식을 방어하기 위한 보호 방법으로 해리를 한다. 만일 아이가 반복적으로 학대와 트라우마를 당할 수밖에 없다면, 해리는 더욱 심해지며 습관이 되고, 어른이 되어서도 유사한 진동을 가지고 있는 자극이 주어지면 계속해서 해리가 나타나기도 한다. 이것이 그 아이를 효과적으로 보호하지만 어른들의 세계에서는 그 어른을 무능력하게 만들며 추가적으로 계속되는 착취와 학대, 그리고 트라우마의 경향을 보일 것이다. 40세인 성인이 6살 때 겪었던 것과 같은 진동의 경험을 겪게 되면, 육체적으로 그들은 6살이 아닌 40살로 보이지만 사람들은 그 사람이 6살이 아닌 40세의 성인으로 행동할 것을 기대하기 때문에 그사람에게는 해리가 일어나고 매우 상처받기 쉬운 상태로 변할 것이다.

성인에게 나타나는 해리라는 만성적인 패턴은 업무나 사회, 개인, 그리고 가족생활에서 기능장애를 일으킬 것이다. 다양한 방법으로 해리를 치료하는 치료모델이 있다. CBT모델은 인지적 재구성, 탈감각(역자주: 감각을 무디게 하는 것) 중재에 중점을 둔다. 정신역동적 모델은 트라우마 경험을 건강하고 기능을 다할 수 있는 자신으로 다시 통합하게 한다. 정신통합과 같은 모델에서는 손상된 개인적 수준의 자신을 고차원적인 초개인적 자기와 통합하려고 시도한다. 전인적 상담모델에서는 해리 문제를 모든 자기 영역 문제나 에너지의 침습을 규명하고, 해리의 경향과 행동을 저지하는 것이 향후 유독성의 에너지 침습을 방지하고 자기 영역을 보호하기 위해서 내담자의 회복력과 능력이 중요하다고 생각한다. 이 모델을 자세히 설명하기 위해서 해리의 세부내용을 더 알기 쉽게 설명할 수 있도록 4층부의 모델을 9층부의 모델로 확장해야 한다.

몸, 마음 정신을 위한 전인적 9-층부의 모델

9-층부의 모델은 다음과 같다.

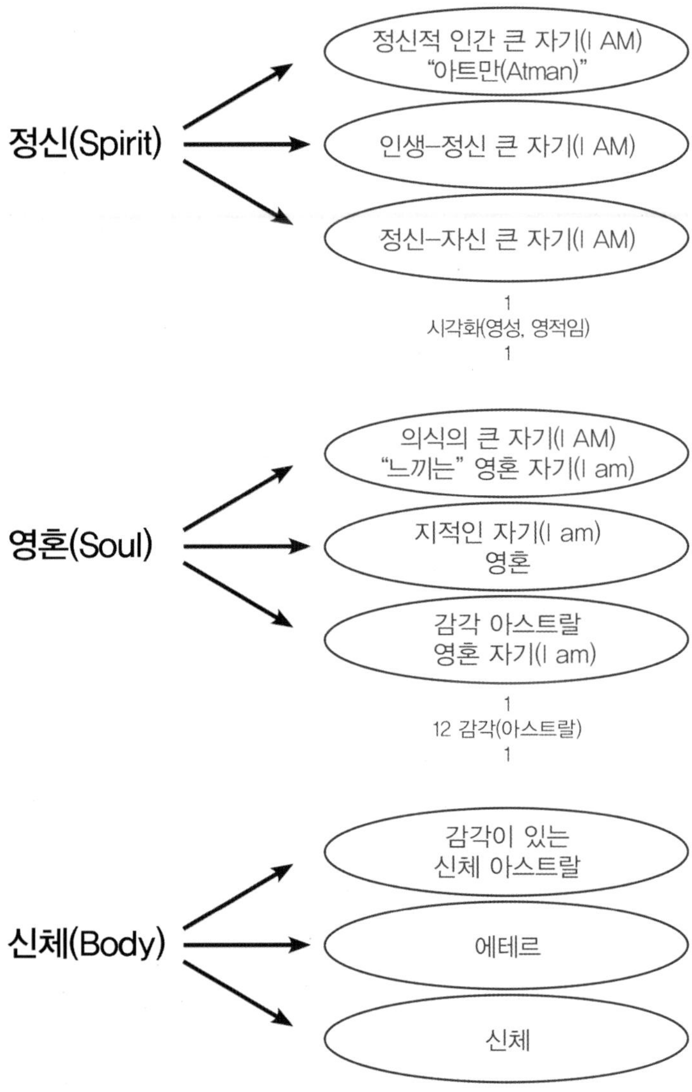

그림 10 : 인간의 9-층부 모델

출처: 몸, 마음 정신의 심리학에서 차용(Steiner, 2000)

몸(Body)

신체(Physical body)와 에테르는 감정체로 알려진 아스트랄체의 밀집된 부분과 결합되어 있으며 슈테이너는 이 3개의 그룹을 광범위하게 몸(body)으로 명명했다. 사람이 진정한 깨달음이나 의식 없이 좋고 싫음과 같이 단순히 본능적인 욕구에 의해 지배되면 인간의 신체는 동물과 유사하다.

에테르체는 미세한 진동 레벨을 가지고 있는 신체의 견본도로 열정, 신진대사, 재생산, 복구와 유지, 성장, 호흡, 순환과 같은 삶의 중요한 과정을 통제한다.

아스트랄체는 감각체와 감각의 영혼, 2가지 차원을 가지고 있다. 이 2가지 층 사이에서 감각은 성육화의 신체와 감정 영역 사이에 착륙장처럼 작동한다. 아스트랄의 활동은 영혼을 육체와 연결하며, 감각들을 통해 연결을 알아차리도록 하는 것이다. 여기에서 인간은 형성된 감각들을 기반으로 경험한다. 경험이 항상 긍정적이지만은 않기에, 많은 방어기제들이 아스트랄 수준에서 투쟁으로 인해서, 고통을 피하기 위해서 나타난다. 경험의 양면들은 어둠으로 넘어가게 되고 인식하지 않게 된다. 이런 아스트랄 주머니는 거의 의식을 가지고 있지 않으며 사람들을 파괴적인 패턴에 사로잡히게 한다.

영혼(Soul)

아스트랄체의 미세한 부분이 "영혼(the soul)을 구성하기 위해 "자기(I am)"와 결합한다. 인간의 영혼은 신체와 정신의 가교 역할을 한다. 이것은 점차적으로 결국에는 신체의 원동력에 흡수되고 정신의 힘에 의해 타인에게 주입된다. 영혼은 3가지 차원으로 구성된다. 첫째로, 감각의 영혼(sentient soul)이다. 이것은 감정체와 함께 아스트랄의 부분을 형성하며 3가지의 신체의 하단 부분에 연결되어 있다. 감각의 영혼은 경험의 감각 세계와의 중재자의 역할을 하며 더 높은 의식의 서비스를 위한 수단이 된다. 감각의 영혼은 신체가 하는 것처럼 정신과도 상호작용을 한다. 열망과 이성이 영혼의 자기 영역에 도달하며 바깥 세계로부터 결과를 받아오는 것이 감각의 영혼에서 일어난다. 이것은 연결성이 느낌들 사이에서 만들어지고 그리고 본능적 패턴에 의해 통제되는 범위를 넘어서서 배움을 위한 잠재력이 있는 곳이다. 이는 감정체의 느낌이 의식의 불변의 핵심과 합쳐지는 곳이다: "자기(I am)". 이는 감각적인 세계의 경험들이 영혼으로 변형이 되고 정제되는 것에 영향을 미칠 수 있는 시련의 장이다. 성육화된 인간의 정신을 수용할 수 있는 영혼의 첫 번째 층이다. 반감, 열망, 동정, 혐오에 의해 조정되지 않고 인간이 연민의 정을 키우는 장소이며 무기력이 아니라 완전히 호흡하는 상태에서 나오는 행동의 장소이다. 열망은 사랑, 증오, 동정, 혐오 등 다양한 결합으로 영혼에 주입된다. 열망은 반감과 열망 사이의 이중성이 연민의 정 안에서 합쳐졌을 때, 그리고 동정과 반감이 공감으로 변했을 때, 영혼의 삶 안에서 만족감을 느끼며 완결된다. 이것은 "나(I)"가 자신의 영혼의 삶에 아주 잘 나타나는 매우 진화된 사람의 기능이다. 이는 부처의 "자비심(compassion mind)"이라는 개념과 유사하다.

영혼의 두 번째 차원을 슈테이너는 "지적인 영혼(Intellectual soul)"으로 부르며, 부처의 "지혜의 마음(Wisdom mind)"이라는 개념과 유사하다고 했다. 이는 생각하는 기능의 자리이다. 지적인 영혼은 감정의 영혼에 스며들고 생각을 통해서 우리가 자신의 제한된 영혼 너머로 확장한 것들을 얻을 수 있게 해준다. 우리가 생각을 통해 추구하는 진실은 독립적인 중요성을 지닌다. 슈테이너(Steiner, 1922:44)는 다음과 같이 묘사했다:

> 진실을 알게 되면, 영혼은 인식과 함께 나타나지도 사라지지도 않는, 고유한 가치를 가지고 있으며 어떤 것과 연결이 되어 있다. 진정한 진실은 떠나가는 것도 존재하는 것도 아니며: 그것의 중요성은 파괴되지 않을 수 있다.

이성은 감각을 앎으로 변형시키는 영혼 안에서의 활동이다. 그것은 개념이 판단으로 바뀌는 영혼의 활동에서 나오며 판단력은 영혼의 자기 영역 바깥에서 시각화를 형성한다. 시각화는 지적인 영혼과 "나(I)" 의 만남에서 시작되며 이런 정신적인 활동을 통해서 에테르체에 저장되어 있는 이미지 안에서 극에 달한다. 이성은 이미지 또는 시각화의 형태로 진실을 인정하는 결정으로 끝이 난다. 이런 이미지들은 영혼에 의해 완성되어진 지식의 상징으로 머물게 되며 개체로서 에테르체 안으로 깊숙이 가라앉는다. 그것들은 개인의 경험의 특성에 깊게 영향을 주며, 반복적이고 바람직하지 않은 경험의 패턴으로 한 개인을 가둘 수도 있다. “나(I)”는 그것의 출처가 영혼이 아니라 정신에 있으며 에테르에 저장되어 있는 비생산적인 시각화를 통해 단절시키기 위해 치료와 연관되어져야만 하는 힘을 제공한다. 만일 이성이 영혼을 위해 어떤 감정의 만족감 없이 진실을 만든다면 이는 감정을 무미건조하게 만들고 그 무미건조함은 지적인 영혼이 감정에 의해 따뜻해지지 않을 때 일어난다.

영혼의 세 번째 차원은 의식의 영혼(Consciousness soul)이다. 이것은 정신과 정신 자체를 연결한다. 영혼을 밝게 비춰줄 선함과 진실의 불변의 요소를 의식의 영혼으로 부른다. 이것을 “영혼 안의 영혼”으로 불리기도 한다. 감각, 혐오, 그리고 동정심 그리고 지적인 영혼으로부터 자유로운 의식의 영혼은 선함과 진실의 원칙들로 가득 차 있다. 많은 양의 정신이 의식의 영혼으로 스며들고 지적인 영혼과 감각의 영혼으로 흘러간다. “나(I)”는 영혼과 육체의 정신을 연결한다. 육체와 영혼이 자신들을 “나(I)”에게 몰두하는 동안에 “나(I)”는 스스로를 정신에 스며드는 것에 몰두를 한다. “나(I)”는 치유된 육체와 영혼 안에서 살지만, 정신은 “큰 자기(I AM)”안에서 살고 이와 연결된 정신의 왕국인 불변의 “큰 자기(I AM)”로부터 빛을 가져온다(Steiner: 1922: 50).

정신(Spirit)

“나(I)”의 최상층인, “큰 자기(I AM)”는 초개인적인 차원을 형성하며 슈테이너는 광범위하게 정신이라고 말했다. 영혼과 정신의 만남은 의식의 영혼과 정신 사이에서 일어난다. 정신 또는 “말라(mannas)는 존재의 전형적인 정신적 잠재력과 함께 “나(I)”를 알리기 위한 견본도를 제공한다. 정신은 영혼에게 빛을 주며 영혼은 정신을 둘러싼 것들을 정리할 수 있는 장소를 제공한다. 거기에는 고통을 통해 타락한 “나(I)”에서 정신의 “나(I)”로의 변형할 수 있는 잠재력이 있다. 이것이 영혼 구원의 과정이다. 정신체는 정신의 내용(본질)과 힘으로 정신적(영적) 세계에 의해 세워진다. 그것은 “나(I)”가 직관에 의해 정신적 현실을 자각하고 살기 위한 장소를 제공한다. 외부의 정신적(영적) 세계의 요소들은 정신체 안에서 진동하며; 정신적(영적) 세계는 정신을 통해 가치와 윤리와 같은 의식적 영혼과 교감한다.

슈테이너(1922:56)는 몸, 영혼 그리고 정신의 만남을 다음과 같이 요약했다: “육체를 통해서 영혼은 육체적 존재를 제한하며; 정신체를 통해서 영혼은 정신적(영적) 세계에서 기동성을 주는 날개를 키운다”.

몸, 마음, 정신 그리고 성육화 발달 이론의 전인적 모델

해리과정을 위한 작업 틀을 얻기 위해, 나는 발달이론의 관점에서 9가지 모델을 설명했다. 성육화 과정(즉, 개인의 정신이 육체 속에 현현(顯顯)으로 들어가는 과정)이 태어나자마자 완성되는 것이 아니라 완전히 성숙한 인간이 되는, 그리고 완전한 성육화가 되기 위해서는 21-28년이 걸린다고 생각한다. 리에브고드(Lievegoed, 1997)는 어린 시절의 단계(*Phases of Childhood*)에서 이런 발달 모델을 자세히 묘사했다. 처음 7년은 신체적 성육화 과정에 집중하고 두 번째 7년은 에트르체에, 14-21세에는 아스트랄체의 발달과정에 집중하며 이는 완전한 성인의 성징을 보여준다; 그리고 21-28세에는 완전한 “나(I)”의 성육화 또는 세상에서 의식의 독특한 징후를 발전시킨다. 21-42세의 기간은 세상에서 영혼의 징후에 집중하며 42-63세의 기간은 삶과 세계에 대한 정신의 징후를 위한 시간이다. 정신은 한 인간의 최고의 잠재력을 요구하기 때문에 42세 이후에는 의미가 있거나 진정함이 없는 직업이나 관계에 건강하게 관여할 수 없기 때문이다. 인간은 내일을 위해 살 수 없으며, 오늘 반드시 존재하도록 살아야 한다. 9가지 모델을 사용한 이런 성인 발달모델은 리에브고드가 단계(*Phases, 1996*)에서 명확하게 설명했다.

인간발달 단계에서 초기 유년 시절의 트라우마 영향(첫 7년)

어린아이들의 에너지 층은 매우 섬세하며 초기 형태로 나타난다. 그것은 마치 성숙한 장미의 모든 부분을 포함하고 있지만 부서지기 쉽고 섬세하며 상처받기 쉬운 장미의 봉우리 같은 것이다. 이런 부분들은 거친 손길에 쉽게 부서진다. 성육화 과정에서 아이들의 정신은 매우 명확하고 거침없으며 쉽게 호흡하며 삶의 성장, 건강과 연결되어 있다. 정신은 영혼을 통해서 육체로 들어가려는 시도를 한다. 핵심적인 연결 포인트는 위의 9층부 모델에서 보여주듯이 신체와 영혼을 연결하는 아스트랄이다. 만일 감각적 경험이 긍정적이고 삶을 촉진시키며 호흡의 자유로운 흐름을 도와준다면, 아이들의 몸, 영혼 그리고 정신은 번창하고 건강한 발달이 이뤄질 것이다. 하지만 많은 경우에, 정신을 위해 몸과 영혼 사이에서 조정되는 감각들은 활기를 띄지 않고, 오히려 그것은 고통스러우며 호흡의 흐름이 수축되어서 그런 결과가 나온다. 아이들은 아스트랄 경험을 소화하거나 이해하기 힘들다. 왜냐하면 상위 레벨인 지적인 영혼과 의식의 영혼이 "나(I)"가 그런 경험을 처리할 수 있도록 충분히 발달이 되지 않았기 때문이다. 만일 그런 경험이 특히 고통스럽거나 우울한 것이라면, 성육화되는 아이의 "나(I)"는 빛과 평화 그리고 즐거움과 연결되어 있는 정신의 영역에서 쉽게 후퇴할 것이다. 이런 과정을 슈테이너는 정확하게 "탈육화(excarnation)"라고 묘사했다. 이 현상은 7살 미만의 아이들이 고통스러운 트라우마나 학대를 당했을 때 일어난다. "당신이 가는 곳이 고통이나 트라우마에서 벗어나기 위한 당신의 의식인가요?"라고 질문했을 때, 어른들은 자신의 육체적 감각의 인식을 상기시켜 유년시절에 있었던 트라우마나 고통스러운 경험의 흔적을 위로 끌어 올린다. 트라우마 경험의 정도는 성인의 묘사에 따라 표시된다. 내담자가 육체로부터 자신의 의식을 더 멀리 묘사할수록 내담자의 트라우마적 사건의 경험은 더 강렬하다. 해리는 내담자들이 다음과 같이 묘사하는 것처럼 매우 다양할

것이다: “나는 테이블 위에 있어요”, “나는 천장 가까이에 있어요”, “나는 지붕만큼 높은 곳에 있어요”, “나는 큰 나무 위에 있어요”, “나는 하늘 높이 있어요”, “나는 지구 너머에 있어요”. 모든 내담자들은 자신들이 어디에 있는지, 얼마나 먼 곳에 있는지 정확히 알고 있다. 이런 반응 중에서 예외는 반으로 나눠서 한쪽은 이쪽에 다른 한쪽은 반대쪽에 두는 소수의 내담자들이다. 나는 많은 관찰을 통해서, 이런 해리를 보이는 내담자들이 경계성 인격 장애나, 해리성 정체성 장애의 DSMR 1V 진단을 가지고 있음을 발견했다. 어린 아이들이 호흡의 흐름을 수축하는 범죄와 착취라는 진동성 공격에 대항하는 가장 좋은 방법이 탈육화이지만, 유년시절의 반복적인 해리는 성인기에도 유지될 수 있다. 이것은 성인이 어려움이나 도전에 맞서는 잘못된 방법이다. 그 성인이 해리를 할 때, “나(I)” 또는 더 상위 층인 영혼의 인식과 정신은 직면한 문제를 처리할 능력이 없게 된다. 대신에 그 성인은 아주 어린 시절에 받은 상처의 경험에 따라 행동하고 이것은 자기 영역을 유지할 수 없게 만들며 능숙한 결정을 할 수 없게 만든다. 그들은 주변 사람들의 감정이나 행동, 또는 부정적인 생각이 내뿜는 유독성 에너지의 침습을 받는 쓰레기통이 되어버린다. 자기 영역을 유지하는 능력이 없는 성인은 보통 신체적, 감정적 질병을 얻는 것으로 끝이 난다.

정신이 육체 안에 더욱 확실히 들어가 있게 되면서 해리의 능력은 감소한다. 흩어져 있거나 백일몽과 같은 드러나지 않는 미묘한 해리는 여전히 대부분의 성인들에게 존재한다. 하지만 더 심각한 정도의 해리는 대부분 충격이나 급작스러운 트라우마 또는 충격적인 소식으로 인해 일어난다. 이 모델에서, 기억은 “나(I)”의 내부에 도달하며 이것은 왜 트라우마를 겪을 때, 공포나 고통이 육체 안으로 들어가는지, 그리고 육체를 통해 접근되는지를 설명하지만, 트라우마를 겪을 때 몸을 떠난 “나(I)”의 경우에는 기억은 다른 곳에 있게 된다. 이것이 사건에 대한 정확한 기억이 없는 충격적인 사건을 경험한 사람이다.

전인적 상담모델에서 7-14세의 인간발달 단계의 트라우마의 영향

이 단계에서는 에너지 층이 더욱 단단하게 성육화되어 있기 때문에 해리가 쉽지 않다. 하지만 이 과정은 다양하며 어떤 아이들은 이런 발달단계를 통해 쉽게 해리한다. 더 빨리 성육화가 된 다른 아이들은 트라우마 앞에서 자신의 몸 안으로 숨기 시작한다. 타거(담화, 1996)는 이런 과정을 "사라짐(disappearance)"으로 명명했다. 이것은 해리의 또 다른 종류이다. 해리의 과정에서, 아이들은 육체로부터 멀리, 정신적 세계에는 더 가깝게 물러난다. "사라짐"에서는, 아이들의 "나(I)"는 신체의 일부에 숨거나, 땅 아래로, 또는 침대, 마루 바닥, 카펫 같은 곳으로 숨는다. 그들은 이런 장소로 후퇴를 하며 이곳은 보통 트라우마의 경험에서 가장 멀리 떨어진 곳이 된다. 만일 학대가 몸의 하단부에서 일어났다면 그곳은 대게 코 끝, 눈 뒤쪽, 머리끝이 될 것이다. 만일 트라우마가 아이의 몸의 상단부에서 일어난다면, 발끝, 손끝으로 사라질 것이다.

전인적 상담모델에서 14-21세 인간발달 단계의 트라우마 영향

이 단계에서는, 청소년들은 몸을 떠나는 능력이 다소 떨어지며 성별, 성격, 환경, 체질에 따라 소극적인 분노나 공격적인 분노로 트라우마에 반응하는 경향이 있다. 청소년이 반응할 때, "나(I)"는 나타나지 않으며 감각의 영혼에서 혐오나 열망이 우위를 차지한다. 이것은 종종 외부 또는 내부로 폭발하는 분노로 표현된다. "나(I)"는 더 천천히 떠나는 경향을 보이며 멀리도 가지 않는다.

해리 과정은 성인이 더 높은 단계의 자신 또는 "나(I)"라는 자원을 가지고 도전이나 어려움에 직면하는 능력을 약하게 하기 때문에 손실이 크다. 이는 또한, 유독성의 에너지 침습을 막고 명확하고 숙련된 자기 영역을 유지하는 능력에 방해가 된다. 유년 시절에 학대를 받고 자신의 몸에 거의 있지 않은 중년여성은 나에게 다음과 같이 설명했다: "나는 이렇게 나와 있는 것이 좋아요. 몸의 바깥에 있는 자유를 좋아해요. 어떠한 고통도 느낄 필요가 없죠".

하지만 곧 그녀는 다음과 같이 덧붙였다. “하지만 이것은 진정한 자신이 되는 것을 멈추게 해요. 그리고 나의 재능을 세상에 보이는 것을 멈추게 하죠”. 또 다른 젊은 남성은 매우 학대하는 가족체계에서 자라왔고 거의 자신의 몸 안에 있지 않았다. 그는 초기 회기에서 다음과 같이 말했다: “거기에 있는 것은 너무 고통스러워요. 전 여기 위쪽, 자유에 머물고 싶어요. 어떤 나쁜 것들을 느낄 필요가 없죠. 상상력을 사용해서 내가 좋아하는 것들을 만들 수 있어요”. 그것은 그에게 희생을 요구했고 결국 그는 다른 사람을 상대하는 것을 멈추고 자신을 고립되게 만들었다고 고백했다.

타거(담화 1996)는 해리를 멈추고 싶은 내담자들을 돕기 위해 임상적 개입을 개발했으며 그것을 “성육화(Incarnation)” 과정이라고 했다. 그것은 자기 영역을 유지하고 에너지 침습을 막으며, 양의 흔적을 다루는 부분에서 명확하게 설명한다. 그것은 정신역동적 심리치료의 핵심원리를 근거로 한다. 인간은 반드시 트라우마로 조각난 자아(self)의 초기 단계로 되돌아와야 하며 의식의 빛으로 자신을 되돌려야 하고 완전하며 건강한 자신으로 통합해야 한다. 기브란(Gibran, 1926)은 시적으로 이것을 설명했다: “인간은 밤의 길목을 피하고서는 새벽에 도착하지는 못할 것이다”.

전인적 상담에서 임상적 개입

자기 영역 침습에 의해 만들어진 양의 흔적에서, 상담사의 임무는 6가지가 있다.

1. 내담자가 과거에 패했던 에너지의 힘에 직면할 수 있도록 강렬한 동정의 자원을 끌어내도록 독려한다.
2. 내담자가 “들어가기-나오기-바라보기” 과정을 이행하고 양의 흔적의 본질을 파악한다.
3. 정신이나 “나(I)”가 완전히 내담자의 몸 안에 있는 것을 확인한다.
4. 내담자가 유독성 에너지 부분을 제거하도록 안내한다.
5. 내담자가 새로운 치유의 에너지 패턴을 그곳에 복구하도록 돕는다.

6. 내담자가 추후의 침습적 힘에 대항할 강한 자기 영역을 만드는 것을 장려한다.

1. 강렬한 동정심 끌어내기: 자원화 하기 과정

내담자는 우선 오염된 그들의 에너지 체계를 정화하기 위한 의도를 확실하게 세워야 한다. 내담자를 위한 일반적인 자기 영역 문제와 관련한 의도는 다음과 같다: "동료가 나를 비난할 때 화가 나는 것을 멈추고 싶어요", "엄마가 시장에 데려다 달라고 요구할 때 화내고 싶지 않아요", "내 아이가 무례하게 굴 때, 슬퍼하지 않고 평화롭고 차분해지고 싶어요", "내 파트너가 나에게 돈을 너무 낭비한다고 비판할 때 화내고 싶지 않아요", "내 아이가 작은 것에 불평하고 투덜거릴 때조차 평화로운 감정을 갖고 싶어요."

이전에 내담자를 점령해왔던 에너지 침습의 측면에서, 우선 강렬한 동정의 이미지들로 내담자를 자원화시키는 것이 중요하다. 이들은 통제되지 않은 폭력의 이미지가 아니고 무고한 사람을 보호하는데 필요한 능숙하고 강력한 행동의 이미지들이다. 그리스도는 정신적 원형단계에서 이런 이미지들의 표본이 된다. 이런 정신적 원형은 우리에게 무시당하고 상처받고 억압된 자신의 특성을 기억나게 하며, 우리를 우리 자신, 타인, 그리고 우리를 둘러싼 세계와 재연결하도록 해준다. 정신적 인간 차원의 원형에서, 우리는 내담자의 요구에 따라 여성 또는 남성 전사의 원형이 있는 자원 폴더를 사용할 것이다. 강렬한 연민의 정을 가진 여성 원형은 칼리(Kali), 두르가(Durga), 저색 또는 금색의 타라(Tara), 이시스(Isis), 잔다르크(Joan of Arc), 제나(Xena), 또는 아마존의 여전사들이 포함된다. 남성의 원형은 그리스도, 야만타카(Yamantaka), 가리발디(Garibaldi), 인디안 추장, 시바(Shiva), 비슈누(Vishnu), 가네샤(Gane)놈, 하누만(Hanuman), 슈퍼맨, 대천사 마타트론(Matatron), 대천사 미카엘(Michael), 몽고메리(Montgomery) 등이 포함된다. 동물의 왕국 이미지들은 호랑이, 사자, 코뿔소, 코끼리, 표범, 치타, 야생말, 황소, 숫사슴이 포함된다. 무기물 영역에서는, 커다란 산, 단단한 바위 같은 이미지들이 포함된다. 내담자가 일단 강함과 강렬한 연민의 정의 특성을 연상시킬 이미지들과 원형을 선택하면, 제2장에서 말한 자원화 하기 과정을 완성한다. 내담자의 몸짓이 올바른 에너지의 강력한 흐름을 반영할 때 충분한 자원이 생기며, 압박이나 수축 또는 오목(주: 계속적인 압박으로 인해 안으로 오목해지는 경향)한 몸짓이 되지 않는다.

2. 들어가기-나오기-바라보기 과정을 통해서 양의 흔적의 본질 규명하기

내담자가 명확한 목적을 가지고 있으며 충분한 자원을 가지고 있을 때, 내담자에게 공격받은 경험을 설명해줄 특정 사건을 자세히 이야기하라고 요청한다. 그 경험을 설명한 후, 내담자에게 신체의 어느 부분에서 호흡이나 에너지가 어지럽혀지는지 묻고 그 부분에 손을 얹어 놓으라고 말한다. 그런 다음 "들어가기-나오기-바라보기"과정이 이어진다. 이 과정은 내담자가 느꼈던 침습의 흔적을 그림으로 그리는 것으로 끝이 난다. 양의 흔적은 다양한 흐린 녹색, 흐린 오렌지 색, 흐린 노란색처럼 흐린 빛깔 안에서 발견되지만 보통 검거나, 또는 검붉은 색이다. 그 흔적은 침습한 에너지의 결과로서 호흡이 멈춘 모양을 나타낸다.

3. 바닥에 닿기(Grounding): 성육화 과정

바닥에 닿기 혹은 신체를 통해 완전히 호흡하기의 아이디어는 로웬(Lowen, 1976:40)이 자신의 바이오에너지 연구에서 발전시켰으며 내담자에게 두 발을 마루 바닥에 단단히 고정하고 다리의 아래 부분에 무게를 주는 몸짓을 취하고 자신을 몸 안에 강하게 놔두는 것에 집중하면서 자신의 신체 안으로 완전히 호흡하는 것을 알려주는 과정으로 설명했다. 이 모델에서, 우리는 내담자를 단시간에 바닥에 고정하기 위해 발 구르기를 사용했지만 장시간에도 견디기 위해, 성육화 과정이 시작되었다. 로웬은 내담자가 자신의 몸에 온전히 연결하는 것이 필요하다고 했으며 자신과 타인에게서 받는 소외가 자신의 몸에서 나타나는 소원함에서 비롯된다고 말했다. 우리는 로웬(1976:107)의 말에 동의할 것이다. 모든 무기력함, 공포, 갈망의 근원이 되는 해리된 마음 상태, 감정 상태로 사는 것보다 자신, 타인 그리고 세상과 소통할 수 있는 자신의 몸을 완전히 소유하는 것이 유일한 방법이다.

강화하기 과정을 말하기 전에, 내담자의 "나(I)"가 내담자의 아스트랄에서 참을 수 없는 고통 때문에 사라져버린 그 부분을 교정하는 일에 온전히 나타날 수 있도록 성육화 과정이 완결되는 것이 중요하다. 대부분의 침습을 당한 경험에서, "나(I)" 또는 내담자의 최상위층의 의식은 진동패턴을 가지고 있는 독성, 고통, 또는 트라우마의 경험으로부터 도망치기 위해서 고통을 받은 그 부분, 때로는 내담자의 몸 전체에서 (기절) 철수하게 된다. 만약 "나(I)" 또는 내담자의 완전한 하나의 자신이 해리된다면, 내담자는 유독성의 에너지를 제거할 수도 없고, 반복해서 내담자의 에너지 층을 공격하는 유독성의 에너지 힘에 저항할 수도 없을 것이다. 본질적으로 해리는 완전한 자아(self) 시스템이나 "나(I)"로부터 트라우마 시스템을 향한 의식의 전환으로 정의할 수 있을 것이다. 트라우마 시스템은 우리가 아스트랄 층이라고 부르며, 이곳은 원래의 트라우마의 패턴이나 흔적을 저장하고 재생산하는 곳이다.

바닥에 닿기 또는 성육화 과정은 타거(1996, 담화)가 발전시켰으며 쉐어우드가 다음 단계들을 포함하기 위해 차용하였다:

1. 해리과정 확인하기: 탈육화인가 또는 사라짐인가?

내담자에게 정신적 상처를 받은 사건을 회상할 때 긴장감을 느꼈던 몸의 똑같은 부분으로 다시 (들어가기-나오기-바라보기) 들어가라고 요청한다. 내담자에게 다음과 같이 질문한다: "당신은 (통합된 자신) 당신의 몸 안에 있나요 아니면 떠나 있나요? 만일 떠났다면, 떠난 곳의 방향을 표시해 보십시오." 그리고 그 위치에서 나오도록 한다. 만일 내담자가 앞쪽, 뒤쪽, 위쪽을 가리킨다면, 우리는 탈육화하는 것을 다루어야 하고 내담자가 자신의 몸 안쪽, 몸의 아래 혹은 땅 밑을 가리킨다면, 사라짐이 일어난 것이다. 탈육화는 매우 일반적으로 일어나며 내담자는 자신이 언제 탈육화를 하고 어디로 가는지 명확히 알고 있다. 사라짐은 약간 미묘하다. 내담자들은 처음에는 자신이 사라진 것을 모를 수도 있다 하지만 회기의 다음 단계에서 상담사에게는 명확해진다. 왜냐하면 사라진 내담자들은 그들이 고통에 대한 몸짓을 취하고 있을 때 그리고 그 흔적으로 들어갔을 때 "아무것도 일어나지 않았어요", 혹은 "아무것도 느낄 수가 없어요"라고 말할 것이다. 초기 흔적에 대한 그림은 종종 그림 11과 같이 아래로 향하는 소용돌이로 나타날 것이다. 사라짐은 매우 빨리 일어나지만 일단 내담자가 자신이 사라진 것을 인식하면 그 흔적과 함께 머무는 방법을 훈련할 수 있게 된다.

그림 11 : 사라짐

2. 탈육화 혹은 사라짐의 장소 규명하기

내담자가 원래 몸짓으로부터 탈출했을 때, 내담자의 몸을 나타내는 곳의 바닥에 쿠션을 놓는다. 내담자에게 그들이 사라진 장소를 가리켜보라고 요청한다. 만일 내담자가 탈육화의 상태라면, 탈육화 한 위치를 그려보라고 한다(예: 하늘, 천장, 캐비닛 위, 지붕). 이 그림을 의자에 놓고 내담자에게 그 의자 위에 서라고 요청한다. 내담자가 의자 위에 올라가서 "나(I)" 또는 더 높은 의식에 의해 버려진 자신의 육체의 위치를 표시한 쿠션을 내려다보게 한다. 사라짐에서, 내담자는 숨기 위해 사용되는 땅 아래의 장소나 몸의 한 부분을 표현할 것이다. 숨는 장소는 종종 안전하고 바람직하다고 묘사된다. 왜냐하면 그곳이 트라우마로부터 안도감을 찾을 수 있는 장소이기 때문이다. 내담자는 종이에 자신의 몸을 그리고 자신이 사라진 곳에 점이나 별표를 한 후 바닥에 놓는다. 만일 사라짐이 자신의 몸 안에서 있었다면 자신의 몸을 나타내는 쿠션 위에 그 그림을 올려놓는다.

3. 탈육화 혹은 사라진 나(I)의 이야기 찾기

우선 내담자가 의자에서 육체를 내려다보며 왜 자신이 그 몸 안에 있고 싶지 않은지를 묻는다. 내담자의 세부적인 답변은 다양하겠지만 주제는 두 가지이다. 내담자가 몸 안에 머무르는 것이 안전하지 않다고 느꼈거나 유일한 사람이 되기 위한 성육화를 할 수 있는 공간이 없다고 느꼈기 때문이다.

사라짐의 경우에는, 내담자가 별표나 노란 점안으로 들어가서 이 공간에서 왜 사라졌는지 이야기할 것이다. 비록 이런 침습적인 힘으로부터 어둠과 악의 힘을 피해 멀리 있는 장소로 후퇴하는 것이 내담자가 말하는 일반적인 설명이지만 대부분은 안전함이 주요 이유이다.

4. "나(I)"를 성육화 하기: 자기(I AM)와 당신이 함께 있을지니

탈육화의 위치에서 성육화는 자신의 조각난 부분과 자신의 몸을 나타내는 쿠션을 의자 위에서 내려다보며 몸 안으로 다시 돌아오는 것에 동의하는 것이다. 내담자가 돌아오는 것이 가치가 있음을 확신시키기 위해 종종 거래가 필요할 수도 있다. 가장 흔한 거래는 "나(I)"가 안전할 것이라고 확신하는 것이다. 예를 들어, 내담자가 그 몸으로 돌아왔을 때, 자기 영역이 보호해 줄 것이라는 확신, 다른 말로는, 치료과정이 육체 안에 그 자신이 실제로 나타나기 위해 안전한 장소를 만든다는 조건하에 "나(I)"가 그 몸으로 돌아올 것에 동의하는 것이다. 때때로 내담자에게 자신의 몸으로 돌아오는 것을 확신시키기 위해 얼마간의 시간이 필요할 수도 있다. 여기에 덧붙여, 내담자에게 중요한 자녀라든가 내담자를 사랑하는 사람들 등, 자신이 육체에 있는 것이 가치 있게 만들어주는 이유를 상기해야 할 필요가 있다. 이것은 자신의 몸이 고통스러운 장소라고 생각하여 돌아오는 것에 별다른 흥미가 없는 자살 충동을 느끼는 내담자에게 특히 중요할 것이다.

내담자가 돌아오기로 결심한 후에는 의자에서 내려와서 자신의 몸과, 해리된 계기가 되었던 조각나버렸거나 버려진 4, 5세의 (또는 내담자가 말한 나이) 아이가 있는 아스트랄을 나타내는 쿠션을 집어 들라고 말한다. 그런 다음 내담자는 그 쿠션을 단단히 잡고 자신의 발이 내딛는 무게에 집중하며, "나(I AM)는 여기에 있다, 나는 안전하다" 또는 "나(I AM)는 여기에 있고 나는 너를 보호할 수 있다" 또는 비슷한 말을 되풀이하며 방안을 걷는다. 내담자는 동작, 색깔, 소리, 몸짓, 호흡, 그림 또는 색칠을 통해서 필요한 특성들을 제공함으로써 발견된 자신의 어린아이(3, 4, 또는 6살 또는 어떤 나이든지)에게 자원을 제공할 것이다.

사라짐에서는, 내담자가 "자기(I AM)"의 위치에서 몸 전체가 황금색 별이나 노란 점안으로 들어가고, "나(I)"안으로 포기한 것들을 재통합하기 위해 그들의 몸 전체에 황금색 빛을 뿌린다. 내담자는 위에서 말한 "나는 여기에 있다"는 문장을 반복하며 방을 걸으면서 그리고 자원을 제공한다.

5. 당신의 "자기(I AM)"를 보호하기: 홀로 내버려두지 않기

다음 두 주 동안의 과제로, 내담자는 아스트랄에서 포기해버렸거나 또는 해리된 자신이었던 부분이 이제 통합이 되고 더 높은 차원의 자신이며 "나(I)"임을 확신하면서 새롭게 발견한 자신, 예를 들어, 3살의 아이와 매일 어떤 활동을 할 것이다. 내담자의 "큰 자기(I AM)"에 의해 다시 발견된 소멸된 사람도 같은 활동을 할 것이다. 내담자는 또한 그것이 몸을 떠날 때의 호흡을 지켜보면서 해리의 패턴을 인식하는 연습을 하게 된다. 온전히 성육화된 위치에서 내담자는 자신의 발을 땅에 디딜 때 호흡이 발 끝까지 내려가는 것을 경험한다. 탈육화과정은 내담자가 인식하도록 6개의 단계를 거친다. 이 단계를 통해서 발을 바닥에 딛거나 무릎을 구부리며 가능한 빨리 자신의 몸으로 돌아올 수 있게 된다. 이런 활동들은 자신의 몸으로 돌아온 호흡으로 표현되는 더 높은 의식을 요구한다. 이 모델에서 해리의 6가지 단계는 다음과 같다:

1단계 : 안절부절못하고 떠는 발
2단계 : 불안정하게 떠는 다리
3단계 : 불안한 하복부, 대소변을 급히 해결해야 함
4단계 : 위 안의 나비: 토할 것 같은 느낌
5단계 : 똑바로 호흡할 수가 없음(심각한 경우에는 공황발작이 나타남)
6단계 : 기절하거나 의식을 잃어버림(신체적 질병의 이유가 아닌 두려움 때문에)

성육화 순서의 중요성에 대한 좋은 임상적 예로는 치료를 받기 위해 온 9살짜리 소녀의 사례이다. 그 아이는 지난 2년 동안 학교에서 괴롭힘을 당해서 기절을 할 정도였다. 초기에는 기절을 거의 하지 않았지만 지금은 거의 일주일에 한번 꼴로 기절을 했다. 집중적인 의학적, 심리학적 테스트에도 불구하고 그 아이에게는 아무런 문제가 발견되지 않았다. 그 아이는 민감한 성격을 가지고 있었으며 우울한 기질이 있었다. 나는 그 아이에게 괴롭힘을 당했을 때 가장 불안함을 느꼈던 부분으로 들어가라고 요청했고, 안전함을 느끼는 곳이 어딘지 물었다. 그 아이는 즉시 위쪽을 가리키고 나서 다음과 같이 말했다: "저는 하늘 위로 가능한 멀리 가요, 너무 멀어서 무슨 일이 생기는지 알 필요가 없죠. 저는 제 몸에게 안녕이라고 말해요 그리고 안전하다고 느낄 때 또는 나를 안전하게 해줄 사람들이 있을 때 돌아오죠." 결국 그녀의 몸을 떠나야 하는 희생과 자신의 몸 안에서 머무르는 동안 자신을 보호하는 다른 방법의 가능성을 이야기하면서 그 아이는 자신의 몸 안에서 머무르고 싶다는 의향을 나타냈고, 괴롭힘으로부터 안전하게 머물고 싶다고 말했다. 성육화 과정에서 자기 영역과 보호 과정은 아이의 행동에 놀랄만한 변화를 주며 두 번의 회기에 걸쳐서 진행하였다. 한 주 만에 그녀는 더 이상 기절하지 않았고 지금은 괴롭힘에 대항해서 자기 자신이 땅을 바로 딛고 서 있을 수 있게 되었다. 괴롭히는 아이들도 그녀에게 더 이상 흥미를 잃었다.

4. 에너지 장을 깨끗이 하기: 강화하기 과정

일단 성육화가 완성되면, 내담자는 의식적으로 새롭게 발견한 자신의 부분을 유지해야 한다. 그들은 자신의 다리를 바닥에 대고 자신의 몸의 무게를 느끼기 위해 무릎을 구부린다. 내담자는 이전에는 통합하지 못하고 해리를 일으켜서 자신의 몸에서 떠나도록 하고 자기 영역을 붕괴시키는 진동하는 패턴이나 에너지의 힘에 맞설 준비가 되어 있다.

다음의 자기 영역 과정은 타거(담화, 1996)가 발견하였으며 나는 이 발견이 21세기 심리치료에 가장 위대한 공헌을 했음을 확신한다. 에너지 체계로 들어간 유독성의 진동은 자기 영역을 붕괴시키고 유년 시절의 자기 영역 발달의 부재라는 결과를 낳게 되는데, 이것은 독창적인 방법으로 내담자가 그 진동을 제거할 수 있도록 한다.

강화하기 과정

1단계: 힘의 모양 찾기

"들어가기-나오기-바라보기" 순서를 끝내고 상처의 흔적을 그림으로 그리고 이제 내담자는 그 상처가 있었던 곳으로 다시 들어간다. 다음에 내담자에게 질문한다: "외부를 느껴보고 당신을 공격하는 힘의 모양을 찾아보세요. 그것은 나이프 모양인가요? 혹은 단도, 나무 조각, 혹은 악인인가요? 당신을 공격하는 그 힘을 느꼈다면, 거기에서 빠져나와 당신의 몸을 나타내는 쿠션 위에 당신의 손을 사용해서 그 힘의 모양을 만들어 보세요".

2단계: 힘의 소리 찾기

내담자는 쿠션 위에 그 힘의 모양을 되풀이해서 만드는 동안에 그 힘의 소리를 찾는다. 하나의 힘이 낼 수 있는 소리의 수는 제한이 되어 있지만 오직 내담자만이 내담자의 에너지 체계 안에 위치한 힘의 정확한 소리를 알 수 있다. 그 소리는 내담자가 만드는 몸짓과 양립하는 소리일 것이며 내담자의 몸이 싫어하는 소리일 것이다. 예: 그 소리가 되풀이 될 때 내담자의 몸은 위축되거나 뒷걸음칠 것이다. 내담자는 그들을 공격하는 힘의 모양을 규명하는 것이 어렵지 않다. 그래서 예를 들어, 만일 그 힘의 몸짓이 날카롭고 뾰족하다면 내담자에게 그 몸짓을 표현할 소리를 찾을 때까지 다음의 소리를 탐색할 것을 제안한다: “cchikk, cchik, cchik, cchik”, 또는 “kr, kr”, “t, t”, 또는 “k, k” 등.

3단계: 그 힘을 직면하기 위해 준비하기: 바늘의 눈

힘의 소리는 어린 아이로써 종종 경험하는, 내담자의 “상처받은 아이”가 가지고 있는 흔적이 지닌 유독성의 진동하는 패턴을 나타낸다. 일상에서 나타나는 계기는 원래 상처와 똑같거나 유사한 소리 패턴을 가지고 진동하는 어떤 사람이거나 사건일 것이다. 내담자의 에너지 체계가 이런 소리 패턴을 보일 때 내담자는 붕괴되고 상처받은 아이를 외면하고 종종 자기를 탈육화하거나 사라진다.

“해제하기(unblocking)”의 목표는 내담자를 점진적으로 이런 소리에 노출되게 하는 것으로 동종요법과 유사하며, 그들의 에너지 체계에서 완전히 그 소리를 내쫓을 때까지 내담자의 저항력을 키우는 것이다. 하지만 내담자의 성공을 확실하게 하기 위해서, 타거(담화, 1998)는 “바늘의 눈(eye of the needle)” 과정을 개발했으며 이것은 실제 소리가 없는 실험이다. “바늘의 눈” 과정에서, 내담자는 흔적이나 상처의 위치에서 약 3미터의 도움닫기를 하면서 그 소리에 대항해 싸우는 연습을 한다. 내담자가 그 흔적에 도달했을 때, 그들은 의식적으로 그 안으로 들어가며 그들을 공격하는 소리를 상상한다. 내담자는 깊게 호흡을 하고 두 발을 단단하게 땅에 딛고 “b, d, g, p”와 같은 소리나 또는 합성음을 크게 내지르는 연습을 한다. 소리를 지르고 내담자는 직접적으로 팔과 손을 사용해서 공격하는 힘을 멀리 밀치면서 방의 다른 쪽으로 달린다. 이 과정은 그 힘이 공격할 때 내담자를 무너뜨리는 신체의 에너지 체계의 기억을 깨트린다.

이는 내담자가 똑바로 서서 자신의 고유한 공간을 유지하기 위해 대항하는 법을 학습하는 과정이며 그 힘에 대항해서 싸울 때 성공하는 기억을 갖도록 만든다. 이 단계에서 그 힘의 소리는 내담자의 상상에 의해 조용히 만들어진다.

4단계: 독성의 힘 해제하기 또는 제거하기

내담자는 이제 자신을 공격하는 나쁜 힘의 소리를 대면하고 이겨낼 준비가 되었다. 내담자는 그 흔적으로 들어가서 깊게 호흡하고 발을 땅에 단단히 딛고 서서 방어 자세를 유지한다. 상담사는 "바늘의 눈" 연습에서 선택된 반격 소리로 밀리고 있는 내담자에게 공격하는 힘의 소리를 만들어 내도록 한다. 처음에는 내담자의 몸과 자세가 동시에 흥분, 공포, 불쾌감의 몸짓으로 수축할 것이다. 상담사는 반드시 내담자가 그 힘의 소리를 밀어낼 수 있는 정도의 최소한의 소리를 적용해야 한다. 마지막에 내담자는 그 힘에 대한 저항력을 키울 것이며 품위 있게 그 힘을 밀어낼 수 있을 것이고 사팔뜨기처럼 눈을 가깝게 모을 필요 없이 그 힘을 똑바로 볼 수 있게 될 것이다. 상담사가 만든 힘의 소리가 더 이상 내담자의 몸짓에 아무런 영향을 주지 못할 때, 타거가 "해제하기"라고 명명한 유독성의 에너지를 내쫓는 과정이 끝나는 것이다.

5단계: 오염된 지역을 깨끗이 하기

내담자는 자신의 기호에 따라 그리고 자신이 경험한 그 힘의 특성에 따라 공기, 물, 혹은 불의 소리를 사용해서 유독성의 에너지로 점령당했던 지역을 청소한다.

5. 새로운 에너지 패턴 회복하기: 자원 제공하기 과정

내담자는 이제 자신의 몸 안에 깨끗해진 장소를 긍정적이며 생기를 주는 새로운 에너지 패턴으로 채울 준비가 되어 있다. 일반적으로 이렇게 새롭고 깨끗해진 장소를 채우기 위한 특성들은 그 흔적에서 발견되는 상처받은 아이나 어른들의 부정적인 경험에 대항하는 특성들이다. 이것이 기본적인 자원 제공하기 과정이다. 하지만 내담자가 통합된 자신 또는 "나(I)"안으로 "치유된 사람"을 받아들이는 상상적인 가능성을 이용할 수 있기 때문에 이는 가능한 한 창의적일 수 있다.

6. 자기 영역 만들고 유지하기: 자기 영역 과정

내담자가 새로운 에너지의 치유장소를 유지할 수 있도록 깨끗한 에너지의 자기 영역을 만드는 것이 중요하다. 타거는 실험을 통해서 지구의 소리가 가장 강력한 자기 영역을 제공하는 것을 밝혔다. 대부분의 내담자에게 에너지 침습을 막는 가장 강력한 지구의 소리는 "d, d, d, d"이다. 내담자가 자신의 주변에 방호벽을 만들기 위해 "d, d, d" 소리를 크게 반복하면서 자신의 팔을 사용한다. 내담자는 유독성의 에너지적 침습으로부터 자신을 보호하기 위한 최전선의 방어선으로서, 자신이 시각화할 수 있는 황금색의 빛, 크리스털 돔, 벽돌로 만든 벽, 방탄유리나 소리 또는 진동하는 보호물로서 작동할 수 있는 방식을 사용해 추가로 자기 영역을 만들 수도 있다.

2주간의 과제로 내담자는 반드시 자신(이전에 상처받았던 아이)의 치유 부분을 잡고 "나는 여기에 있고, 너는 안전하다"를 번갈아 말하면서 매일 반복해서 소리를 크게 내야 한다. 계기가 되었는 사람이나 사건 앞에서, 내담자는 반드시 무릎을 구부리거나 두 발을 바닥으로 밀면서(해리를 막기 위해), 호흡과 함께 "dddddd"(자기영역을 유지하는)를 반복해야 하고 호흡과 함께 "나는 여기에 있고, 너는 안전하다"를 자신들의(이전에 상처받은 아이) 치유 부분에 대고 되풀이해야 한다. 처음 두 세번은 어렵지만 점차 쉬워진다. 2달 내로, 에너지 보호막은 그 흔적에 관하여, 그리고 같은 진동의 소리를 내는 다른 흔적에 관하여 특정한 힘에 의한 공격에 저항력이 생긴다. 하지만 "제거하기" 과정은 공격의 다른 패턴들의 기초가 되는 서로 다른 소리들과 함께 힘을 공유할 필요가 있을 것이다. 정원의 잡초를 뽑는 것과 같다. 하나의 "제거하기" 과정은 같은 종의 모든 잡초를 다 없앤다. 하지만 또 다른 "제거하기" 과정이 다른 종의 잡초를 없애기 위해 필요할 것이다. 주의 깊은 보살핌을 통해서 (해리보다) 정원 전체의 잡초를 없애고 꽃을 다시 심을 수 있을 것이다.

7. 에너지 공격에 대한 초기 대응: 단기 해제하기 과정

에너지 침습을 당했을 때, 다음의 신체적 증상으로 그것을 밝힐 수 있다: 구역질이 나는 느낌, 입안의 씁쓸한 맛, 사람의 마음을 가득 채운 사건에 대한 반복적인 생각으로 나타난 신체적 동요, 그 사건에 대해 생각하다가 한밤에 깨어나는 상태, 계속되는 생각으로 인한 불면증, 집중하지 못하는 느낌, 불균형, 또는 어떤 사람이나 사건에 대한 유쾌하지 않은 변화로 나타나는 좋지 않은 기분. 초기 대응과정은 호흡과 중심을 다시 바로 세우기 위해 사용될 수 있지만 장기간 유지를 하기 위해서는 완전한 강화과정이 필요하다. 초기 대응과정은 단기간의 효과만을 나타내며 같은 에너지 자극에 대한 저항력은 없다. "제거하기" 과정의 이런 면에 대한 지름길을 타거(담화 1996)가 개발했다.

해제하기 과정

1단계 : 내담자는 공격하는 힘 때문에 힘든 부분을 찾아서 그 부분에 손을 올려놓는다.

2단계 : 내담자는 그 부분으로 들어가서 그 부분의 호흡이 어떻게 멈춰 있는지 그 모양을 몸짓으로 나타낸다.

3단계 : 내담자는 그 부분으로 호흡하고 셋을 셀 동안 호흡을 멈춘다. 그러고 나서 "G" 소리와 함께 호흡을 내뱉는다.

4단계 : 내담자는 뒤로 나와서 해로운 에너지를 흔들어 털어버린다.

5단계 : 내담자는 자신이 온전한 호흡을 다시 할 수 있고, 열거한 신체적 증상에서 자유로워질 때까지 위의 1-4 과정을 약 3-5번 정도 반복한다.

이 과정은 만일 사람이 특정 흔적에 대해서 온전한 강화 과정을 끝냈지만 어느 날 그 보호막이 붕괴되고 에너지적 침습을 물리치기 위한 적절한 소리를 반복할 수 없을 때 사용할 수 있다. 만일 이미 그 흔적에 대해서 한 회기를 다 끝마쳤거나 이런 공격이 마음과 존재의 부재로 인한 것이라면 지름길을 통한 제거하기가 에너지 방호벽을 수리할 수 있을 것이며, 이런 경우 회기의 반복은 필요로 하지 않는다.

결 론

강화하기나 자기 영역과정은 성적 폭력이나 감정적 착취로 인한 학대나 트라우마를 경험한 내담자들뿐 아니라 자신을 위해 변호할 능력이 없거나 진실을 말할 수 없었던 경험을 겪은 내담자를 위한 회복 과정에서 핵심이 된다. 전인적 상담모델에서, 양의 흔적을 위한 강화하기 작업은 자유롭고 자신 있게 살기 위한 도전의 핵심이다. 이것은 우리의 내부의 중심과 평화를 유지하고 통합된 자신을 명확히 보여주며 인간 세상에서 "나(I)"라는 선물을 명확하게 보여준다. 우리가 우리 자신의 진실을 마주했을 때, 다른 사람의 신체적 학대나 정신적, 감정적 비판으로 인해 침습당하지 않을 때 우리는 진실로 자유롭다. 그의 인생에서 수 많은 일들은 일축하고, 자신과 자신의 재능을 발휘하여 평화롭게 대처한 시인이자 작가인 윌리엄 블레이크 William Blake의 능력이 가장 좋은 예이다. 누군가가 그에게 조롱하듯 물었을 때 그는 다음과 같이 말했다: "당신은 왜 아무도 흥미를 갖지 않는 그런 종류의 시를 쓰죠?" 그러자 그는 당당하게 말했다: "나의 천사를 위해서 씁니다".

강화하기를 통해 우리는 자유를 얻을 수 있다. 우리는 잘려나가고 외면당하고 억압받았던 우리 자신의 일부를 향해 나아간다. 그것들을 발견해서 우리의 기억으로 되돌리고 그것들을 하나로 통합해서 그들의 귀환을 따뜻함과 사랑의 의식으로 우리의 천사와 함께 축하하기 위함이다. 우리가 이런 버림받은 자신을 데리고 올 수 있는 범위 안에서, 그들의 이야기를 듣고 그들과 함께 슬퍼하고 치유하며 편안하게 해주면서 그들을 알아가고 명확한 자기 영역을 통해서 그들을 보호하는 법을 배운다면 우리의 재능을 다시 가져오고 그들을 치유하는 에너지 장소를 만드는 힘을 개척할 수 있을 것이다. 인도 전역에서는 일 년에 한번, 두르가 신이 도와서 전쟁에서 인간을 승리로 이끌었던 그녀의 의지를 축하하는 성대한 축제가 열린다. 그녀의 사자 혹은 호랑이의 등에 서서 10가지의 무기를 10개의 손에 들고 있는 두르가는 정의를 위해 자신을 지킬 필요가 있고 학대받고 공격받은 우리 내면의 작은 아이들을 위한 장소를 위해 싸울 필요가 있음을 상기시켜준다. 두르가가 상징하는 에너지를 가지고 우리는 그것들을 안전하게 가져올 수 있으며 그리고 그 과정에서 우리 스스로가 우리 자신으로 되돌아오도록 요구할 수 있다.

참고문헌

Courtois, C. (1988) *Healing the Incest Wound: Adult survivors in therapy*. Hawthorn Press, NY

Durrant, M. and White, C. (eds) (1990) *Ideas for therapy with sexual abuse*. Dulwich, Adelaide.

Emoto, M. (2001) *The Hidden Message in Water*. Atria, NY

Galland, C. (1998) *The Bond Between women: a journey to fierce compassion*. Hodder, Sydney.

Gibran, K. (1926) *Sand and foam*. Knof, Random House, NY

Lievegoed, B. (1996) *Phases: The spiritual rhythms in Adult Life* Anthroposophical Press, NY

Lievegoed, B. (1997) *Phases of Childhood*. Anthroposophical Press, NY

Lowen, A (1976) *Bioenergetics*. Penguin, London.

Maddisson, M. (2004) "Is there Order in Disorder: redefining PTSD" *Psychotherapy in Australia*, Vol 3, no.1, May

Steiner, R. (1999) reprint. *A Psychology of Body, Soul & Spirit* Anthroposophic Press, NY

Steiner, R. (1922) *Theosophy*, Rudolf Steiner Press, NY

Vivekananda, K (2002) "The challenges of our collective Trauma." *Psychotherapy in Australia*, vol 9, no3, pp14-24.

Wardha, H. (2005) "Messages from the water: can subtle energies alter the state of matter?" *Living Now*, no 75, pp16-18.

http://www.sidran.org/catalogue/des/html
http://www.dissociation.co.uk/intro/html
http://en.wikipedia.org/wiki/Durga_Puja accessed 22-7-06.
http://en.wikipedia.org/wiki/Durga

제6장

상처 변형하기:

순수의 회복

"내가 사랑한 지혜: 어린 시절 그녀를 보았을 때, 나의 신부로 맞이하고 싶을 만큼 나는 그녀의 아름다움에 매료되었다. 그래서 나의 성공에 좋은 조언자이자 슬픔과 비탄에도 평온을 가져다 줄 그녀와 함께 하기 위해서 집으로 데려오기로 마음먹었다."

지혜의 책

삽화: www.marypages.com. 인용. 작가 미상

제6장 상처 변형하기: 순수의 회복

짓밟힌 자, 학대받는 자, 억압받는 자, 자기 가치가 낮은 자, 소외당한 자의 어머니인 검은 성모님(Black Madonna)은 우리 안의 모든 것을 끌어안는 능력을 가지고 있다. 그녀는 인간의 고통 받고 억압 받는 상황을 포용한다. 브라질의 수호 성녀인 아파레시다(Aparecida) 역시 외면받은 자들의 어머니이다. 전해지는 말에 의하면 그녀의 성지에서 무릎 꿇고 기도하던 한 노예는 자신의 손과 발에 묶인 족쇄와 수갑이 풀리는 경험을 했다고 한다. 이에 그 노예의 주인은 검은 성모의 힘에 크게 마음을 움직여 노예를 풀어주었다고 한다. 그녀는 이처럼 억압받고 학대받는 자신의 아이들을 자유롭게 하는 능력을 지녔다. 그녀는 종종 바바리아(Bavaria)의 검은 성모, 만인의 성모, 스위스 허미츠(Hermits)의 성모, 폴란드 체스토호바(Czestochowa)의 성모, 스페인 모세라트(Montserrat)의 성모, 시칠리아 인다리(Indari)의 성모 등으로 불린다(Durey:2006). 몇몇 학자들은 그녀의 검은 피부색은 슬픔을 의미한다고 하는데, 실제 성경의 원문 언어인 아람어로 '검정'은 슬픔을 의미한다. 그녀는 성적으로 학대 받은 여성이나 청소년의 원형으로 표현되며, 우리 전인적 상담실에서 보여지는 상담의 원형이기도 하다. 상담을 받는 이들은 그녀의 이름을 모르지만, 그들이 학대 받으면서 느낀 고통이나 아픔, 부끄러움과 분노, 절망에 공감하고 있음은 느낄 수 있다. 순수한 하얀 성모님은 그들의 경험과는 거리가 먼 존재이다. 반면 검은 성모님은 그들이 겪은 학대받은 경험, 정신적 상처, 억압에 대한 이야기를 알고 있으면서, 그 어둡고 힘든 경험과 이야기들을 포용해준다.

어린 시절 학대로 트라우마를 겪은 사람은 이후에도 심신이 약해진다는 연구 결과가 있다. 코투와이스(Courtois, 1988:98)는 성적 학대에 대한 충격은 결국 어른이 되어서도 그대로 남아서 계속 반복되는 악순환을 가져온다고 말한다. 특히 다음과 같은 행동 특징을 보인다고 한다. 분노, 우울, 분열, 낮은 자존감, 성적 충동, 성적인 문제, 신체 접촉에 대한 과민반응, 낮은 신뢰감, 학대에 대한 책임감, 자아 파괴 등이 이에 속한다. 성적 학대를 받은 경험이 있는 성인의 자살률과 정신질환 발병률은 일반인에 비해 2배나 더 높다(Andrews 외 2002:459). 함스(Harms)와 맥 더모트(Mc Dermott)는 성적 학대를 받은 아이들을 장기간 상담한 결과, 100%의 아이들이 죽고 싶어 하며, 삶을 가치 없게 여기고, 80%의 아이들은 자살의 유혹을 받거나 두려워하고 있으며, 환청을 경험하고, 60%는 자해를 하고, 40%는 마약에 손을 댄다고 한다. 모조스(Mouzos)와 마카이(Makkai, 2004)는 ACSSA 보고서를 인용하여, 어린 시절 학대받은 여성은 어른이 되어 성폭력의 위험에 노출될 위험이 2배 이상 많다고 한다(학대 경험 여성 54%, 일반인 26%). 또한 ACSSA 보고서는 뮤렌(Mullen)과 프레밍(Fleming, 1998)의 연구를 인용하고 있는데, 어린 시절 성적 학대를 받음으로써 믿음, 친밀감, 올바른 성적 가치관 등의 발달에 장애가 생기면, 어른이 된 뒤에 제 2의 학대를 경험할 수 있다고 한다.

앤드류(Andrew), 고울드(Gould), 코레이(Corey, 2002:459)는 호주에서 성적 학대를 받는 아이들의 27.5%는 여자아이, 5.1%는 남자아이라고 한다. 호주의 성폭행 전담 센터에 따르면, 이들 여성들 중 40%가 16살 이전에 성적 학대를 경험했다고 한다. 고든(Gordon, 2002:2)도 스탠리(Stanley)의 보고서를 인용하여, 호주 원주민 여자아이의 성적 학대 비율은 비원주민 여자아이에 비해 2배 더 높다고 했다. 또한, 여자 아이 성폭력 사건에 대한 경찰 수사 기록상으로도 이 내용이 확인된다. 로버트슨(Robertson, 1999) 역시 스탠리(Stanley)의 보고서를 인용하여, 충격적인 내용을 말하고 있는데, 원주민 여자아이들의 강간은 88% 가량이 보고되지 않고 있다는 것이다.

인지치료의 중재 모델은 트라우마에 대한 대처와 방어능력을 강화시키고, 표현치료는 트라우마에 대한 표현을 쉽게 해준다. 결국 정신적 외상을 겪은 경험에서 희망을 찾고 스스로의 정신적 안정을 되찾지만, 이는 그저 트라우마를 남겨두고 심리적 건강과 정신적 기능이 저하되는 것을 막는 것이다. 쉐어우드는 전인적 상담모델의 "들어가기-나오기-바라보기"의 기법으로 정신적 외상을 줄일 수 있도록 내담자의 상황을 잘 반영하여 성적 학대의 경험을 잘 통합하고 변화시켜야 한다고 했다. 즉, 인지치료와 표현치료의 중도를 걷는 것이다.

전인적 상담모델: 성적 학대와 정신적 충격에 대한 이해

성적 학대의 내용은 매우 다양하지만 내담자들이 느끼는 경험에 대한 주된 감정은 비슷하다. 성적 학대로 느끼는 감정은 타거(2001)에 의해 4가지로 정의된다. 그는 성적 학대를 경험한 내담자들에게 현상학적으로 접근했다.

1. 정신적 외상으로 그 시간이 사라진 듯한 감정보다는 그 시간에 멈춰진 듯한 감정을 느낀다.
2. 성적 학대를 통해 신체적으로 나쁜 일이 일어났고 더럽혀졌다고 느낀다.
3. 어른들로 인해 영혼이 파괴된 충격을 느끼게 되고, 영혼이 몸과 분리되는 경험을 한다.
4. 학대로 인해서 더럽혀지지 않은 신체 부위가 한 군데 있다고 느낀다.

쉐어우드는 성적 학대를 경험했던 성인에게서 5번째의 특징을 발견하였다. 바로 그들의 신체에 무언가 매우 끔찍하고 안 좋은 것이 붙어있는 듯이 느끼며, 이를 말로는 표현할 수 없지만 그림으로 그릴 수는 있다는 사실이다.

1. 내담자는 정신적 외상으로 그 시간이 사라진 듯한 감정보다는 그 시간에 멈춰진 듯한 감정을 느낀다.

전인적 모델에 의하면, 학대 경험은 정신적 측면에 울림을 가져다주거나 트라우마로 남는다. 또한, 중재로 인해서 정신적 울림에 변화를 주지 않는 이상, 어른이 되어서도 학대가 발생한 날과 같은 비슷한 울림을 경험하게 된다. 비록 각인되기까지 초기의 단계라고 할지라도, 비슷한 정신적 울림을 불러일으키는 말, 동작, 행동이 계기가 되어 표면으로 드러날 수 있다. 예를 들어, 어린 시절 본인의 아버지에게 차 안에서 상습적으로 성적 학대를 받은 아이의 경우, 어른이 되어서도 차 안에 남자와 단둘이 있게 되면 극도의 공포감을 느끼게 된다. 과거의 모든 경험이 매 순간 온몸의 세포에 각인되어 있어서, 오늘날 비슷한 상황에서 표면으로 드러나는 것이다. 또 어떤 내담자는 잠자리에 들 때마다 질식할 것 같은 느낌이 드는데, 이는 그녀가 9살이 되던 해부터 시작되었다고 한다. 그녀가 질식할 것 같은 기분을 느낀 9살로 되돌아 가보면, 아버지로부터 입으로 성적 행위를 요구받았음을 알 수 있다. 그 사건이 20년도 훨씬 전에 일어났지만, 여전히 9살에 경험했던 공포와 두려움은 똑같다. 내담자의 경험에 의한 진동 유형은 치유를 통해 역동적인 진동 유형으로 변형시키는 것이 본질이다. 과거의 유형을 현재의 시점에서 좀 더 새로운 삶을 살 수 있도록 하는 역동적인 유형으로 변형시킬 수 있다.

2. 내담자는 성적 학대를 신체적인 독성, 오염으로써 경험한다.

성적 학대에 의한 진동 유형은 폭력으로 야기되는 모든 에너지 침습 중에서 가장 유독하다. 왜냐하면 이는 어른의 성적 욕구를 실행한 가해자의 난폭한 행위가 아이를 희생양으로 삼았기 때문이다. 아이들은 아직 미발달되고 미성숙한 상태로서, 어른들의 위험하고 생소한 신체적 욕구를 받아들일 수 없다. 아이들 대부분은 몸이 더럽혀졌으며 병을 옮았다고 여기며 자신의 몸에 부끄러움을 느끼고 앞으로 인정받을 수도 없으며 살아갈 수 없을 거라고 판단한다. 타거(2001)는 이러한 충격에 대해 보이는 전형적인 모습을 기술하고 있다.

> 외부에서 온 다른 무언가가 내 몸을 침범했다. 나를 두렵게 했고 아프게 했다. 그것은 어둠이다. 나는 견딜 수가 없고 이 상태로 머무를 수도 없다. 그렇다고 그것을 없앨 수도 없다. 이것이 몸 안에 침범한 이상, 내 몸은 나의 것이 아니다. 여기 있는 내 몸이 다른 사람의 것도 아니다. 반은 여기에 나머지는 다른 곳에 있어서 움직일 수가 없다. 내 몸속에 들어온 것을 누군가가 빼내 주어 내 삶을 온전히 내 것으로 만들 수 있기를 바란다.

아스트랄 에너지는 아스트랄체가 발달하는 것과 마찬가지로 청소년기에 발달한다. 이전까지 아이는 성적 욕구를 소화할 수 있는 몸이 아니지만, 소화할 수 없는 성적인 경험을 하게 된 것이다. 이때는 상담에 의한 중재로 아이들에게 강하게 각인된 좋지 않은 정신적인 부분을 제거할 필요가 있다.

3. 내담자는 어른들의 아스트날 에너지로 인해 영혼을 파괴하는 침습을 겪게 되면 몸이 떠나는 경험을 한다.

앞장에서 설명한 바와 같이, 충격적인 정신적 외상으로 인해서 '나(I)'가 몸을 떠나는 해리의 과정 특히 "탈육화(excarnation)"는 성적 학대를 받은 어린이에게 나타나는 고유한 반응이다. "나(I)" 또는 통합된 자기 체계가 기억을 불러일으킬 때, 에너지적 경험이 어떤 강한 진동적 공명으로 인해 촉발이 될 때까지, 살아가는 동안 성적 학대에 대한 기억을 하지 못하는 것은 일반적이다. 이런 촉발은 내담자의 딸이 자라서 자신이 성적 학대를 받았던 나이가 되었을 때 일어날 수도 있다. "탈육화"는 신체에 가해진 학대로부터 자아를 멀리 떼어 놓는 것으로, 자신의 몸에 성적 학대가 이루어지고 있는 동안 자신의 정신적 자아는 천장, 나무, 지붕 위, 혹은 더 높은 어딘가에 있다고 여기는 것이다. 이처럼 성적 학대를 받는 아이는 잠시 자신의 몸을 떠나서 무섭고 두려운 상황을 모면함으로써 희생양이 되는 것에서 자유로울 수 있는 것은 좋지만, 어른이 되었을 때는 전혀 도움이 되지 않는다. 자신의 몸을 온전히 지배하지 못한 상태이므로 자신의 삶을 있는 그대로 받아들이지 못하기 때문이다.

어린아이의 성적 학대는 어린아이의 인생의 가능성을 저하시키는 것은 물론 어른이 되어서도 자신을 받아들이고 스스로 외부 충격을 이겨내고 수많은 잠재능력으로 가득한 삶을 영위하는 것을 방해한다. 즉, 어른이 되어서도 정신적 건강에 치명타를 입는 것은 그리 놀랄 일이 아니다.

4. 내담자는 학대로 인해서 더럽혀지지 않은 신체 부위가 한 군데 있다고 느낀다.

끔찍한 성적 학대 속에서도 아이들은 꼭 더럽혀지지 않은 신체 부분을 찾는다. 보통 말초 부분을 이야기하는데, 코 끝, 귀 끝, 발가락 끝, 손가락 끝, 정수리, 눈과 같은 심장에서 먼 부분을 말한다. 이는 아이의 몸에서 근원이 되는 '나(I)'의 정신으로 여겨지는데, 이는 아이들이 이 부분을 노란색 점으로 표시하며 더럽혀지지 않은 곳으로 칭하는 데서 알 수 있다. 이 부분은 끔찍한 상황을 견딜 수 있는 내적인 빛이다. 또 더럽혀진 몸에도 불구하고 아이가 회복을 할 수 있는 희망이다. 이것은 아이가 끔찍한 경험적 충격에서 벗어날 수 있는 탈출구이다. 타거는 아이의 자아를 하나로 다시 세우는 삶의 과정을 이끄는 탈출구인 이곳을 "착륙장(the Landing Pad)"이라고 명명하였다.

5. 내담자는 자신의 몸 주변에 좋지 않은 끔찍하고 어두운 무언가가 있다고 느낀다.

성적 학대를 겪은 자신의 몸에 대해서, 아이들은 몸 주변에 어두운 색으로 무언가를 그린다. 예를 들면, 주변을 맴도는 검은 우산이나 특징적인 드라큘라 등이다. 찰흙으로 자신의 몸을 만들게 해도, 이빨과 손톱이 날카로운 드라큘라를 만든다. 아이들은 이것에 대해 두려움을 표현하며, "어두운 무언가가 나를 공격한다", "악마", "어둠, 나를 두렵게 하는 것"이라 표현한다. 이는 성적 학대를 표현하는 것으로 이것과 가해자를 구분한다. 비록 아이들이 가해자와 이것을 연결하여 말하거나 "가해자의 위 아래에 머무른다"거나 혹은 "내 아래 위에 머무른다"고 애매하게 표현하기도 한다.

전인적 상담모델: 성적 학대 경험의 재통합과 변형을 위한 임상적 개입

전인적 상담모델을 통해서 성적 학대를 치유하는 작업은 이를 변형, 치유하고 그리고 자기 체계 또는 "나(I)"와 통합할 수 있도록 하기 위해서는 트라우마 체계 또는 아스트랄에 흐르는 에너지 유형을 변형하도록 위에 설명한 경험들과 작업한다.

상담의 회기 수는 내담자의 트라우마 체계 또는 아스트랄에 각인된 요소들의 진동의 유사성에 의해 결정된다.

똑같은 소리 유형으로 진동하는 모든 각인은 선택된 각인과 그 소리 유형이 비슷하다면 단 한 회기로 변형될 수 있다. 각각 소리의 진동 유형은 보통 한 시간 정도의 회기가 소요된다. 말하자면, 이는 마치 잡초로 무성한 작은 정원과 같다. 모든 민들레 씨앗(성적 학대는 같은 진동 유형의 반향을 경험한다)은 민들레 씨앗의 진동에 대해 작업은 한 회기로 다루어 질 것이다. 그러나 긴 의자나 안벽의 씨앗들 또는 진동의 다른 무리들의 경험들은 특정한 진동패턴을 다루는 그들 각각의 회기가 요구된다. 아무리 심한 성적 학대의 경우라도 이러한 중재는 30회 이상 진행되지 않는다. 그 이상 진행되는 경우는, 자아가 완전히 분리된 '해리성 정체감 장애'를 겪는 경우에 해당한다. 치료를 받는 내담자들만이 어린 시절의 성적 학대를 치유할 명확한 동기를 가진다. 대부분의 사람들은 잠재된 문제점을 안고 그대로 살아간다. "왜 성적 관계에서 친밀감을 찾지 못할까", "왜 딸과의 관계를 어려워할까", "왜 폭식증에 시달릴까"와 같은 문제점들이다. 하지만 성적 학대가 지금 현재 잠재적인 문제점을 안고 있다면, "들어가기-나오기-바라보기"의 방법으로 해결할 수 있다. 내담자들이 자신의 몸 안으로 한 발 내딛도록 하고 과거의 기억을 가장 촉발시키는 신체 부분이 어디인지를 찾도록 한다. 종종 성적 학대로 인한 트라우마를 가진 경우 놀라운 것은, 그들이 과거의 기억과 현재의 문제를 전혀 연관시켜 생각하지 않는다는 것이다.

성적 학대의 경험을 치유하고자 하는 내담자들에게 다음과 같이 타거는 성적 학대 회복 과정을 개발했다. 성적 학대 회복 과정의 주요한 단계는 다음과 같다.

1. 강력한 연민의 원형으로 자원 찾기
2. "착륙장"을 활용한 구현
3. 강화하기/유독한 물질 제거하기
4. 상처 받은 아이 자원 찾기

5. 영역 작업과 회복한 아이 보호하기

1단계. 강력한 연민의 원형으로 자원 찾기

검은 성모님은 그녀의 강력한 힘으로 억압하는 이에 맞서 승리를 거둔다. 즉, 남미의 수백만의 억압받고 고통스러워하는 착취당한 자들의 희망이 되었다. 그녀는 '큰 자기(I AM)'에게로 다가설 수 있는 승리의 힘을 의미하며, 이는 고난을 야기한 힘에 맞서게 하고 역경을 이겨내고 견뎌낼 수 있도록 한다. 전인적 상담에서 내담자는 만약 다음번 회기에서 성공을 하지 못하는 경우를 제외하곤 결코 패배의 각인으로 돌아가지 않는다. 이는 이 모델이 내담자가 다시 정신적 외상을 입지 않도록 하는 것이다, 왜냐하면 우리는 그것이 활동적으로 패배하는 에너지 유형을 재창조하는 것을 알기 때문이다. 에너지 유형은 이때 그것을 변화하기 위해, 역경을 이겨낸 승리의 각인, 억압에서의 자유, 무능함을 이겨낸 힘을 만들어 내기 위해 재가동되기 때문이다. 이는 내담자가 이들 어두운 경험들과 직면하여 맞설 수 있는 강력한 연민의 원형을 잘 자원화하는 것이 필요하다. 이들 원형은 지혜의 빛을 가져다주고, 그리고 내담자의 경험 속에 있는 어두운 장소에 빛을 밝혀주어 내담자가 되돌아 올 수 있을 것이고, 두려움에 맞서고, 공포심을 이겨내며 그리고 침습하는 에너지 조건을 퇴출시킬 수 있을 것이다. 그때 내담자는 회복이 되어 다시 바로 설 수 있을 것이다. 이런 결과를 얻기 위해서는, 내담자는 강력한 연민의 원형을 선택하여야 하고, 이는 트라우마의 공명에 직면할 수 있는 강인함과 용기를 얻도록 한다. 일단 내담자가 원형을 선택했다면, 그들 몸속 경험 안에 있는 원형이 되도록 독려된다. 내담자는 검은 성모님(만약 그들이 함께 작업할 원형으로 선택하였다면)의 용기로 호흡을 할 것이다. 그녀의 천하무적의 면모, 그녀의 영구적인 강함은 몸짓으로 드러날 수 있고 그리고 그들 자신을 감싸기 위한 스카프나 숄을 발견할 수 있는데 이는 이들 특성을 드러내는 것이다. 내담자는 검은 성모님의 몸짓으로 걸어보고, 그들의 호흡과 몸짓을 통해 그녀의 흐름을 느껴보도록 요청된다. 내담자는 그때 동작을 표현하는 소리를 내도록 한다. 보통 성적 학대 문제와 관련하여 작업하는 내담자에 의해 선택되는 일반적인 다른 원형으로는 힌두의 여신 두르가, 창조자와 파괴자, 칼리, 또는 칼리의 배우자 시바와 같은 성육신 가운데 하나가 있다. 불교에서는 관세음보살과 붉은 타라와 금색 타라, 야만타카가 선택된다. 기독교에서는 대천사장 미카엘이 가장 자주 선택되거나 또는 환전상과 함께 하는 교회의 그리스도이다.

2단계. "착륙장"을 활용한 구현

일단 내담자들은 성적 학대에 대한 각인의 형태를 그림으로 그리고 빠져나오면, 내담자는 일반적으로 성적 학대로 각인된 몸짓으로 되돌아가려고 하지 않는다. 하지만 내담자들은 재외상화가 되는 것을 최소화 하기위해 "들어가기-나오기-바라보기"의 과정을 사용하여, 성적 학대로부터 도피하기 위하여 그들의 몸으로부터 떠났던 방향을 찾고, 그리고 몸으로 부터 벗어난 감각을 느끼도록 요청하면서, 잠시 되돌아가도록 격려되어질 필요가 있다.

"들어가기-나오기-바라보기"의 방법으로 트라우마를 입게 된 시점으로 잠시 돌아가서 내담자의 몸 중에서 더럽혀지지 않은 곳을 찾는다. 이곳을 착륙장이라고 하는데 이를 통해서 몸을 회복하고 어두운 과거에 맞설 수 있다. '나(I)'가 의식적으로 자신의 몸속으로 되돌아가지 않으면, 내담자는 결코 힘든 과거에 맞설 수 없다. 즉, 트라우마를 겪었던 때로 돌아가려면 7살의 상처받은 아이가 되어야 한다. '나(I)', 혹은 어른의 힘으로 심리적 분리를 해 왔지만 이는 트라우마를 이겨내고 승리를 이끌기에는 매우 서투르고, 약한 처지이다. 그럼에도 자신의 몸으로 '나(I)'를 불러 올 필요가 있다.

"착륙장" 과정:

이 아름다운 과정에서 내담자는 자신의 트라우마를 치유할 힘을 되찾는다. 바로 정신적으로 상처받고 억압받은 아이가 '나(I)' 혹은 자아를 확립하여 어른으로서 성숙하게 되는 것이다. 다음의 치료방법에 따르면 된다. 내담자는 의자에 앉아서 "나(I)"가 성적 학대로부터 빠져나오는 모습과 더럽혀지지 않은 몸의 부분을 되짚어 보고 그 부분을 노란색 점으로 표시한다. 내담자는 고통을 받은 아이의 몸을 다시 표현하면서, 다음의 두 가지로 말할 수 있다.

- 더럽혀지지 않았다고 여겨지는 부분을 나타내는 노란색 점으로 들어가서 물이나 불을 이용해 더럽혀진 몸을 깨끗하게 하고 몸 전체를 재생한다.
- 더럽혀진 몸을 따라 들어가 적절한 소리로 순진한 아이가 흡수되도록 하고 그리고 더럽혀진 부분을 뒤로하고 떠난다.

성적 학대가 심할수록 두 번째 경우를 선택하는 경우가 많다. 이들은 끔찍하게 몸이 더럽혀진 기억이 만연하고 머릿속에 확고하게 남아 커다란 의미로 자신을 짓누른다고 느낀다. 위의 어떤 것을 선택해서 행하더라도 결국 회복에 이를 수 있다. "나는 여기에 있고 안전하다"라는 말을 되뇌면서 말이다. 힘있게 땅 위에 발을 딛고서면, 지금의 내 몸 역시 단단하게 땅 위에 존재함을 깨닫게 될 것이다.

3단계. 유해한 원인을 해제하고/강화하기

끔찍한 성적인 기억은 몸이 더럽혀졌다는 정신적 외상과 신체적 박탈감을 가져온다. 이에 내담자에게 힘을 실어주는 상황은 제5장에서처럼 성적 학대로 부터 회복하기 위해 특징적인 행동을 한다. 주로 내담자들이 경험한 성적인 충격은 다리 사이에서 오고 그르렁거리는 소리를 동반하는 경우가 많다. 이때 강한 "d, g, b, p"와 같은 억눌린 땅의 소리를 내며 손으로 움직임을 보이기보다는, 바닥에 누워서 다리를 통해 다가왔던 충격에서 벗어나기 위해 땅의 소리든, 차단된 소리든 알아서 내지르면서 두 다리로 발차기를 한다. 이렇게 하게 되면 상처 입은 아이가 스스로를 방어하는 방법을 배우고 불쾌한 소리와 정신적 울림을 가져다 준 더러운 성적 욕구를 내보내게 된다.

4단계. 상처받은 아이의 자원 강화하기

상처받은 아이의 자원을 강화하는 일은 가슴 아픈 과정이다. 아이는 믿음, 사랑, 보살핌, 인정, 보호 같은 많은 것들을 상처를 받았던 그 상황에서 잃었다. 이러한 가치를 다시 되찾게 되면, 상처받은 아이는 다시 성장하고 스스로 어른으로서 성숙하게 된다. 이 근원을 찾는 과정은 내담자가 할 수 있는 만큼 창의적이면서도 감각적이다. 동작, 움직임, 소리, 색깔, 그림의 정신적 울림의 유형을 통해서 새로운 가치를 되찾아 내담자의 삶을 치유하게 된다.

5단계. 자기 영역 작업과 회복한 아이 보호하기

마침내 잘 회복한 아이의 상태가 지속이 될 수 있도록 보호해야 한다. 상처를 치유하는 동안, 비슷한 성적 학대의 유형을 떠올리게 하는 자기 영역의 소리인 "d,d,d"를 매일, 2~4주 간 반복한다, 단, 기억을 떠올리는 계기가 있는 경우 2~4달 동안 반복한다. 이 시기마저 지나면 내담자는 울려 퍼지는 공포스러운 소리에 "d,d,d"로 대수롭지 않게 대응한다. 결국에는 그 소리에도 더 이상 반응하지 않게 된다. 그렇게 진정으로 상처받은 어린 시절을 치유 받고 '나(I)'라는 자아를 찾은 것이다. 그럼에도 때때로 느껴지는 알 수 없는 힘으로부터 지켜낼 또 다른 방어막이 필요하다. 그래서 어린 시절의 성적 학대에서 살아남은 성숙한 내담자는 심장 근처에 있는 버튼을 눌러 등과 사타구니 주변을 불길로 태울 수 있는 옷 같은 품목을 만들어 낸다. 언제든지 그녀의 주변에 어둠의 힘이 느껴질 때면 버튼을 눌러 뜨거운 불길이 치솟게 하여 다시 그녀를 끔찍한 공간으로 데려가려는 어두운 기운을 없애는 것이다. 이는 학대의 기억이 자신의 등에 달라붙어 머리 위로 그림자를 늘어뜨린 어두운 뱀파이어의 이미지로 남아있는 만큼 매우 중요한 도구이다. 버튼 하나로 불길을 뿜어내는 것은 그녀에게 자신감을 가져다주어 학대를 극복한 어린 시절을 유지할 수 있도록 한다.

사례연구:

이번 사례연구는 어린 시절과 어른이 된 후에 아무런 도움도 받지 못한 채 가해자에게 노출되었다가 회복한 경우이다. 피터는 매우 지능이 높고 사려 깊은 사람인데 다운증후군을 앓고 있어서 쉽게 이야기하지 못하고 촉진적 의사소통을 통해서만 깊은 대화를 나눌 수 있다. 그를 매우 사랑한 그의 어머니는 그녀가 퇴직할 때 까지 그를 보살폈다. 그 후 그는 그의 장애를 최우선으로 두고 돌봐줄 수 있는 시설로 보내졌다. 최근 이 내담자에 대해서 성적 학대 혐의를 넘어선 법적 행동으로 논란의 중심에 서 있는데, 보호시설 밖에서 매춘을 강요받았다는 사실이 포함되어 있다. 피터는 그를 사랑하던 가족들과 떨어져서 극심한 정신적 외상을 입은 데다 보호시설에서는 성적, 신체적, 감정적 학대를 받았다. 또한, 그는 보호시설로 인해 가족들이 상처받는 자체에 두려움을 느끼고 있었다. 그의 부모님은 바로 보호시설에서 그를 나오도록 조치했고 이때 그는 외상 후 스트레스성 장애와 우울증을 겪으며 눈에 띄도록 육체적 건강이 급속도로 악화되어 있었다. 부모님의 집으로 돌아온 뒤 피터는 극심한 외상 후 스트레스성 장애의 증상을 보이며 밤에 불안해하고 부모님이 자신의 침대 맡을 지켜주기를 바라며 극도의 불안감을 보였다. 그의 부모님은 점차 그에게 정말 무슨 일이 있었다는 것이 사실로 드러나면서 그런 행동들에 무척 충격 받고 분노했었다. 이후 그의 회복을 위해 그는 3년 동안 미술치료를 포함한 심리치료를 받았다. 두려움을 이기고자 하는 의지와 그의 타고난 감성으로, 그의 성적 학대는 2003년에 쓰여진 시 '*공포(Fear)*'에 강렬하게 표현되었다.

공 포

내 마음 속을 괴롭히고 또 괴롭히는 그림자가 있다
그것이 어두운 곳에서 자라는 이유를 그 누구도 모른다
그것이 가져온 어둠은 세상의 가장 밝은 부분조차 잡아먹을 수 있다
시간적으로 공간적으로 행복과는 멀어지게 되는 공간이 있다

그곳은 그림자로 덮였으나 색이 없는 것은 아니다
공포 속에는 진실은 없다
그것은 거짓말을 하고 감정이 모든 것을 잃었고 혼자라고 느끼게끔 현혹시킨다.
단 하나의 버턴으로 그것을 이겨낼 수 있는 방법이 있다
모든 곳에서 크게 소리 지르고 아우성치는 듯한 메아리가 귓가에 속삭인다.

이름도 없는 그림자는 '공포'로서 다가온다. 고독의 공포, 상실의 공포
그것의 목소리를 잘 알고 있다. 그것은 근처에 머무르면서 종종 찾아오곤 한다
지금까지 내가 그것에게 멀리 물러나라고 말할 수 있다는 것조차 몰랐다

이제 나는 그것이 거짓말쟁이이며 도둑이라는 것을 알기에 더 이상 함께 있기를 바라지 않는다.
초대받지 않은 손님과 함께 사는 것은 원하지 않는다
나는 그림자로부터 자유로워지기를 바란다
"악취 나는 악마로부터 멀리 도망쳐라"

너는 나의 결심이 확고하다는 것을 안다
나의 힘과 의지가 너를 파괴할 만큼 자랐다는 것도 알고 있다
너는 공포다!
하지만 너는 네 자체로 두려울 것이다!
내가 더 이상 너에게 휘둘리지 않는다는 것이 두렵겠지

네 속삭임이 내 마음에 들리지 않는 순간 낮이 찾아온다.
네가 쿵쿵거리며 나가고 문을 걸어 잠그면 낮이 찾아온다.
너는 이제 갈 곳 없는 신세가 됐다
너는 그저 불쾌한 존재일 뿐이다
아무것도 아닌 비웃음의 대상
내 결심의 칼이 너를 겨루면 너는 내게 위협을 할 것이다
나는 너를 싫어하는 것은 아니지만 분명 나의 적이다
나는 너의 실체를 알기 시작했고 내 근처에 너를 두지 않을 것이다
나에게 평화와 온전한 정신을 남기고 어디로든 떠나라

네가 떠나는 걸 보니 유감스럽지만 너에 대한 애정은 없다
네가 여기 있는 동안 이상한 편안함뿐이었다
하지만 너에 대한 애정은 없었다

잘 가라! 내 오랜 친구여, 하지만 너는 나의 많은 시간을 허비하게 했다
만약 행복으로 충만하다면, 모든 것을 다 가진 기분일 테다
잘 가라! 내게는 더 이상 네가 필요 없다

피터 로웨(Peter Rowe) 작품(Ryan O'Connor 도움), 2003년 3월 6일

피터가 성공적으로 두려움을 극복한 것은 그가 선택한 원형과 근원을 찾은 덕분이었다. 다행히 피터는 그의 "천사"와 중요한 유대를 가졌고 결국 자신과 빛, 자신의 정신과 빛까지 연결시킬 수 있었다. 이러한 유대감은 다음에서 보일 피터의 시 "천사"에서도 잘 묘사되어 있다.

내 방의 천사

천사가 하루 종일, 특히 밤 시간에 나를 늘 지켜본다. 그는 내가 걷거나 수영을 하면 가까이 다가오고, 내가 춤추고 노래 부르면 곁에 머물러 있는다.

그는 나를 둘러싼 어둠으로부터 보호하며 나에게 자신과 함께 있으니 안전하다고 이야기해준다. 그는 나의 보호자이자 친구이지만 나에게 아무것도 바라는 것이 없다.

그에게 기도해도 응답하지 않기 때문에 기도할 필요가 없다. 그는 신이 그에게 내린 임무만을 행하기 때문이다.
누군가는 나를 따르는 천사는 분명 없었기 때문에 과거에 내게 나쁜 일이 있었던 거라고 말한다. 하지만 그들은 천사가 나를 무엇으로부터 보호해 주는지 이해하지 못한다.

천사는 우리를 우리 삶이나 우리 스스로로 부터 보호하는 것이 아니다. 그들은 우리를 죽음으로부터 보호한다. 우리의 육체적 죽음이 아닌 정신적인 죽음에서 우리를 구원한다. 비록 때로는 육체적 죽음에도 관여하곤 하지만.

정신적 죽음은 우리를 망가뜨리고 이런 경우 사람들은 정신이상을 겪게 된다.

나는 나의 천사가 있다는 것을 안다. 내 삶에 엄청난 일이 벌어졌을 때 나의 천사가 없었다면 오래 전에 나의 영혼이 죽음을 맞았을 것이다.

누군가는 천사를 보았다고 하고 누군가는 보지 못했다고 한다. 누군가는 그들이 거기 존재한다는 것을 모른다. 어쨌든 그들은 늘 거기에 있을 테니 상관은 없다.

피터 로웨 작품(Ryan O'Connor와의 촉진적 의사소통), 2003년 10월 2일

피터의 중재 과정은 그에게 공포와 자기혐오에서 벗어나 그의 능력을 찾는데 큰 영감을 주었다. 피터는 그의 정신적 근원과 통찰, 용기가 남달랐던 만큼 주목해야 할 인물이다. 성적 학대에서 회복되는 것은 인간이 학대의 그늘에서 벗어나서 성적으로 더럽혀진 몸과 마음을 깨끗이 하고 다시 '나(I)'를 위한 안정적인 공간으로 돌아갈 수 있는 정신력을 가지고 있음을 증명한다.

전인적 상담모델: 성적 학대 가해자에 대한 이해

리차드슨(Richardson)과 브롬필드(Bromfield)는 아동 성적 학대의 가해자는 아이들이 아는 인물이 대부분이라는 사실을 발표했다. 가장 많은 부분을 차지하는 가해자 유형은 친부 혹은 양부였으며 다음으로는 가족의 친구, 이웃, 그 외의 아는 인물이었다. 스몰본(Smallbone)과 워레이(Worley)는 퀸슬랜드 감옥의 범죄자 성격유형에 대한 종합 보고서에서 성 관련 범죄자의 55%가 자신의 어린 시절에 성적 학대를 당한 경험이 있는 것으로 나타났다고 말한다. 그들은 이 범죄자 유형을 세 가지로 분류했는데, 가족 범죄의 경우는 "가족 내부" 가족 외의 인물에 대한 범죄는 "가족 외부" 둘 다에게 범죄를 저지른 경우는 "혼합"이라 하였다. 혼합 유형의 범죄자는 평균 20건의 범죄를 저질렀으며, 그 중에서 가족 내부 범죄는 평균 1.4건, 가족 외부 범죄는 평균 6.1건으로 집계되었다. 또한, 이들은 어린 시절 성적 학대를 경험한 비율이 가족 내부, 외부 범죄자에 비해 훨씬 높은 수치인 73.3%로 나타

났다. 그리고 대부분 정신적인 장애를 가지고 있으며 결혼도 하지 않았다. 약 2/3가량의 범죄자는 적어도 한차례 유죄 판결을 받았고 성범죄가 아닌 다른 범죄도 성범죄보다 2배 더 많이 저질렀다. 범죄자 진술에 따르면 그들의 첫 아동 성적 학대 범죄를 저지른 평균 나이는 31.5세였다. 또한 약 1/3의 범죄자들은 이전에 기소된 다른 아동 성범죄자에 대해 알고 있었는데, 혼합 유형의 범죄자의 인지 비율이 높은 편이었다(53%). 또 혼합 유형의 범죄자(13.6%)는 아동 성 착취 집단과 연락하는 비율도 훨씬 높아서, 3.4%의 가족 외부 범죄자나 0%의 가족 내부 범죄자와는 확연한 차이를 보였다(Smallbone, Worley, 2002:3).

전인적 상담모델에서 가해자 프로파일 알아보기

전인적 상담모델에서 어린이에게 성적 학대를 하는 가해자 행동은 3가지의 일반적인 유형을 보이는데, 이는 가해자의 개인적인 유형에 따라 하나 이상과 결합되는 경우도 있다.

1. '자기(I am)'의 그림자

이런 사람은 '나(I)'를 그림자에 숨긴 채 마음대로 행동하는 경향이 있다. 범죄를 저지르는 동안 '나(I)'는 그곳에 없는 것이다. 종종 그들은 아이에게 매춘을 시키거나 아동 포르노를 제작하고 학대와 관련한 의식적 행동을 하곤 한다. 이들을 중재하는 전략은 우선 가해자의 명확한 의도에 의해 드러난 그림자를 깊이 있게 다루는 것이다. 이 학대의 개요는 제10장, 그림자 작업하기에서 다루게 된다.

2. 통제되지 않는 아스트랄

가해자는 두 가지 아스트날 층을 보여주는데, 본능에 충실한 동물적인 아스트랄 상태와 감성적 영혼이라 명명되고 혐오감과 욕망을 다스릴 줄 아는 높은 차원의 아스트랄 층이 그것이다. 만약 '나(I)'를 상실한 상태로 내담자인 가해자 자신의 아스트날 내에 학대와 방임의 주머니 속에 들어 있지 않다면, 그들의 아스트날 통제자가 되는 대신에 통제자가 없이 일을 저지른다. 이 경우 대부분 아동 학대로 이어질 수 있으며 그들은 하나같이 다음과 같이 말한다. "나는 정말 성관계를 원했다", "나는 욕구를 자제할 수 없었다", "다른 이들과 관계하는 것보다 가족끼리 관계하는 게 더 좋다". 대부분의 가족 내부, 외부 범죄자는 이 유형에 해당한다.

3. 부정한 아스트랄

이 유형은 일반적으로 그들이 성을 부정하거나 억압하면서 나타난다. 그들은 종종 성을 넘어서 있다고 주장하고 특정한 영적 힘과 통찰력을 주장할지도 모른다. 이 유형의 사람들은 9가지-측면 모델의 지적인 영혼이 고립되어 있다. 그들은 마음을 통해 모든 것에 접근하고 통제할 수 있다는 환상 속에 살고 있다. 그들은 자신의 감정적 몸과 영혼에 저장되어 있는 아스트날 물질들을 억압하고 그것을 넘어서는 삶을 살고자 한다. 하지만 억압되고 부정된 자아는 저변에서부터 한꺼번에 터져 나와서 부적절한 성적 행동으로 나타난다. 이는 그들의 감정적 몸과 영혼의 핵심적인 문제를 다루지 않고, 그리고 그들의 아스트날과 작업을 하지 않은 영적 지도자들에게 나타나는 결과이다. 나는 두번째, 세번째로 분류된 유형에 적용 가능한 중재법을 아래에 소개할 것이다.

이 모델로 가해자를 치료하게 되면, 가해자는 자신의 행동을 변화시킬 명확한 의도를 갖게 된다. 범죄의 여러 유형과 개인적인 성장 배경의 다양성 등은 결국 위기와 정신적 외상이라는 특별한 사건으로 귀결되며, 가해자 자신을 되찾게 된다. 치료 과정에서 필요한 주요 중재 내용들은 다음과 같이 많은 만큼 간단한 치료법은 아니다.

전인적 상담모델: 가해자와 작업하기 위한 중재

이 방법에는 4가지 단계가 있다.

- 학대를 저지른 가해자 치유

- 가해자 및 학대 체계와 작업하기
- '나(I)' 되찾기
- 성의 치유

학대를 저지른 가해자의 흔적 치유하기

가해자가 아동학대의 행동을 바꾸고 싶어 하는 마음을 갖게 하는 것은, 그들 스스로 자신의 범죄 행동에 대한 죄값을 이해하도록 해서 변화의 동기를 이끌어 내는 초기의 중재 기법이다. 망각하고 싶은 죄책감이나 수치심을 떠나 적절한 상황을 먼저 이야기할 필요가 있다(이 과정과 관련되는 8장과 9장 참조). 이는 주로 "들어가기–나오기–바라보기"의 방법으로 가해자가 자신의 죄값을 이해하도록 한다. 가해자에게 자신의 범죄 사실을 떠올리도록 하여 하나하나의 사건들을 회상하도록 한다. 가장 고통스러워하는 몸의 부분이 그 안으로 들어가는 주요한 통로이다. 일반적으로 몸 전체에서 이 장소는 에너지가 움직이지 않으며, 성적, 육체적, 또는 정신적, 폭력적으로 피해를 입은 아동처럼 자신을 드러낸다. 때때로 상처를 입은 아이들은 자신의 희생된 몸에 대해 공포와 두려움을 가진다. 이는 상처 입은 아이들의 자원 찾기과정처럼 자원과 강화하기 과정인 성육화 과정이 필요하다. 가해자가 이 피해 아동을 찾아 그들을 돌보는 방법을 깨닫게 되면, 훨씬 더 쉽게 회복되어 스스로 가둔 세상에서 자유로워질 수 있다. 타인에게 행해야 하는 일 중에서 우선적인 행동은 정신적 영역의 울림일 것이다. 사람이 새로운 삶을 결심하고 버림받고 학대받은 아이들을 돌보는 방법을 깨닫게 되면 그들의 잘못되었던 삶의 영역은 다시 작동하게 되고 가해자의 행동을 변화시키며 건강한 성의 표현이 가능한 방향으로 변화할 것이다.

가해 및 학대 체계와 작업하기: 학대 유형과의 연관성

범죄 행위를 저지르는 사람들은 성적 가치관을 형성하는 시기에 이미 아동 성적 학대가 가족이나 또는 다른 곳에서 경험한 적이 있다.

누군가가 성적 학대와 관련한 행위를 한 경우, 그들은 자신의 뒤에 무언가가 있다는 것을 느낀다. 그 실체에 대해서 물어보면 그들은 검은 구불구불한 선을 그린다. 그들에게 직접 그 검은 선 안으로 발을 들여놓고 그것이 이끄는 대로 어디로든 따라가 보라고 말한다. 그러면 대부분의 사람들은 자신을 성적으로 학대했던 가족에 대해 이야기한다. 경우에 따라서 이들은 성적 학대의 희생양으로써 뱀파이어와 닮은 그림을 그리는 경우도 있다. 검은 뱀파이어 그림은 직접 가해자와 붙어있거나 가해자와 옆에 있는 가족과 밀착된 모습을 보여준다. 이렇게 밀착되어있는 모습을 통해 얻어지는 이득을 물어보면 각자 독특한 대답을 하지만, 몇 가지 공통적인 대답들은 다음과 같다. "강하게 해줘서 약하다는 느낌이 안 든다", "두려움을 없애준다", "나에게 힘을 가져다준다". 그리고 그로 인한 대가가 무엇인지를 물었더니, "공허함이 남아있다", "망연자실한 기분이 든다", "내 삶이 텅 빈 듯하다", "내 삶이 내 손을 떠난 기분이다"라는 전형적인 대답들이 나왔다.

이처럼 이득과 대가를 따져보는 가해자들은 이를 모두 없애야 할지, 유지해야 할 지에 대해서 상담사에게 희생 없이 단지 이득만 챙길 수 있는 다른 방법은 없는지에 대해 논의한다. 예를 들면, 공포는 다른 방법으로 다스려져 치유되고 변형이 되어 내담자는 두려움으로부터 그들을 보호하는 에너지 체계를 더 이상 요구하지 않게 된다. 이러한 밀착을 분리하기 위한 발전된 심리치료 과정은 제9장에서 자세히 논의할 것이다.

'나(I)' 복구하기

범죄 행위를 저지른 이들은 그들의 몸에 들어가는 과정을 깨닫고, 그들에게 무슨 일이 있었는지도 알아차렸으나 그러한 범죄를 저질렀던 당시 '나(I)'는 자신의 몸을 떠났다고 믿는다. 다른 기운이 들어와 범죄를 저질렀다는 것이다. 이때 그들에게 본인이 자신의 신체에 그대로 있었음을 확인시켜 주는 것이 중요하다. 그래서 자신의 '나(I)'가 범죄를 직접 진두지휘했음을 이해시켜야 한다. 그리고 그들이 자신의 몸을 아스트랄체에 버리지 않았다는 것이다. 여기서 가해자는 자신의 몸이 어떻게 그 안에 있는지를 깨닫고 범죄 행위를 하지 않도록 정신력을 강화시켜야 한다.

성에 대한 이해와 치유:

성에 관한 작업 과정은 성과 성행위 사이의 차이점에 대해서 깊은 지식을 얻기 원하는 성적 피해자와 가해자, 청소년, 어른 모두에게 적합하다.

1단계: 성과 감정을 연결하여 호흡하기

가해자들은 성과 마음, 정신적 차크라를 통해 호흡하고 호흡의 연결된 흐름을 상상하도록 한다. 이는 성이 몸과 마음, 정신을 포용하는 것을 의미한다. 이 요소와 몸의 성적 욕구와 마음 속 감정이 별개가 되면, 성은 단순히 목적이 되어 더 이상 성이 아닌 성행위로 치부된다.

2단계: 성에 대한 부정적인 경험

가해자에게 자신이 겪은 성에 대한 부정적인 경험을 떠올리도록 한다. 그들은 특정한 사건을 떠올리게 되고, 위축된 감정을 느끼는 신체 부분이 생긴다. 이때 그들에게 해당되는 신체 부분을 그림으로 그리도록 하는데, 이처럼 성적으로 채워지지 못한 신체 부분은 주로 어두운색과 연결되지 않은 선으로 불규칙적인 형태를 갖는다.

3단계: 성에 대한 긍정적인 경험

가해자에게 자신이 겪은 성에 대한 긍정적인 경험을 떠올리도록 한다. 그들은 특정한 사건을 떠올리게 되고, 활발한 감정을 느끼는 신체 부분이 생긴다. 이때 그들에게 해당되는 신체 부분을 그림으로 그리도록 하는데, 이처럼 성적으로 만족스러운 신체 부분은 주로 밝은색과 자유롭고 정확한 선으로 규칙적인 형태를 갖는다.

4단계: 다른 경험의 유형에 대한 이해

가해자는 2단계와 3단계에서 그린 그림을 나란히 두고 두 그림의 차이점을 확인하도록 한다. 치료사와 함께 가해자는 성인으로서 성적으로 만족한 조건과 성적으로 만족스럽지 않은 경험을 초래한 조건에 대한 이해를 심화시킨다.

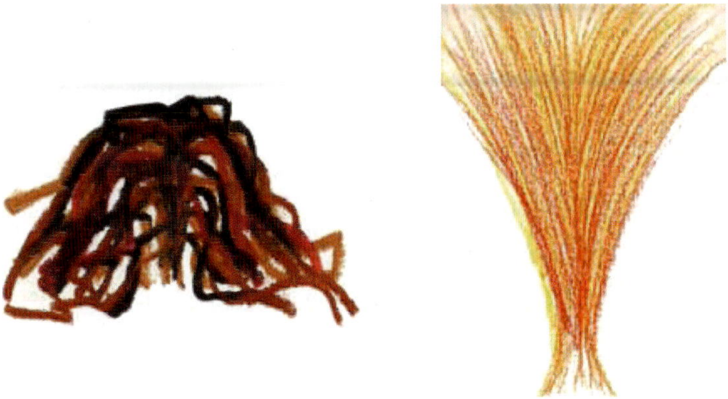

그림 12 : 성적인 불만족과 만족의 경험

이와 같이 대비되는 요인은 아래 표와 같다.

표 6 : 성적인 불만족과 만족의 경험

성적 만족	성적 불만족
사랑과 존경의 감정	무감각하거나 무례한 감정
신뢰	불신
개방과 안정	폐쇄와 불안
애정적 사고	실용적 사고
성적 유대감	성적 단절
동등한 관심사	지배 혹은 조작

이는 가해자의 성과 성의 표현을 전체적으로 이해하는데 용이하다. 가해자와 이 과정을 작업하는 것은 매우 복잡하며, 꾸준한 인내를 요할 뿐만 아니라 특정한 시간마다 필요한 개입을 할 수 있는 감각을 가지고 있어야 한다.

기억력 회복 증후군: 논쟁

가해자의 경험의 증거에 대해 치료사들 사이에서 논란이 되고 있듯이, 거짓기억증후군협회(FMSF)에서는 범죄 협의에 대해서 가족 구성원을 의지하는 사람들에 의해 문제가 발생할 수 있다고 경고한다. 이 협회는 정신의학, 심리학 관련 분야의 자문기관으로서, 모든 회복된 기억이 치료사의 의료 과실이나 가해자의 오해에 의한 결과라는 의견을 내놓고 있다. 가드너(Gardner, 1993:374)는 특히 어린 시절의 기억은 억누를 수 없으며 그렇기 때문에 쉽게 남의 영향을 받아서 마음에서 거짓 기억을 만들어 낼 수 있다고 말한다. 케네스 포프(Kenneth Pope, 2005a)는 최근 APA 어워드에서 이 분야로 수상했다. 바로 거짓기억증후군협회에서 발표한 오류가 많은 보고서를 바로잡고, 기억과 같은 핵심적인 개념을 포함하고 있는 문제, 치료과정에서 치료사의 역할, 가해자 삶에서의 기억의 진행 과정에 대해서 정확하게 기술하고 정리한 내용이다. 케네스 포프(2005b)는 아동 성적 학대에 대한 기억력 회복은 불가능하다는 거짓기억증후군협회의 주장에 정면으로 도전했다. 모든 기억이 무작위로 받아들여지는 것도 아니며 철저한 관찰에 의해서 기억이 되살아 나는 것도 아닌, 매우 복잡한 현상이라고 주장하고 있다.

기억력 회복 현상을 위한 전인적 상담모델의 공헌

전인적 상담모델은 현상 속에 통찰력을 보여준다. 우선 내담자의 신체 세포에 담긴 기억력에 접근하기 위해 신체적 치료도 병행한다. 이처럼 몸을 기본으로 한 심리치료는 게버(Gerber, 1996:48)의 관점에서 이해할 때, 모든 세포는 DNA의 청사진을 복제하고 있다는 데서 유래했다. 세포는 감정과 경험을 담고 있는 정신적 유형이라는 것이다. 이 이론에 의하면 몸과 마음은 분리된 것이 아니다. 이러한 생물학적 관점을 뒷받침하는 학자들로는 피어셀(Pearsall), 슈와츠(Schwartz), 류섹(Russek, 2002:192)이 있으며, 이들은 각종 정보와 에너지를 담고 있는 원자, 분자, 세포 구조에 에너지 연쇄 반응이 존재한다고 설명한다. 즉, 세포는 감정적, 정신적 경험을 담고 있으며, 내담자가 죽음에 이르지 않는 한 사라지지 않는다는 것이다. 이 연구

결과는 장기를 기증받은 사람은 기증자가 실제 경험했던 감정이나 기억까지 전달받은 것을 보여준다.

신체 치료사는 신체의 특정 부분이 고통스러운데 이것이 현재의 삶에 의한 경험이나 기억 때문이 아니라고 말하는 내담자와 일할 때가 있다. 이 기억은 특정한 감정적 경험을 이야기할 때 특별히 아픈 부위가 있는데 이를 건드리면 아픔이 가중되고, 또는 전생에서 현재 아픔의 근원을 찾기 위해 퇴행치료를 하는 경우에 드러나기도 한다. 최근의 기법은 융의 적극적으로 이미지를 활성화하는 꿈 작업 기법과 모레노가 사이코드라마라고 명명한 과거의 사건을 재구현하는 방법을 이용한다. 현생에서 기인하지 않은 기억은, 내담자가 언젠가 경험했던 사실로서 한 세대에서 다음 세대로 혹은 전생으로부터 전달된 세포적 기억으로 설명될 수 있다.

이 전인적 모델에서, 우리는 몸의 어떤 부분에 활기를 준다거나 전생이나 과거의 경험으로 되돌리려 하지 않는다. 우리는 이번 생에서 전에 경험한 트라우마와 이 문제를 연결시키거나 또는, 전생이나 세포적 기억, 혹은 둘 다로 부터 얻은 다른 어떤 각인을 가지고 있다고 추정하지 않는다. 우리는 현재의 상황에 영향을 준 각인된 경험에 대해 자발적으로 몸이 깨달을 수 있도록 심리치료에 집중할 뿐이다. 내담자가 현재의 문제를 보여주는 사건을 기억하게 한 후, 몸이 극도로 긴장을 하고 숨이 제대로 쉬어지지 않는 곳이 확인되어야만 과정을 진행한다. 그다음에 "들어가기–나오기–바라보기" 과정을 통해 내담자는 확인된 자신의 신체 속으로 한발을 내디딜 수 있다(3장의 예시처럼).

예를 들면, 31세의 여성 내담자는 성관계 시 지속적으로 통증을 느낀다. 이는 28세부터 시작됐는데 더욱 심해져만 갔다. 점점 성관계 후 통증이 심해지자 두려워지기 시작했고 자신의 연인이 잘 보살피며 조심해서 과격하지 않고 강압적이지 않은 성관계를 하려고 해도 피하려고 했다. 그녀는 성관계에 대해서 사랑에 대한 표현이며 그해 말에 아이를 가질 계획까지 가지고 있었다. 하지만 연인은 성관계를 하는 것을 삼가고 필요하다면 이러한 두려움을 치료하기 위해서 상담을 받을 것을 권했다. 그녀는 스스로를 성공한 직업여성으로 표현했다. 그녀가 두려움을 느끼고 가장 숨쉬기 곤란할 만큼 힘든 신체 부분을 들여다보았을 때, 그녀는 끝이 매우 거친 검은색 삼각형을 느꼈고 이것이 에너지를 차단하고 있었다. 그녀는 그 삼각형을 그림으로 그리고서 그 그림에서 뒤로 물러선 뒤, 매우 화를 내기 시작했다. 40분 동안의 상담 중간에 상담사의 어떠한 도움도 없이 그녀는 자신에게 벌어진 일에 대해서 다음과 같이 서술했다.

> 나는 언제든 나를 떠날 수 있는 이 남자에게 매우 화가 났었다. 우리는 서로 사랑했고 아이를 가졌지만, 그는 날 돌보지 않았다. 나는 모자가 달린 긴 원피스를 입고 있었고 드넓은 농장이 있는 목재로 지어진 집에서 살았다. 나는 30대 초반이며 결혼은 하지 않았다. 나는 비밀리에 이 남자와 만나고 있으며, 어느 누구도 우리 사이를 인정하지 않을 거라는 걸 안다. 나는 나의 임신 사실을 숨겼다. 그리고 아이가 태어났을 때 나는 아이를 익사시켰다. 아무도 모를 거라고 생각했다. 나는 나에게 안식을 주지도 않고 결혼해 주지도 않는 이 남자에게 매우 화가 난다. 그 분노가 나의 허벅지와 자궁마저 태워버리는 듯하다. 그를 죽이고 싶을 만큼 화가 난다. 하지만 그는 가버렸다. 나는 혼자 남았고 매우 비참하다. 이제는 내가 살인자라는 걸 안다. 하지만 그것은 그의 잘못이다.

그녀는 삶을 되돌아보면서 자신의 행동 외에도 그녀 자신의 말에 스스로 당황했다. 현재 그녀는 임신을 한 적도 없으며 낙태를 하거나 유산을 하지도 않았으며 그러한 곳에서 산적도, 그와 같이 낡은 옷을 입지도 않기 때문이다. 그렇다면 그 기억은 어디서 왔을까? 그녀가 갑작스럽게 날조한 것은 아니다. 약 40분 동안 서서히 그녀의 몸속에 잠재되어 있던 분노가 밖으로 나와서 이와 같이 즉석에서 말로 표현된 것이다. 이 억지로 꾸민 듯한 몸동작과 감정이 그녀 안에 들어있었던 것이다. 어떻게 이것을 설명할 수 있을까?

이 전인적 상담모델에서 발전된 모델은, 이른 청소년기에 성적 성숙을 이루면서 영적인 몸과 트라우마 체계가 하나의 삶에서 또 다른 삶으로 정신적인 각인이 옮겨 다닌다고 말한다. 죽음으로 영적인 몸에 있는 정신적인 울림의 유형이 끝이 나는 것이 아니다. 그러나 영적인 몸의 각인은 아무래도 쉽게 접할 수 있는 최근의 경험이나 현재 가까이 의식하고 있는 층이 우선이다. 삶의 경험은 7년 단위로 층을 쌓이므로, 0~7세까지는 인생 주기가 되돌려진 상태이다. 그 이전은 전생의 경험으로부터 각인된 것에 접근할 수 있다.

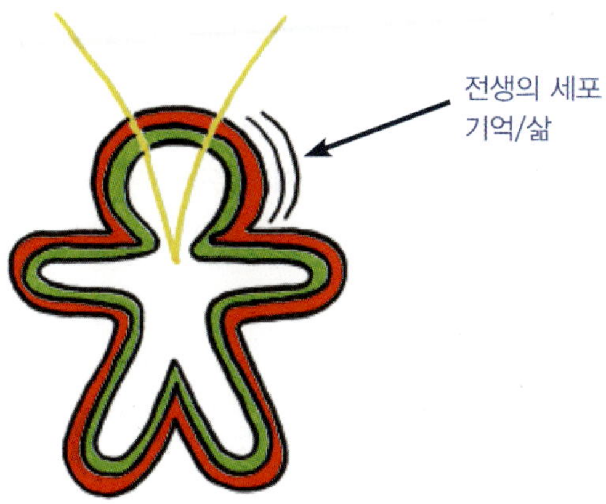

그림 13 : 전생의 세포 기억/삶

우리 몸이 담고 있는 기억이 지금의 삶에서 온 것만은 아니라는 가능성은, 기억력을 회복하는 부분의 논란을 해결해줄 잃어버린 조각 그림 맞추기 퍼즐의 한 부분을 찾은 것과 같다. 전인적 상담에서 치료사는 결코 경험의 시점을 추정하지 않도록 훈련을 받는다. 단지 현상적인 접근만으로 내담자의 경험의 깊이를 설명함으로써 용기를 북돋워 주는 것이 주요 임무이다. 다음은 기억력 회복을 위한 나의 임상 사례이다.

치료실을 방문한 베티는 18살로서 두려움이 전혀 없는 여자아이이다. 그녀는 가족이 거주는 집의 위층에 머물렀는데 15살이 되었을 때 가족들이 위층에 머무는 것에 대한 우려 섞인 간섭을 했을 때, 위층에 대해 두려움을 느끼는 것은 말도 안 되는 일이라 생각했다. 해가 갈수록 더욱 강해진 베티는,

최근 들어서 아래층으로 침실을 옮겼다. 여전히 가족과 함께 살고 있으며 수입이 좋은 직장도 다니고 있다. 그녀는 자신의 가족에 대해서 때로는 부모님께서 다투시긴 하지만 대체로 사이가 좋다고 생각한다. 또한, 어린 시절 역시 매우 행복하다고 회상하며, 나이 드신 부모님께서는 오랫동안 기다렸던 첫 아이로서 유년 시절을 행복하게 보냈다고 했으며 남동생도 있었다. 베티는 그녀의 집 위층으로 올라가는 것을 떠올리자 자신의 몸에 분노가 이는 곳으로 들어갔다. 그녀는 자신의 배꼽 아래를 지나는 지평선과 같은 두꺼운 어두운 선을 그렸다. 이제 그녀의 몸 전체를 들여다보기 시작하자, 울면서 사실 아버지에게 성적 학대를 당했다고 말했다. 그녀는 몸부림을 치면서도 몸을 움직일 수 없다고 말했다. 그때 그녀의 나이는 10살 정도라고 했다. 30분에 걸쳐 그녀는 아버지의 학대와 자신의 몸에 성적으로 일어났던 것에 대한 공포와 두려움의 감정을 설명했다. 이윽고 그녀의 몸이 안정을 되찾자 불안한 감정이 줄어들었다. 나는 그녀를 둘러싼 주변을 묘사해달라고 요청했다. 자신의 집 위층으로 여겨지는 다락방이 있다고 얘기했는데, 그녀의 집과는 달리 "천장이 짚으로 엮어진 초가지붕이 있었다"고 말했다. 그녀는 혼란스러워했다. 나는 다시 그녀에게 밖을 내다볼 수 있는 창문이 있으면 내다보고 주변을 묘사해달라고 했다. 그러자 초가지붕에 2층이 있는 영국 시골 풍경에 대해 말했다. 베티가 몸의 세포적 기억에서 벗어나 생각하기 위해 의자에 앉은 뒤, 나는 단순히 그녀의 경험에 대해 말하는 것을 들었다.

그것은 정말 충격적이었다. 나는 나의 아버지가 나에게 그런 짓을 하는 것이 매우 두려웠다. 내 기억으로 나의 아버지가 이전에 그런 행동을 한 적이 없었고, 이는 나에게 충격적이었다. 그것이 정말 만들어진 기억인지 헷갈린다. 천장을 살펴보고 그리고 창문을 통해 내다봤을 때, 나는 이 집은 우리집이 아니라는 것을 알았다. 나는 이런 집에서 산 적이 없었고 그리고 그 남자 또한, 현재의 나의 아버지가 아니라는 것을 알았다... 나는 짚으로 엮어진 천장이 있는 집에 매우 강렬한 인상을 받았고, 나를 성적으로 학대한 남자는 나의 아버지였다. 이는 아마도 다른 시대, 다른 삶 속에서 다른 아버지와 겪은 일인 것 같다.

베티의 경우는 내게 첫 기억력 회복의 사례를 보여준 내담자였고 또한, 전인적 치료사로서 내담자에게 전체적인 그림과 환경을 설명할 충분한 시간을 주어야 한다는 것을 학습하는 계기였다. 왜냐하면 급하게 진행하면 기억의 의미가 변할 수 있기 때문이다. 그 후, 나는 많은 사람들에게 이 모델을 경험하게 했다. 몇몇 내담자들은 특히 심한 상습적인 학대의 이력을 가지고 있는 현재의 삶과 관련한 기억들을 상기하는 반면, 이들 위기 현상을 어떻게 명명하느냐에 따라 대부분은 전생이나 세포적 기억과 관련한 기억이 나타나는 것을 확인할 수 있었다.

몇몇 학자들은 전생에 대한 세포적 기억은 개인의 DNA를 통해 전달된다고 말한다. 이 과정은 유전에 의한 것으로 마음대로 전달 여부를 결정할 수는 없다. 울거(Woolger, 1987, 2002, 2002a)는 치료과정에서 전생에 대한 기억을 확장시켰는데, 감정적 그리고 신체적 느낌이 전달되는 것은 미래에까지 영향을 미칠 수 있으며, 이는 생물학적 유전이나 가족력에 의한 유전보다 더욱 경험적인 근거가 충분한 사실이라고 말한다. 그는 또한, 동양의 요가 심리학에서 '신비체'(전인적 상담모델에서 말하는 아스트랄체에 해당)를 통해 이야기하는 생을 넘나드는 경험의 전달과정을 소개하였다. 울거(2002a)는 전인적 상담모델의 가정과 어떤 면에서 비슷한 짐머(Zimmer, 1952: 324)의 현상에 대한 내용을 정리해 다음과 같이 인용하였다.

> 죽음 이후 소멸로 고통받는 총체적인 몸(신체적인 몸)과 함께, 모든 존재는 감각 능력과 호흡기관, 내장기관을 형성하는 내면의 신비체를 보유하고 있다. 이는 환생하는 인격의 바탕체로써 몸은 탄생에서 탄생까지 이어지지만 이것은 죽을 때 총체적인 몸의 껍질을 떠난다 그리고 - 상처나 흠과 같이 - 과거에 가지고 있던 인식, 행동, 욕구와 의지의 움직임, 개인의 성향이나 추구하는 방향, 버릇이나 어떤 상황에 대한 임기응변, 대처방식의 흔적으로 남겨져 새로운 존재의 본질을 결정한다.

다음의 기억력 회복의 사례를 통해서, 성적 학대를 극복한 생존자를 포함하여, 사람들은 자신의 삶에 확고한 의지가 있음을 알 수 있다. 마리나

(Marina)는 40살의 여성으로 치료실을 찾은 금발의 미녀였다. 또한, 그녀의 행동과 옷차림은 매우 부유한 느낌이 들었으나, 얼굴에는 패배감으로 가득 차 있었다. 그녀의 문제점은 "삶이 자신을 지나쳐간다"는 것으로서, 다음과 같이 설명했다.

> 나는 내 평생 하고 싶은 것을 다 할 수 있을 만큼의 많은 돈을 벌 기회가 있었다. 그러나 나는 아이를 가질 수 없다는 사실을 받아들이지 못했고 무엇보다 내가 할 수 없는 일이 있다는 것을 용납할 수가 없었다. 나는 교육을 받았고 직장도 있었지만 이런 작은 문제가 생기자 어찌해야 할 바를 몰랐다. 시간은 나를 지나쳐 갔고, 나는 시간의 언저리를 맴돌다 더 이상은 이렇게 살 수는 없다는 생각이 들었다. 이제 내 꿈은 진짜 온전한 내 삶을 살고 싶은 것이다. 반쯤 죽어버린 삶이 아니라…

마리나는 이번이 처음 받아보는 상담이었지만 조용하고 수줍게 하지만 꿈으로 가득 찬 태도로 자신에 대한 이야기를 하기 시작했다. 내가 그녀에게 어린 시절의 이야기를 해달라고 하자, 몇 가지 이야기를 했는데 하나같이 모호한 내용이었다. 부모님과 두 명의 자매와 같이 자랐는데, 각자 뿔뿔이 흩어져서 지금은 거의 연락도 안하고 지낸다고 한다. 그녀는 어렸을 때 가족의 삶이 행복했는지 슬펐는지 기억해 내지 못했다. 정말 어린 시절과 관련된 내용은 거의 기억하지 못했다. 그녀의 바람은 "내 삶은 온통 현재로 가득하길 바란다. 사회적 직장여성으로서 나의 재능을 발휘해서 꿈을 펼치고 싶다"는 것이었다. 전인적 상담모델의 기본대로, 나는 그녀에게 스스로 야망을 이루는데 방해가 되는 요소가 무엇인지를 그 부분에 대해 상세히 설명해 줄 것을 요구했다. 그녀는 성공한 직장여성이 되기 위해서 유명 대학에 들어간 이야기를 하면서, 자신의 과제에 대해서 긍정적인 내용이긴 했지만 직접적인 평가를 한 남자 강사의 수업을 철회한 것에 대해 털어놓았다. 그의 수업 방식이 반 전체 아이들에게 용기를 주고 힘을 주는 것이었는데 자신이 너무 비이성적이었다고도 말했다. 특별히 관심이 있었던 것은 아니었다. 나는 그녀가 그 일을 생각했을 때 신체의 어느 부분이 가장 긴장이 되는지 물었고, 그녀는 자신의 아랫배에 손을 올렸다. 기본적인 방법인 "들어가기-나오기-바라보기"의 방법을 통해서 그녀가 숨 쉬지 못할 만큼 힘든 형태를 그림으로 그리도록 했더니, 울퉁불퉁한 둥근 형태의 끈을 연상시키는 단단한 공을 그렸다. 나는 그녀에게 그 울퉁불퉁한 공 모양에 몸 전체가 들어가도록 했고 그녀는 잘 따라주었다. 그리고 45분 동안 다음과 같이 자신의 경험을 설명했다.

> 내가 아주 작아진 듯한 이상한 기분이었다. 4명 중 3명의 남자가 나를 내려다보고 있었다. 나는 테이블에 누워있었고 나의 아버지와 할아버지는 알아봤지만, 다른 사람은 모르는 사람이었다. 모두 나에게 잘해줬지만 난 두려웠다. 엄마를 찾았지만 거기에 안 계셨다. 그들은 나의 모직 스타킹을 벗겼고 아버지와 나는 성관계를 하기 시작했다. 나는 너무 두려웠고 아팠지만 아무것도 할 수 없었다. 다른 사람들이 쳐다보자 그들은 아버지 뒤로 줄을 섰다. 나는 내 몸을 떠났고 지금 천장에서 날 내려다보고 있었다. 그들과의 관계가 모두 끝났을 때 나에게 초콜릿을 주었다. 나는 초콜릿을 좋아했지만 이 커다란 남자들이 나에게 무섭게 성관계를 요구하는 것이 너무도 두렵다. 그들은 나에게 착한 아이라고 말한다. 모두 끝나고 나자 나의 스타킹을 돌려주었고 아버지는 문을 열고 밖으로 나가서 공원으로 가셨다. 나는 이 공원을 좋아한다. 이곳은 할머니 댁에서 가깝다. 두 개의 그네가 있는데 내가 무척 좋아하는 것이다. 주말이면 여기서 할머니와 함께 놀았다. 그러면 아버지가 오셔서 나를 이곳으로 데려갔다.

내담자는 자신이 겪은 경험에 대해 매우 충격을 받았다. 그녀의 몸은 잠식되어 다시 숨을 제대로 쉬기까지는 5분 정도의 시간이 걸릴 정도였다. 그리고 나서 그녀는 큰 소리로 흐느끼며 울기 시작했다. 이로 인해서 그녀는 내게 다시 숨을 쉴 수 있게 된 것 같다고 말했다. 10회가 넘는 상담 치료를 통해서 7살 때까지 겪었던 학대와 12살까지 하교 후에 아버지에게 당했던 성적 학대에 대해서 이야기했다. 그녀는 그 방에서의 일들, 성적 학대의 횟수, 자신의 옷 등을 자세하게 설명했고, 성적 학대가 이루어졌던 집 주변의 환경에 대해서도 이야기했다. 나는 그녀가 기억해낸 모든 내용을 스스로 글로 남겨둘 것을 제안했다. 마지막 치료에서 나는 그녀에게 다른 세 명의 여자 형제들도 성적 학대를 당했는지에 대해 물어 보았다. 대부분 성적 학대는 환경이라는 구조적인 문제가 있기 때문이었다. 그녀는 어린 시절의 경험에 대해서 다른 누구에게도 말하지 않았다고 했고, 나는 그녀에게 그들에게 어린 시절의 경험을 털어놓을 것을 제안했다. 그녀는 이후 실제 여자 형제들에게 그에 대해 이야기를 했고, 나에게 다른 두 명의 여자 형제도 역시 수년 동안 어린 시절 성적 학대로 인한 치료를 받았다고 했다. 그녀가 그들에게 자신의 회복 과정을 이야기하면서, 사실 어린 시절의 기억을 모두 잃고 있었다고 말하자 모두들 깜짝 놀랐다고 했다. 사실 언니는 마리나의 학대 경험을 밖에서 들어서 이미 알고 있었다. 이는 자세하지는 않지만 마리나가 기술한 내용으로 확인되었다.

마리나와 같은 내담자는 어린 시절의 학대에 대한 기억이 없는데, 전인적 상담모델에서는 '나(I)'에 대한 기억을 이동시킬 수 있다고생각한다. 어린 시절의 '나(I)'는 상습적 성적 학대 트라우마로 인해서 오랜기간 동안 기억 속에서 지워진다면, 그 사람은 학대에 대한 기억은 거의 남아 있지 않거나 아예 없을 수 있다. 어린 시절의 기억을 습관적으로 지워버리는 사람들은, 어른이 되어서도 마찬가지이며 현재의 삶을 실재하는 시간이 아닌 꿈으로서만 바라보는 경향이 있다. 또한, 과거의 기억은 흐릿하며 신체적인 난관을 극복하려는 의지도 거의 없기 때문에 커다란 상처가 그대로 남아있다. 전인적 상담모델은 이처럼 기억력을 회복시키고 그 기억의 시간적 공간을 설명하는 과정까지 확장되어 발전하였다.

다음은 나의 내담자들의 사례를 정리한 표이다. 이는 전생의 삶/세포적 기억을 현재의 삶과 구분해 내는 회복된 기억의 특징을 발전시킨 내용들이다. 이 구분된 유형은 단순히 학대당한 경험만을 염두에 둔 것이 아니라, 다른 가족 구성원, 특히 같은 성별의 형제자매와 함께 구조적 증거를 추론해 학대 경험의 사회적, 문화적, 환경적 상황을 종합한 것이다.

표 7 : 기억력 회복: 현재의 학대 대 전생의 학대

현재의 삶	전생의 삶/세포적 기억
구체적인 신체적 상황, 특정 건물, 방, 자연환경은 내담자가 그 당시 살았던 환경과 같음	신체적 상황과 환경은 학대 경험이 있던 당시의 주변 환경과 같지 않음
내담자가 학대 경험이 있던 당시의 옷이 지금의 삶 속에서 입는 옷과 같음	내담자의 옷은 현재의 옷과 문화적, 사회적으로 다름
내담자의 성별과 인종은 현재의 내담자의 성별, 인종과 동일	내담자의 성별과 인종은 같을 수도 있지만 다를 수도 있음
가족 구성원은 현재의 가족 구성원과 동일	가족 구성원은 아버지, 어머니의 성 역할이 그대로라 할지라도, 다른 가족 구성원으로서 지냄
내담자의 경험은 다른 형제자매나 현재 가족 구성원으로부터 듣게 된 것	내담자의 경험은 현재의 가족 구성원 중 다른 이로부터 전해 들은 것이 아님

기억력 회복을 위한 작업 과정

전인적 상담모델에서 기억력의 회복을 추구하는 목적은 경험을 변화시키고 하나로 통합시켜서 그들의 삶이 좀 더 제대로 구축되기를 바라는 것이다. 완벽하게 기억이 회복된 가해자는 성적 학대 회복 이상의 중요한 과정을 겪게 되는데, 이는 상처 입은 근원을 찾고, 삶의 의미를 부여하고, 착륙장을 이해하고, 힘을 북돋우고, 경계를 파악하고, 그 상처를 치유하고 보호하는 것까지 포함한다. 또한, 기억력의 회복을 경험한 사람은 물론 성적 학대로부터의 생존자는 변형의 과정을 마무리하기 위해서 분노, 슬픔, 상실, 죄책감이나 수치심에 대한 다른 과정들이 필요하다. 이들 과정의 정확한 조합은 현재의 정서에 의해 좌우된다.

결 론

성적 학대를 받은 아이와 가해자를 치료하는 것은 이 전인적 상담모델에서 중요한 성과이다. 이는 경험, 신체, 감정, 정신, 영적인 모든 면에서 내담자들에게 힘을 북돋아 주어 새롭고 제대로 된 삶을 살 수 있도록 해주기 때문이다. 어떠한 학대 상황이든 전인적 상담모델은 상처를 변형시킬 수 있다. 간디는 놀랍도록 아름다운 인내를 견뎌낸 인물로, 이런 말을 했다. “인간으로서 우리의 위대함은 세계를 변화시킴으로써 입증되는 것이 아니다. - 예를 들면, 원자 시대의 신화를 연 것처럼 - 인간으로서 우리의 위대함은 우리 자신을 변화시키는 것으로서 입증된다.” 검은 성모님은 우리에게 순수성을 되찾을 수 있으며 우리 안에 있는 희망의 빛을 스스로 불러일으켜서 우리를 되찾을 수 있다는 것을 알려주었다. 또한, 슬픔에 잠식되고 어둠이 내려앉은 이들의 삶에 희망을 약속했다. 우리가 힘들 때 우리의 곁에 서 있었고 진실한 가치를 찾아가는 길에서 더럽혀지고 무시당하고 있을 때는 함께 걸음을 해준 검은 성모님은 진정으로 범접할 수 없는 존재이다.

참고문헌

Acssa Wrap. (2005) *Adult victim/survivors of childhood sexual assault* Australian Institute of Family Studies.

Andrews, G, Gould, B Corry, J. (2002) *Medical Journal of Australia* vol 176, no 10, pp458-459

Courtois, C. (1988) *Healing the Incest wound: Adult survivors in therapy*. Hawthorn Press, NY

D'Alberto, A. (2003) *Zangfu theory and cellular memory* www.acupuncture.com/newsletters/m_apr03/main3.htm cited on 14-2-06

Durey, M. (2006) *Black Madonnas* cited in www.udayton.edu/mary/meditations/blackmdn.html cited on 12-2-06

Gerber, R. (1996) *Vibrational Medicine*. Bear and Co, Sante Fe

Harms, L. and Mc Dermott, F. (2003) “Trauma: a concept and practice across borders .” *Psychotherapy in Australia*. Vol.10, no1, pp32-65.

Pearshall,P,. & Schwartz, G. Russek, L. (2002) “Changes in Heart Transplant Recipients That Parallel the Personalities of Their Donors', *Journal of Near-Death Studies*, 20 (3) pp191-206

Pope, K. (2005) “Memory, Abuse and Science: questioning claims about the false memory Syndrome Epidemic” *America Psychologist*, vol 51, no.9 pp957-974

Pope, K. (2005) “Pseudoscience, cross-examination and scientific evidence in the recovered memory controversy” *Psychology, Public Policy, and Law* vol 4 no 4 pp1160-1181

Richardson, N. and Bromfield, L. (2005) *Who abuses children?* Resource Sheet No 7, National Child Protection Clearinghouse, AIFS, Melbourne

Sherwood, P. (2001) "Healing Sexual Abuse". *Diversity*, vol 2, no4, pp18–25

Smallbone and Worley, (2002) *Child Sexual Abuse: offender characteristics and modus operandi Australian* Institute of Criminology, Canberra, Paper no 193

Stanley, J. (2003) *Child Sexual Abuse in Indigenous communities* Child Sexual Abuse: justice response or Alternative Resolution Conference, May 1–2, Adelaide.

Tagar, Y. (2001) *Philophonetics counselling–a new perspective on clients' experience of past sexual abuse and it application in psychotherapy*. Paper delivered at the Founding conference of South African Association of Psychotherapists, Rhodes University, Grahamstown, South Africa.

Woolger, R. (1987) *Other Lives, Other Selves*. Doubleday, NY

Woolger, R. (2002) "The Presence of Other Worlds in Psychotherapy and Healing"

Lorimer, D. (ed) *Beyond the Brain*, Floris Books, Edinburgh

Woolger, R. (2002a) "Body Psychotherapy and regression: the body remembers past lives" Staunton, T.(ed) *Body Psychotherapy* Brunner Routledge, NY

www.black–madonna.org

www.udayton.edu/mary/meditations/balckmdn.html.

http://www.aifs.gov.au/acssa/

http://www.aifs.gov.au/acssa/pubs/wrap/w1.hrml

http://www.cellularmemory.net/cmr.htm

제7장

온전히 호흡하기:
반응으로부터 자유롭기

화를 내는 것은 다른 사람에게 던지려는 목적으로 뜨거운 석탄을 잡는 것과 같다; 화상을 입는 것은 바로 당신이다. -부처

삽화 : 무료 http://What-Buddha-said.net

제7장 온전히 호흡하기: 반응으로부터 자유롭기

앙굴리말라(Angulimala-역자주; 살인자인 악인)는 그가 죽인 희생자의 999개의 손가락으로 만든 목걸이를 한 사납고 흉포한 도둑이었다. 그는 인도 사밧티(Savatthi) 근처의 지역 사람들에게는 공포의 대상이었다. 그는 잔인하고 피로 물든 손을 가지고 있고, 오로지 살인을 일삼으며 살아있는 존재에게는 자비심을 보이지 않고, 심지어 명상에 잠긴 수도사까지 살해한 인물로 묘사되었고, 그리고 그의 이단 스승을 위해서 작은 손가락으로 만든 목걸이를 완성하기 위해 필요한 1000번째 손가락을 위해 자신의 어머니를 살해할 계획을 세웠다고 묘사되었다. 그는 엄청난 두려움의 대상이었다. 앙굴리말라와 인근 주민들은 두려움, 분노, 공포 그리고 격노의 순환에 사로잡혀 있었다. 앙굴리말라의 이야기를 들은 부처가 연민의 정을 가지고 반응과 반응에 대한 어리석음의 끝없는 순환을 결국 끊었다. 이 살인자는 한때는 훌륭한 학생이었지만 그의 스승의 요구대로 분노와 파멸의 임무를 맡게 되었다. 그 스승은 동료 학생들이 질투로 인해 그에게 나쁜 감정을 갖게 되었고 1000개의 손가락으로 만든 목걸이를 가져오지 않으면 졸업을 시키지 않겠다고 했다. 부처는 두려움이나 분노의 반응에서 자유롭고 마음이 깨어있는 모든 지역 주민들과 수도사들의 충고에도 불구하고 앙굴리말라를 만나러 갔다. 앙굴리말라가 부처를 죽이려고 쫓아왔지만 그는 온전한 호흡을 하며 평범하게 보통의 속도로 걷는 부처를 붙잡을 수 없었다. 그는 부처를 따라잡을 수 없다는 무능력에 분노하며 부처에게 멈추라고 소리쳤을 때, 두려움, 분노 그리고 격노함으로 현혹된 상태로부터 앙굴리말라를 자유롭게 해준 아주 좋은 변화가 나타났다.

(앙굴리말라: 부처를 향해)
걸으면서, 사색하는 수도승아,
당신은 "나는 멈췄다"라고 말하는데
그러나 내가 멈췄을 때 당신은 내가 멈추지 않았다고 말한다.
내가 당신에게 그 의미를 묻는다:

"당신은 왜 멈췄는가?
나는 왜 멈추지 않은 것인가?"

(부처의 답변)
"앙굴리말라여, 나는 이미 오래 전에 멈췄다,
나는 살아있는 모든 존재를 향한 폭력을 없앴으나
자네는 여전히 존재에 대해 억제하지 못하지 않는가.
그것이 바로 나는 멈췄으나
너는 멈추지 않음이다."

앙굴리말라는 바로 그 순간, 두려움과 분노의 상태로부터 자유로운 부처가 드러내 보인 내면의 휴식과 평화의 의미를 깨달았다고 전해진다. 그는 수도승이 되었고, 그리고 자신에게 평화를 주지 못하는 분노와 두려움으로부터 자유로워졌다. 이 이야기는 이들 반작용 상태에서는 평화로운 호흡이 부재함을 명확하게 보여주고 있다. 그는 육체적으로는 매우 빠르게 움직였지만 호흡은 얕았고, 반면 부처의 호흡은 두려움, 분노, 격노, 열망에 의해 방해받지 않고 조용하며 중심을 잡고 있었고, 그 결과 평화롭게 휴식하며 지낼 수 있었다.

평화로운 정신적 상태를 얻는 첫 번째 단계로 반응과 연관된 투사를 인식하고, 그리고 그다음 이들 혼란과 어리석음의 상태로부터 자신을 자유롭게 하는 것이다. 전쟁은 아스트랄이나 정신의 하단부에서 나오는 반응인 두려움과 분노를 야기하기 때문에 안과 밖으로 사납게 휘몰아친다. 부처는 그것을 망상으로부터 나오는 "평상심(ordinary mind)"이라고 말했다. 우리는 빈곤, 블랙 홀 또는 음의 흔적으로 인해 두려움의 동굴 안으로 붕괴하고, 이런 동굴 안에 갇혀있는 과거의 세포적 기억들이나 유년 시절에 상처들을 근거로 한 우리의 투사가 타인과 우리 주변의 세상을 기만하게 한다. 그렇지 않으면 우리는 유년 시절에 난타당하고 멍이 들도록 공격당한 자신이 무기력하게 흔들리고 있을 때, 외부 적의 격렬한 분노의 열기에 대항하면서 분노에 저항할 수 있다. 외부의 적은 내부의 상처를 투사하는 촉발요인이다. 격렬한 분노는 아스트랄 층에서 이미 공명하고 있는 유사한 진동 에너지나 패턴에 의해 촉발된다. 이는 과거 경험의 세포적 기억이나 흔적 안에 존재하는 유년 시절에 경험한 트라우마나 또는 다른 트라우마에 의해 야기된 상처들이다.

전인적 상담모델: 반응의 과정 설명하기: 두려움과 분노

반응 정의하기

반응(reaction)이란 인간의 "나(I)"에 의해 통제되지 않고, 상처의 아스트랄 흔적에 의해 통제되는 행동에 대한 응답으로 정의할 수 있다. 반응은 욕구, 혐오, 동정, 반감의 표현이며 숙련된 선택 능력이 있는 "나(I)" 대신 아스트랄 흔적에 위치한 과거의 습관적인 대응패턴을 사용한다. 타거(Tagar, 1998:40)는 반감의 반응을 본능적으로 느끼는 두려움에 대한 초기 방어에서 나타나는 행동으로 묘사했다. 반면에 동감의 반응은 유기체의 갈망에 대해 본능적으로 인식하는 만족감의 잠재적 근원의 이끌림으로부터 나온다고 묘사했다. 그는 다음과 같이 설명한다:

> 무의식적인 내면의 아스트랄 역동은 자기(I am)에 의한 검열, 선택 그리고 자유로운 반응이 없이, 외부세계에 대한 관찰, 이미지의 마술, 차단, 왜곡, 상기와 인식이라는 스크린을 통해 본능적으로 투사되는 것이다.

반응(reaction)은 우리의 관계, 삶의 질 그리고 직업이나 운명을 고의적으로 파괴한다. 그것들은 우리에게 내면의 평정과 정신적 그리고 정서적 건강의 풍요로움을 희생하게 만든다. 반응은 몸, 마음, 정신의 건강을 좀먹게 하며 개인, 가족, 지역사회, 사회적 평화를 갉아 먹는다. 한 세계의 지도자가 다른 세계의 지도자에게 하는 반응은 전쟁을 야기한다. 예를 들면, 넬슨 만델라(Nelson Mandala)나 간디(Ghandi)와 같은 가장 능숙한 정치적 지도자들은 조지 부시(George Bush)가 했던 것처럼 한 반응에서 다음 반응까지 미숙하게 나열하기보다는 진실을 말함으로써 자신의 삶을 통제하고 있는 사람들의 예이다. 사람들이 반응을 할 때, 그들은 보통 두려움이나 분노의 반응을 만드는 상처의 원인이 아닌, 특히 촉발을 야기하는 사람에게 "선제공격"을 한다. 그렇지만 반응의 상태에 있는 사람은 촉발을 야기하는 사람이나 사건과 최초의 상처 사이에 진동의 유사성 때문에 공격을 한다. 이것은 마치 수염이 있는 남자에게 학대당했던 사람이 수염이 있는 남자를 모두 죽이고 싶은 것과 같다. 이런 일은 개인 간, 사회 또는 공동체의 삶을 사는 행복한 방식이 아니며 제대로 된 방식도 아니다. 하지만 이런 일은 매시간 매일 매일 일어난다. 가족관계에서도, 사람들은 논쟁을 하며 의견 차이를 갖지만 반응이 격해지면 살인도 일어날 수 있다. 반응의 명확한 신호 중의 하나는 무죄임을 입증할 증거가 전혀 없는 다른 사람을 완전한 "적"이라고 확신할 때 나타난다. 반응들은 매우 완고하며, 누군가가 반응을 할 때 그들은 적어도 반응을 "소유(own)"할 수 있거나 식별할 수 있다. 그리고 대부분의 경우 촉발을 야기하는 사람이나 사건이 자신들의 고통의 원인이라고 완전히 믿고 있으며 그 사람이나 사건이 사라지면 그들은 자신의 행복을 회복한다. 이는 부처가 말한 환상이며 그의 제자 만룬가풋다(Malunkyaputta)의 이야기에도 잘 나타나 있다. 만룬가풋다가 부처가 설명해주지 않은 것에 대해 불평을 하는 설화는 유명하다.

> 축복받은 자가 설명하지 않은 채 남겨진 이론들은 외면되고 거부당했다 – 세계는 영원하고, 영원하지 않으며, 세계는 유한하고, 무한하며, 영혼과 몸은 일치하며, 영혼과 몸이 서로 다르며, 성자는 죽음 후에 존재하며, 죽음 후에 존재하지 않는다.

부처는 만룬가풋다가 그의 반응을 인식하지 않도록 하는 주지화 된 방어기제로 들어가서 만룬가풋다의 마음에 나타난 반응의 상태인, 그 문제의 원인을 규명했다:

> 그것은 마치 만룬가풋다, 한 남자가 독화살에 맞아서 친구들과 가족, 친척들이 의사를 데려왔는데 화살을 맞은 남자는 '화살을 쏜 남자가 무사 계급인지, 브라만인지, 농민인지 천민인지 알기 전에는 이 화살을 뽑지 않을 것이오'

라고 말하는 것과 같다. 또는 "화살을 쏜 남자의 이름과 어느 당파인지 알기 전에는 화살을 뽑지 않을 것이오"라고 말하는 것과 같다. "만룬가풋다는 이 모든 것을 알기 전에 죽을 수도 있소……"(Burtt 1982:32-34의 Majhima-nikaya, sutra 63 인용)

정신건강을 위한 이 모델에서 첫 번째 단계는 반응을 소유할 수 있도록 하는 것이며, 혐오와 욕망으로 인한 반응보다는 통찰에서 혹은 "나(I)"로부터 나오는 진실을 표현하는 것과 미숙한 반응을 구별하는 것이다. 아래의 표는 미숙한 반응과 숙련되게 진실을 말하는 것을 구별할 수 있는 특징을 요약해 놓았다:

표 8 : 반응 대 말하기

반응	말하기
수축된 호흡: 몸에서 긴장감이 느껴짐	흐르는 호흡: 긴장감이 느껴지지 않음
네가 나를 이렇게 만들었어" 경험을 인정하지 않음	"나는 느낀다" 경험을 인정
"아스트랄" 근원	"나" 근원
제거: "나"가 떠남	성육화: "나(자아)"가 나타남
반복적인 진술	명확하고 예리한 진술
둔탁하게 빛나는 눈	밝고 기민한 모습
"나"는 존재하지 않는다	"나"는 존재한다.
타인의 판단	판단할 수 없는
종종 계기가 되는 사람이나 사건(유발인자)을 모두 나쁘게 / 악으로 보며 그들이 자극하는 행동을 멈출 때 우리는 기분이 나아진다.	유발인자를 치유가 필요한 우리 내면의 불일치 상태를 알려주는 메신저로 인식한다.
분노 또는 두려움 또는 히스테리성의 슬픔	중심에 집중된 고요한 삶
경청자들은 종종 그 응답들이 불합리하다고 무시하거나 지루해 함	경청자들은 깨어있으며 말의 진실을 느낀다.
계기가 되는 사건과 전혀 균형이 안 잡히는 응답	계기가 되는 사건과 매우 균형 잡힌 응답
계기가 되는 사람에 반대해서 다른 집단과 연합한다.	관계자와 직접 이야기한다.

우리의 반응 인식하기

타거(Tagar, 1996:22)는 그의 논문, 내 안의 아이 돌보기(Caring for the Child Within)에서 반응이 얼마나 우리의 삶과 몸을 대부분 예측하지 못했던 방식으로 이끄는지를 적절하게 잘 설명했다:

> 당신을 놀라게 하는 사람들에게 어떻게 반응하는지 생각해 본 적 있나요? 합리적인 이유 없이, 가장 진부한 이유로 불안감이 당신의 심장을 어떻게 쥐어 짜는지, 분노가 가장 놀라운 방식으로 어떻게 당신의 위장을 괴롭히는지, 낯선 사람을 아버지의 형상으로 어떻게 바꾸는지 생각해 본 적 있나요?

반응은 호흡이 갑자기 수축함에 따라 매우 빠르게 발생하며 때로는 인식 능력인 "나(I)"의 제거가 이미 시작됐기 때문에 알아차리기가 힘들다. 사람이 반응의 상태임을 구별하는 가장 쉬운 방법은 신체의 질병, 신경질적임, 안절부절못함, 불안함, 동요 그리고 짜증의 감각들이다. 이런 느낌은 수축된 호흡의 흐름으로 인해 발생한다. 반응의 신호는 분노, 격노, 좌절, 적의, 두려움, 공포, 불안, 통증, 그리고 신경질적인 슬픔 등이 있다. 그것들은 인생의 첫 14년 동안 소외되고 상처받은 우리 자신의 내면에 있는 작은 아이들의 표식이다. 이들은 유년기나 청소년기에 소외되고 외면당하고 억압받는 고통스러운 경험을 가지고 있다. 이런 상처에는 두 가지 종류가 있다. 이 상처들은 상호 소통의 단절과 고갈, 결여의 흔적에 의해 나타난다. 이런 흔적들은 내면의 아이가 사랑의 결핍, 외면, 기쁨의 부재, 심리-사회적 성장에 반드시 필요한 따스함과 상호 소통의 부족이 나타나는 아스트랄의 에너지 층에 있는 블랙 홀들이다. 흔적의 다른 그룹은 아이들이 신체적, 정서적 또는 언어적 학대나 적개심으로부터 유독성의 에너지 공격을 경험한 장소들이다. 이런 장소에서 호흡은 사라진다. 왜냐하면 그 곳에서 의식을 유지하기가 너무 고통스럽기 때문이다. 상처를 입은 장소들은 반응을 위한 온상이 된다. 예를 들면, 애인, 동료, 혹은 상사가 비난으로 생각할 만한 것을 우리에게 말하면 화가 나거나 상처를 받는다. 상처는 진동을 하면서 비난을 받은 6살 아이의 독성 구멍으로 들어온다. 우리는 6살 아이의 반응으로 응답하기 때문에 더 이상 40살이 아니라 6살의 아이가 된다. 이것은 6살처럼 행동하는 40살의 어른을 다뤄야 하는 사람과 두려움이 가득한 반응에 사로잡혀 있는 40살의 어른 모두에게 혼란스러운 일이며, 어떤 계기가 된 상황에서 그들이 왜 감정적으로 통제 불능인지 알 수가 없어진다. 두 명의 성인이 반응을 할 때,그들의 상처 받고 버림받은 아이들이 그 쇼를 진행하게 되면, 피해가 막심해지며 좋은 결론을 향한 희망이 작아진다. 이런 점에서, 상처 입고 버림받은 아이들이 서투르게 성인들의 삶을 꾸려나가고 있다.

자기-양육(self-parenting): 반응에서 벗어나기 위한 토대

자기 양육은 다양한 방어 기제를 통해서 상처받고 억압했던, 그리고 의식으로부터 멀리 숨기고자 했던 유년 시절의 단면들을 더 높은 의식으로 회복하기 위해 필요한 것으로 간주된다. 타거(Tagar, 1996:23)는 일반적으로 삶을 지탱하기 위한 아이들의 방어 기제들이 성인들에게는 얼마나 많은 희생이 요구되는지에 대하여 다음과 같이 말했다:

> 사람의 정신 안에 있는 내면 아이는 초기 위협에 맞서서 본능적으로 만들었던 방어들로 가끔 포위된다. 이런 방어들은 여전히 그 안에 존재하면서, 미개발된 성장 가능성을 숨기고 우리 자신의 내면의 부분을 가려버린다. 이런 모든 내면의 층들은 타인, 특히 가까운 사람들, 그리고 우리 자신의 어린 아이와의 상호작용을 통해서 강하게 활성화된다. 인간관계, 아이의 양육과 교육에서 사람들이 경험하는 어려움의 대부분은 자기 자신의 내적 차원의 반향이다.

사실상, 내면의 아이를 지키기 위해서 성인은 자신의 상처 입은 아이와 함께하는 "나"(I)가 의식의 빛을 향해 확실하게 복구될 필요가 있다. 본질적으로 성인은 "나(I)"와 어린아이의 관계, 그리고 더 높은 의식과 아스트랄의 관계가 의식적으로 유지되도록 하기 위해서 내면의 어린아이를 보호해야만 한다. 그렇게 되면 반응은 나타나지 않을 것이다. 이런 관계를 유지하는 과정은 몇 가지 작업이 필요하고 다음과 같이 자세히 설명할 수 있다.

전인적 상담모델: 반응을 명확한 말하기로 변형하기 위한 치료적 과정

사람들의 반응을 훈련시키는 것은 야생말이나 소를 훈련시키는 것과 같다. 불교의 전통에는 사람의 반응을 훈련시키는 일을 아주 훌륭하게 기록한 불화 시리즈가 있다. 거기에는 "나(I)"를 나타내는 한 사람과 아스트랄을 나타내며 고삐가 풀린 혐오와 욕망을 나타내는 야생 소가 있다. 첫 번째 그림에는, 그 사람이 황소를 잡으려고 한다. 그림 2에서는 그 사람이 황소의 꼬리를 잡았으나 여전히 주위로 끌려다니고 있다. 그림 3은, 그 사람이 황소 등에 앉아서 위 아래로 흔들리고 있다. 그리고 그림 4는, 그 사람이 그 황소 등의 중앙에 침착하게 앉아서 명령을 내리고 있다. 이는 아스트날을 통제하고 있는 '나(I)에 대한 멋진 그림이다. 물론 진짜 불교 전통에서는 마지막 그림에는 사람도 없고 소는 없다. 단지 비아(非我)(not-self)의 자리만 있다. 이 모델에서, 그것은 위대한 "큰 자기(I AM)"의 자리이며, 상호의존하는 존재를 체험하는 초개인적인 자리이다.

반응과 작업할 때, 우리는 "나(I)"가 굉장한 빠른 속도로 떠나버려서 반응 이면에 있는 흔적인 본래의 경험에 대한 명확한 기억이 없기 때문에, 우리는 그 과정을 반드시 천천히 진행해야 한다. 반응을 다루는 목적은 고통의 진짜 원인인 상처의 흔적을 드러내는 것이다. 이것은 "나(I)"의 의식이 거절당하고 외면당하고 억압받았던 그 장소로 되돌림으로써 가능하다. 전인적 상담모델에서는, 반응을 다루는 과정을 기본적으로 2개의 개입 그룹으로 나눴다: 분노 다루기와 두려움 다루기.

분노 다루기: 말하기로 바꾸기

분노는 2가지 형태를 가지고 있다: 그것은 외파(exploded)와 내파(imploded)로 전자는 공격적인 폭발과 폭력이 특징이며 후자는 비꼬기, 험담, 철수, 부정적 생각, 회피처럼 소극적인 공격적 행동이 특징이다. 외파는 여성보다 남성이, 문화적 그룹에서는 라틴 아메리카나 남유럽에서 더 일반적이다. 반면에 내파된 분노의 특징은 아시아 문화권에서 일반적이다. 분노의 외파나 내파 둘 다, 호흡은 억제되지만 외적으로 폭발하는 분노에서 수축은 결국 다른 사람의 공간을 향해서 폭발한다. 반면에 내파된 분노에서 억제된 호흡은 안으로 삼켜지고, 결국 관절염, 궤양과 같은 염증성의 상태가 된다. 외부로 폭발하는 반응은 유발 인자에서 반응의 외면적인 표현으로 곧장 이동하고 그 사람의 주변에 즉각적인 반대의 효과를 낳는다. 반대로 안으로 폭발하는 반응은 외면적인 표현의 고통에 대한 두려움으로 무의식적인 장벽에 막혀 안에서 일어나고, 억압하는 사람의 심신의 내부에 해로운 결과를 주게 되고 결국 낮은 면역 시스템, 낮은 자존감, 제한된 자기-표현으로 귀착된다. 분노의 과정은 찰흙이나 그림이 없이도 할 수 있지만 만약 찰흙을 사용할 수 있다면 가장 효과적이다. 이런 과정을 준비할 때는, 분노가 내적 폭발인지 외적 폭발인지를 명확히 해야 하며 내적으로 폭발한 반응은 외적인 폭발 반응으로 바꿔야 한다. 타거(담화: 1997)는 이런 전환과정을 풍부한 색깔로 표현했다:

> 반응은 코끼리와 같다. 외적인 폭발 반응은 빨간 코끼리와 같고 내적인 폭발 반응은 흰 코끼리와 같다. 흰 코끼리의 꼬리를 붙잡고 자극해서 빨갛게 변하도록 해야 한다. 그러면 그것들이 보이게 될 것이다. 내적인 폭발 반응이 눈에 보이는 외적인 폭발 반응으로 바뀌는 것이다.

이 과정은 내담자가 분노를 느끼는 신체의 부분을 찾아, 그 안으로 들어가서 자신의 손으로 분노를 공처럼 만들어서 그것이 폭발하도록 "g" 소리를 내며 벽에 던지게 하는 것이다. 이것을 3-5번 반복하거나 또는 내담자가 자신의 분노가 벽에서 폭발하는 그림을 명확하게 그릴 때까지 반복하는 것이다.

쉐어우드(2004)는 분노를 다루는 3단계의 과정을 찰흙을 사용해서 개발했다. 이 과정은 분노가 시간을 거슬러 분노의 원인이나 흔적으로 이동하는 것이다.

1단계: 분노 다루기: 폭발

이것은 분노를 폭발시켜서 내담자가 볼 수 있도록 하는 것으로, 내담자가 분노를 느끼는 신체의 부분을 찾고 상징적으로 그 안으로 들어갔다가 다시 나와서 그 곳을 시각화하도록 한다.

그 다음 내담자는 그 분노를 공 모양으로 모아서 수축된 호흡을 "g" 소리로 크게 내며 밖으로 폭발하는 호흡으로 바꾸면서 벽을 향해 던진다. 내담자가 벽에서 떨어지는 분노의 모양을 시각화할 수 있을 때까지 이 과정을 반복해서 진행한다. 그 후 내담자는 찰흙으로 그 분노의 모양을 만든다. 그 분노는 잘못된 것을 상징하는 연기로 표현된다. 그곳의 어떤 부분이 내담자가 고통을 느끼는 장소이다. 하지만 분노 그 자체는 억압된 호흡과 의식의 깊은 부분에 숨어있는 불타는 나무토막의 실체가 없는 연기 그 이상의 것은 아니다. 찰흙으로 만든 외적 폭발의 분노는 날라오는 화살의 모양일 수도 있고 또는 꼬인 촉수나, 아니면 단순히 넓은 지역에 퍼져있는 산산이 부셔진 조각들로 나타날 수 있다. 내적으로 폭발하는 분노는 무겁고 단단하게 압축된 찰흙 덩어리로 표현된다.

2단계: 분노 다루기: 호흡하지 않는 곳

두 번째 단계는 내담자가 분노를 나타내는 부분으로 들어가서 호흡을 억제하고 누르고 있는 그 힘의 모양에 대해 외부에서 감지하는 것이다. 그 힘의 모양은 마치 사람이 압력밥솥 안에 있는 것처럼 압박을 받는 열기의 장소인 함정이다. 이것은 사람이 폭발하기 전에 일어난다. 그때 그 힘의 모양이나 "고통받는 장소"를 찰흙으로 만든다. 그것은 동굴, 감옥, 뒤틀리도록 고문하는 장소, 단단한 블록, 그 사람을 압박할 2개의 콘크리트 조각, 또는 그 사람 주변의 모든 것을 옥죄는 콘크리트 큐브처럼 보일 수 있다. 이것이 내담자가 타오르는 불, 높아지는 열기를 느끼는 장소이다. 왜냐하면 그 사람은 분노의 원인인 불타는 나무에 가까이 있기 때문이다. 그래도 여전히, 이것은 분노의 원인은 아니다. 오히려 수축으로 고통받는 장소이다. 이런 함정들은 항상 내담자의 호흡 능력을 감소시키고 만일 이를 깨닫지 못한다면 내적으로든 또는 외적으로든 분노의 폭발로 이어질 것이다.

3단계: 분노 다루기: 기저에 있는 상처나 흔적

내담자는 그 함정의 모양에 맞추기 위해서 반드시 들어가야만 하는 그 함정으로 몸짓과 함께 전체적인 몸이 들어가도록 요구된다. 그때 몸짓은 얼어붙어 있을 것이며, 내담자는 자신의 몸이 함정 안으로 제한된 몸짓을 하며 들어가 있을 때 느껴지는 감정을 생각해 본다. 그리고 내담자는 고통받는 자신의 몸짓을 진흙으로 만든다. 이것은 불을 붙이기 위한 나무 조각이며, 본래의 고통스러운 사건과 유사한 유발인자에 의해 정신적 고통을 받는 자가 내부에 있다고 외부로 알리는 분노의 연기 표식이 된다, 내담자는 그 몸짓에서 나와서, 마음이 내담자의 몸을 검은 마커로 윤곽을 그리는데 집중하는 동안에, 그런 모습으로 있었던 가장 최초의 기억을 떠올린다. 몸의 세포 기억들은 내담자의 인생에 있었던 초기 사건들의 순간을 보여줄 것이다. 일반적으로, 그 사건들은 첫 14년 안에 일어나거나 혹은 전생 세포 기억 / 과거의 경험이다. 그 흔적은 감정의 소모로 인한, 혹은 에너지의 공격으로 인한 음 또는 양의 흔적으로 규정된다.

4단계: 상처 치유

분노의 치유는 음 또는 양의 흔적에 따라 적절한 개입이 필요하다. 음의 흔적의 경우에는, 자원 찾기 과정을 착수해야 하며, 양의 흔적은 해제하기와 자기 영역 과정을 적용한다. 내담자는 "나(I)"가 감싸고 있고, 내담자의 더 높은 의식 또는 자신을 흔적과 다시 연결하는 변형된 경험을 제공하는 치유된 나를 나타내는 찰흙 작품을 최종적으로 완성한다. 분노를 다루는 찰흙과정은 쉐어우드(2004:72-84)가 자세히 기술하고 있다. 이 과정은 사람들이 현재의 분노로부터 분노 아래 놓여있는 흔적으로 거슬러 이동해야 하는 반응에 대해 아래와 같이 요약하여 설명하고 있다. 최고의 반응을 보이는 분노가 알아차림을 아주 빠르게 지나칠 때, 내담자의 분노의 근원이 치유될 때까지 경험의 단계나 범위가 드러나도록 하고, 천천히 거슬러 이동해 들어가는 과정이 필요하다.

표 9 : 분노의 4단계

1단계	분노: 외적 혹은 내적 폭발	연기
2단계	사람이 함정에 빠진 장소 "수축된 호흡"	불
3단계	함정에서 고통받는 사람 "수축의 몸짓"	나무 / 연료
4단계	치유된 사람, 음 혹은 양의 흔적의 변화	새로운 성장

전인적 상담모델에서, 분노의 근원이 치유가 되면, 특정 유발인자나 혹은 최초 유발인자의 패턴과 같은 진동 에너지 / 소리 패턴이 있는 다른 유발 인자가 주어져도 분노는 더 이상 발생하지 않게 된다. 이는 분노의 관리과정이 아니라, 분노로 인해 상처를 입은 곳에 "나(I)"가 멋지게 나타나는 분노의 변형과정이다. 이제 거기에는 새로운 변형의 에너지가 있고 유발인자에 맞서서 그것을 단념하지 않고 보호하기 위해서 그 아이와 함께 있는 능력이 생긴다.

마리카(Marika)라는 청소년의 사례로 설명을 해보면, 그녀는 학교 친구들이 놀이에서 자신을 왕따시키거나 "우리는 너를 원하지 않아", "너는 우리 편이 아니야"와 같은 메시지를 담은 말을 할 때 매우 폭력적으로 변했다. 폭력에는 그녀가 목표로 하는 사람을 밀치거나 때리는 것뿐 아니라 물건을 던지는 것도 포함된다. 행동 관리 프로그램은 마리카의 행동에 아무런 영향을 주지 못했고 학교는 그녀를 고집이 센 "반항아"로 묘사했다. 마리카와 위의 분노 과정을 사용하여 8주 동안 6회기를 진행하면서 4개의 핵심적인 상처의 흔적을 발견했다.

첫 번째로, 5살 때 어머니와 헤어진 기억과 "나를 원하지 않아"라는 감정과 함께 위탁가정에 맡겨진 것이었다. 상처받고 버림받은 아이를 치유하는 과정을 포함하는 첫 번째 세션이 끝나고 자원 찾기 과정을 하면서 폭력적인 폭발은 줄어들기 시작했다. 5개의 다른 흔적들이 그녀의 계속되는 폭력적 폭발 뒤에 드러났다. 드러난 추가 흔적들은 첫 번째 양부모의 집에서 쫓겨난 것이었다. 그녀가 7살 때 그녀의 양부모는 해외로 이주했었다. 버려졌다는 느낌이 다시 "나에게 무슨 문제가 있는 것이 틀림없어"라는 감정과 "나는 받아들여질 수 없어"라는 감정으로 드러냈다. 우리는 이 버림받은 아이를 치유하기 시작했다. 8살 때, 친척이 한 명만 입양이 가능하다면서 그녀의 언니를 입양하기로 결정하고, 그녀는 데려가지 않았다. 그녀는 이것을 가장 큰 거부로 기억했다. 10살 때, 그녀는 그녀의 양부모가 은퇴하면서 더 이상 양육할 수 없다는 결정으로 인해 다른 양부모에게 입양되었다. 버림받고 받아들여지지 않았다는 강력한 느낌들이 이 흔적이 드러났을 때 나타났다. 12살 때, 그녀의 어머니가 그녀의 인생에 다시 나타났지만, 그녀와 함께 살고 싶지는 않고 가끔 방문할 생각만 있다는 메시지를 남겼다. 13살 때, 그녀는 자신들의 상류 사회적–경제적 지위에 어울리지 않는다고 그녀를 배척하는 아이들 때문에 새로운 학교로 옮겨야 했다. 마리카의 발달에서 있어서 이들 핵심적인 정서적 상처는 학교 친구들에게 6번의 폭력적인 폭발을 한 다음에 드러났다. 수 주 동안 우리는 적극적으로 마리카와 이들 내면 아이들에게 자기–양육 제공하기 과정과 연관된 자원 찾기 작업과 치유작업을 했다. 그 결과, 학교에서의 폭력적인 폭발이 사라져갔다. 마리카는 다음 몇 달 동안 친구들과 더 친해졌다. 왜냐하면 그녀는 행복하고 평화로운 사람이 되었기 때문이다. 마리카는 그녀의 내면에서 일어나는 추가 반응을 알아차리는 방법과 상담이 필요하다고 알리는 법도 배웠다. 우리는 되풀이 되는 트라우마를 경험한 그녀의 다양한 작고 버림받은 아이들을 치유하는 내적 과정을 계속했다. 가장 중요한 점은 그녀의 자존감이 향상되어 이제 그녀는 자신이 나쁜 사람이나 통제할 수 없는 사람이 아니고 그녀의 분노는 단순히 그녀의 내면에 있는 상처받은 작은 아이들이 도움과 치유가 필요하다고 보내는 신호임을 알아차렸다.

두려움 다루기: 두려움을 말로 바꾸기

두려움은 외부에 우리 자신을 나타내는 능력을 제한하며 우리를 억누른다. 두려움은 우리의 재능을 인생과 세상에 드러내는 것을 방해한다. 두려움은 불안, 걱정, 근심, 공황, 공포의 스펙트럼을 통해서 나온 질병과는 강도의 차이가 있는 반응이다. 키드먼(Kidman, 2005)은 두려움의 부활은 현대 사회의 과도한 스트레스의 결과라고 말한다. 두려운 상태는 삶의 질을 저하시키는 효과를 가지고 있고, 이 효과는 공황발작과 같은 극도의 두려운 상태로 나타나며, 말 그대로 내담자의 평범한 하루하루를 무기력하게 만든다. 두려움은 에너지적으로 차가워지며 종종 MS나 암과 같이 신체의 차가운 질병의 범위에 놓여있는 에너지 체계로 가라앉는다. 히스테리 같은 두려움 반응은 두려움이 몸 안에서 명백하게 관찰되지 않는 일반화된 두려움이며, 공포증과 공황발작 / 불안발작은 이 모델에 대한 내용에서 논의될 것이다. 본질적으로 두려움을 다루는 기본 과정은 3가지 종류의 두려움을 기초로 한다. 하지만 추가적으로 특수화된 과정들이 히스테리, 공황 / 불안 장애를 위해서 필요하다.

히스테리

이 용어는 심리학에서는 논쟁의 여지가 있는 단어였으며, 폴 자넷(Paul Janet, 1859–1947)이 히스테리 현상에 대해 시리즈로 출판한 논문에서 광범위하게 정의되고 있다. 밴 더 하트(Van Der Hart)와 프리에드만(Friedmann, 1989:11)은 그의 1929년 논문을 보고, 그가 다음과 같이 결론을 냈음에 주목했다:

> 히스테리는 마음의 통합에 결함이 있는 것으로, 한편으로는 개인적 통합이 축소되는 것으로, 다른 한편으로는 확장된 방식으로 다시 나타난 과거의 현상을 보존으로 것으로 히스테리를 설명하고 있다.

오늘날, 히스테리의 이런 개념은 분열, 신체화, 전환, 경계선 성격장애, PTSD를 포함하는 DSM IV에 의해 정의된 질병으로 알려져 있다. 자넷(Janet, 1905)이 정의한 분열은 이런 경험들 중에서 핵심으로, 보통은 미해결된, 인식되지 않은 트라우마적 경험들인 다른 요소들이 의식을 방해할 때 일어난다. 결국, 환자의 의식의 범위가 좁아지고 그들의 통합적인 힘이 감소하게 된다(Van de hart와 Friedman 1989). 이는 미해결된 트라우마 기억을 통제하려고 시도하는 무의식적인 과정을 확대하려는 증상의 발달과 행동적 불안감에서 종종 분명히 나타나는 증상의 발달을 초래한다. 증상은 보통 감정적으로 표현될뿐 아니라 신체적으로도 표현을 하며, 히스테리를 경험한 사람은 안절부절 못하는 동작과 통제가 안 되는 떨기, 울기, 비명 혹은 소리 지르기 등으로 다양하게 표현이 된다.

전인적 상담모델의 핵심은 내담자를 위한 연민의 정이며 변형을 극대화하고 정신적 충격을 최소화하기 위한 노력이다. 또한, 이는 내담자에게 치료적으로 전혀 도움이 되지 않고 때로는 불안하게 하는 반복적인 외상성 행동들을 포함하는 히스테리 상태에서 내담자를 탈출시키는 것을 의미한다. 타거(담화 1996)가 개발한 효과적인 과정을 사용해서 내담자를 즉시 히스테리 상태에서 벗어나게 할 수 있다. 그 과정을 "대나무(Bamboo)"라고 부른다. 왜냐하면 그것이 트라우마의 흔적이 저장되어 있는 아스트랄의 층을 은유적으로 나타내는 대나무의 연속적이며 반복적으로 형성된 부문으로 들어가는 것과 비슷하기 때문이다. 이 과정은 히스테리의 증상 / 육체적, 감정적 또는 정신적으로 통제감이 상실되거나 넘치는 현상을 보일 때 사용된다.

내담자는 다음과 같이, 간단하지만 효과적인 "대나무" 과정을 하면서 히스테리성 반응의 원인이 되는 흔적에서 탈출할 수 있다.

- 내담자의 이름을 크게 부른다.
- 내담자에게 두려움을 가지고 있는 신체의 그 부분에 손을 올려놓으라고 요청한다.
- 내담자의 손으로 두려움을 잡는다.
- "g"소리를 크게 내며 두려움을 자신의 몸으로부터 멀리 던진다.
- 신체의 그 부분에서 뒤로 물러 나온다.
- 양 손과 발을 턴다.

위의 과정을 안전하다고 느낄 때까지, 그 경험에서 완전히 벗어날 때까지 반복한다. 어떤 사람은 바로 빠져나올 것이며 어떤 사람들은 3-5번을 반복해야 하고, 드문 경우로는 6-15번까지 반복하는 사람도 있다. 내담자의 일반적인 리듬을 타는 호흡패턴이 회복되고 내담자가 상담자의 눈을 쳐다볼 수 있을 때, 그리고 신체적 환경에 대한 기본적인 질문에 정확히 답변할 수 있을 때 끝났다고 말할 수 있다.

아주 가끔, 만일 내담자가 극도로 신경질적이고 자신의 이름을 부르는데 응답하지 않는다면 내담자의 뒤쪽에 서서 그들을 뒤로 잡아당기고 팔을 두어 번 흔들어 준다. 그 때마다 "어느 곳에서 두려움을 느끼는지, 그것을 던져버리고, 뒤로 물러나서 털어버리라"고 말한다. 2-4번 정도 한 후에는, 어떤 신체적 도움 없이 자신의 힘으로 그 과정을 진행할 수 있게 된다. 내담자는 매우 빨리 그들이 뒤로 물러서서 그것을 털어냈을 때마다 두려움이 진정되고 그런 행동이 내담자를 강하게 만들어주는 것을 깨닫게 된다. "대나무" 방법은 공황장애가 있는 내담자에게 가장 먼저 알려주는 방법이다. 이렇게 해서 그들은 두려움의 흔적으로부터 멀어질 수 있는 반응을 극복할 수 있는 도구를 갖게 된다. 이는 두려움의 흔적을 치유하지는 않지만 내담자가 두려움의 흔적에서 빠져나와서 생각할 수 있는 통합된 자신으로 돌아갈 수 있게 해준다. 그렇기 때문에 이것은 기저에 깔려 있는 흔적이 변형되기 전까지 공포심을 관리하기위한 중요한 도구가 된다. 전인적 상담모델에서 이 방법은 내담자를 신체적으로 접촉하는 것이 허용되는 매우 드문 예의 하나이다.

히스테리에서 빠져나오는 방법은 평정의 상태로 돌아오기 위해 매일 사용할 수 있는 도구이다. 이것의 명확한 사례는 전인적 훈련을 받은 두 명의 상담사가 아침 일찍 도시 근교에서 일을 하기 위해 기차로 출근을 할 때 발생했다. 그들이 서 있는 줄의 앞쪽에 아름답지만 연약해 보이는 여성이 아이와 함께 타고 있었다. 그녀는 5달러가 부족했고 직원은 돈을 가져오기 전에는 기차를 탈 수 없다고만 반복적으로 말했다. 그녀는 울면서 아이를 꼭 도시의 병원으로 데려가야 한다고 했다. 직원은 5달러가 더 필요하다고 반복해서 말했고 그녀는 신경질적으로 소리치며 울기 시작했고, 비명을 지르며 역을 나가더니 인접한 고속도로 중앙에 서서 팔을 흔들었다. 상담사 한 명이 5달러를 지불하고 그녀를 위해 표를 구입했고, 다른 상담사는 고속도로로 가서 그녀가 평온해지고 호흡이 돌아올 때까지 계속해서 "대나무" 과정을 실시하여 그녀를 진정시켰다. 그녀는 평온한 마음으로 아이와 함께 기차를 타고 갈 수 있었다. 비록 트라우마 체계에 내재되어 있는 트라우마의 흔적이 변형이 되지는 않았지만 그녀는 그녀의 삶을 통제 불능으로 만드는 분열 상태의 경험에서 빠져나올 수 있는 기본 도구를 갖게 되었다. 이 도구는 신경질적인 내담자에게 여러 번 사용되었으며 내담자를 진정시키기 위해 필요하다면 약물과 함께 사용되거나 도전적인 행동을 관리하기 위해 경찰을 부르기도 해야 했다. 이는 내담자가 매일 트라우마 체계에서 나오는 기억들로 넘쳐나는 PTSD(외상 후 스트레스성 장애)에도 효과적으로 사용된다. 끔직한 전쟁 경험 때문에 일상을 제어하기 힘든 망명자는 정신적 충격의 기억으로부터 빠져나올 "대나무" 과정을 배워서 그녀의 삶을 다시 통제할 수 있게 되었다. 이것은 트라우마 체계에 있는 흔적을 변형시켜야 하는 필요성을 부인하는 것은 아니다. 하지만 이 기법은 견딜 수 있는 삶을 만들기 위한 유기적인 문제를 다루면서 그 여자에게 자신의 에테르를 강화할 수 있는 시간을 줄 수 있다. 전인적 상담에서, 신체적 기관에 삶과 건강 그리고 생명력을 주는 에테르에 중장기적으로 이득이 되며, 단기적으로는 에테르를 고갈시키는 아스트랄에서 해야할 작업 사이에 균형이 필요하다. 대나무 과정은 PTSD를 가지고 있는 내담자에게 생명력을 회복하기 위한 호흡을 할 수 있는 장소를 제공하고 그래서 그들은 아스트랄 흔적을 치유할 수 있는 에너지를 갖게 된다.

이 4층부의 전인적 상담모델에 따라, 대나무 과정이 끝나고 나면 히스테리를 변형하기 위한 핵심적인 과정인 분열 과정을 다루는 것이다. 우리는 이것을 이전 장에서 "탈육화(excarnation)" 또는 반영적인 통찰력을 가진 자기 자신과 또는 "나(I)"와 아스트랄 층에 위치한 트라우마 흔적의 분열이라고 명명하였다. 이 분열과정은 모든 공황장애를 이해하고 변형하기 위한 핵심이다. 변형의 핵심과정을 “성육화”라고 부르며 5장에서 논의했었다.

공황/불안 장애

인구의 3.6%가 약간의 공황장애로 고통 받고 있고, 클레만(Klermanal, 1991) 등은 공황장애의 대가를 신체적, 감정적 건강의 쇠퇴로 보고 있으며, 의료시설과 응급의료기관, 향정신성 약물의 필요성이 증가하고 있다고 말했다. 레이드 윌슨(Reid Wilson, 2005:281)은 공황장애에 사용되는 주요 약물로는 벤조디아제핀, 항울제, SSRI's(세로토닌 재흡수억제제)라고 말했다. 다른 치료적 개입으로는 약물과 인지 행동학적 치료를 병행하는 방법이 있다(Barlow et al:2000). 글라쓰(Glass, 2000)는 공황장애가 만성적이며 정기적인 치료적 개입을 필요로 하며, 재발하는 장애임을 보여주는 임상학적 증거를 강조한다. 카턴달(Katerndahl, 2000)은 강력한 공황 발작에 대한 인식으로 심계항진(心悸亢進), 떨림, 발한, 두려움 그리고 비극적 상상이 포함되는 것을 시연했다. 라이히(Reich)와 로웬(Lowen, 1976)은 불안이 신체로 호흡하는 것을 막는 방해물과 직접 연관이 있고 불안이 마음에는 없지만 오히려 특정한 정신적 상태의 결과로 인해 육체에 수축이 일어나는 것에 주목했다. 축적된 긴장감은 호흡을 방해하고 불안감이 된다. 코에니그(Koenig, 1994:248)는 카프란(Kaplan)과 사독(Sadock)의 몸에 근거한 불안의 정의를 인용했다:

> 불안은 하나 이상의 신체적 감각과 함께 나타나는 산만하고 굉장히 불쾌하며 흐릿한 두려움의 감정이다 - 예를 들면, 명치의 공허한 느낌, 답답한 가슴, 두근거리는 심장, 발한, 어지럼증, 호흡곤란, 설사, 혹은 급작스러운 배설의 충동. 불안함과 돌아다니고 싶은 욕망이 일반적이다……

전인적 상담모델은 위의 묘사를 “나(I)”가 육체를 떠나는 증상으로 본다. 이 모델은 불안과 공황장애를 위한 단기간의 치료적 개입을 제공하며 보통 이 개입은 최대 4회가 소요된다. 대부분의 경우에, 계속되는 공황발작을 방지하거나 불안의 단계를 충분히 줄이는 방식이다. 전인적 상담모델에서 약물치료는 하지 않는다. 오히려 공황발작의 이유가 꼭 유년시절이 아니더라도 과거에 발생했고 그 사람을 분열시켰던 하나 이상의 미해결된 정신적 충격을 받은 사건의 결과로서 호흡을 수축하는 신체적 응답이라고 생각한다. 이는 발달주기에서 21년 동안 최상위의 자신인 "나(I)"가 몸을 점차 채우는 과정 혹은 성육화 과정과는 반대이다. 6살 때의 정신적 충격을 받은 사건이 내담자가 30살이 될 때까지 공황발작의 원인이 아닌 이유로 두 가지를 들 수 있다. 첫째, 내담자가 30살에 경험한 유발인자 사건이 반드시 초기 트라우마의 진동패턴과 함께 공명하는 진동패턴을 가져야만 한다. 둘째, 에테르는 육체와 트라우마 체계나 아스트랄체에 저장되어 있는 흔적 사이에서 완충작용을 한다. 만일 에테르가 신체적, 정서적 스트레스 혹은 질병 등으로 고갈되었다면, 에테르는 매우 약해지고 이전에는 육체에서 떨어져 있었던 흔적들이 약해진 에테르를 통해 곧바로 육체로 스며들기 시작할 것이다. 이런 일이 일어나면, 공황발작이 발생한다. 전인적 모델에서, 공황장애는 에테르의 중재 없이 두려움의 공명 패턴 때문에 "나(I)"가 육체를 떠나고 동시에 아스트랄에서 육체로 바로 침투하는 것으로 정의한다. 이 두 사건이 동시에 일어날 때, 내담자는 공황발작을 일으킬 것이다.

공황발작을 가지고 있는 내담자를 치료할 때, 다음과 같은 치료적 개입이 적용된다:

- 만일 내담자가 공황발작 상태라면, "대나무"과정을 사용해서 즉시 빠져 나오도록 한다.
- 공황을 경험했던 마지막 상황을 회상할 때 나타나는 공포가 어디에서 느껴지는지 내담자에게 물어본다. 내담자가 이 과정을 하기 전에 긴장을 풀고 이 과정이 천천히 진행되는 것이 중요하다. 내담자가 당신에게 공포가 머리에 있거나 혹은 몸 전체에 있다고 하면, 내담자가 "대나무"라고 말하며 그 과정을 다시 시작해야 한다. 긴장을 풀고 천천히 진행될 때, 내담자는 최초의 공포가 발생했던 부분, 보통은 항상 몸통의 앞부분에서 발생하는, 그 부분을 발견할 것이다.
- 내담자에게 막혀있던 호흡의 모양을 그림으로 그리라고 하고 몸 전체

를 사용해서 그 안으로 들어가도록 요청한다. 자세를 취하게 되면, 이 모양 안에 있었던 몸의 가장 최초의 기억이 떠오를 것이다. 이것이 공포의 원인이 되는 흔적이다. 공격이나 양의 흔적과 같은 사건일 수도 있다. 이런 경우에는 자기영역 과정이 필요하다. 또는, 버림받았던 기억과 같은 음의 흔적일 수도 있다. 이 경우에는 자원 찾기 과정이 필요하다.

- 흔적에서 찾은 정신적 충격을 받은 부분을 보호하는 것은 매우 중요하다. 이 과정은 2주 동안 매일 정신적 충격을 받은 부분과 다시 연결하여 긍정적인 양육과 보호하는 방식으로, 그리고 그 경험을 다시 실행하는 방식으로 자택에서 진행된다.
- 내담자는 유발인자가 된 사건 앞에서 자기영역이 몸을 떠나는 것을 인지하고, 자기영역을 만들기 위해 다리를 구부리거나, 두 발을 단단히 딛고 서서 "나는 여기에 있고 나는 너를 보호할 수 있다. 너는 안전하다"를 반복하면서 자신의 몸 안에 머무르기 위해서 "dddd"를 사용하는 방법을 학습한다.
- 2주 동안 재택 치료가 끝나고 난 후, 그 유발인자의 사건은 힘을 잃고 공황발작은 사라진다.

만일 내담자가 공황발작을 계속 일으킨다면 다른 최초의 흔적이나 다른 유발 인자를 찾아볼 필요가 있지만, 이런 흔적들은 항상 다른 진동 패턴과 다른 유발 인자를 가진 다른 흔적들 주위에 존재하고 있다.

익숙하지 않은 상황이나 새로운 장소에 가야 할 때 매번 공황발작을 경험하는 30살의 밥(Bob) 이야기가 전형적인 사례로 들 수 있다. 그는 6년 동안 때때로 약물치료를 받았으며, 12회기의 이야기치료를 받았지만 여전히 공황발작이 그의 사회생활과 직장생활을 무력하게 만들었다. 밥이 호흡이 멈춘 모양 안으로 들어갔을 때, 그는 6살 때 겪었던 흔적으로 곧바로 들어갔다. 그는 어머니와 함께 방에 있었고, 그녀의 애인은 문을 발로 차고 있었다. 그는 공포에 질렸고 어머니도 공포에 질려서 문이 열리지 않도록 도와달라고 요청했다. 그는 그녀를 돕지 못했고 문은 부서졌다. 어머니는 결국 창문을 열고 뛰어내렸고 그도 함께 숲 속으로 도망쳤다. 여기에서, 유발인자는 낯선 상황에서 공격을 당할 수 있고, 자기가 통제할 수 없는 힘이었다. 그 회기에서, 우리는 6살의 그를 공격했던 두려움 주변으로 자기영역 과정을 진행했고, 다음 2주 동안 재택치료에서는 6살의 그를 보호하기 위해 계속해서 그 자신을 함께 하도록 했다. 공황발작은 멈췄으며 새로운 상황이나 장소에 가더라도 되풀이되지 않았다.

또 다른 사례는 45살의 마리(Marie)이다. 그녀는 차를 운전할 때 공황발작을 일으켰으며 2년이 넘게 집에서 꼼짝하지 않았다. 마리의 공황발작은 그녀의 가족뿐 아니라 그녀 자신, 그녀의 파트너, 그리고 아이들에게도 심각한 영향을 미쳤고, 이런 일이 6개월 동안 일어났다. 그녀는 그 기간이 그녀의 한계를 넘어서서 기진맥진하도록 그녀를 몰아붙였다고 묘사했다. 공황발작은 다음 6개월 동안에도 나타났고, 그 강도는 점점 심해졌으며 그녀의 개인적인 그리고 가족의 삶, 특히 밖에서 야영하는 청소년들처럼 많은 사회적 이벤트에 가고 싶어 했던 자신의 아들 인생도 연약하게 만들었다. 마리(Marie)는 4회기의 상담을 끝냈고, 매 회기 죽을 것만 같은 두려움과 연관이 있는 수축된 장소에서 어린 유년시절의 분열의 흔적을 찾아냈다. 어떤 흔적은 거의 수영장에서 익사할 뻔한 것이었고, 어떤 흔적은 4살 때 트레일러에 숨었다가 거의 질식할 뻔한 것이었으며 어떤 흔적은 5살 때, 언니가 그녀를 양탄자에 단단히 싸서 질식할 뻔한 것이고, 마지막 흔적은 자동차 사고가 났을 때, 차가 고장이 나서 밖으로 못나오고 갇혀서 차가 터질지도 모른다는 두려움에 사로잡혀 있었던 청소년기의 흔적이었다. 이런 모든 흔적들을 자기영역 과정과 성육화 과정을 사용해서 처리하자 공황발작은 사라졌다. 8주 동안 4회기가 진행됐고 매 회기 후에 내담자는 공황발작의 빈도수가 감소했음을 알렸고, 그녀는 이제 원하는 만큼 집을 떠나 운전도 하고 여행을 할 수 있게 되었다.

공황장애와 이전의 세포기억들

전인적 상담과정에서 내담자의 사례에 과거의 흔적들이나 이전의 기억에서 근원을 찾을 수 있는 공황장애가 기록되어있다. 이것은 돈(Don)의 사례에도 잘 나타난다. 상담을 받으러 온 45세인 돈은 호주인으로 해외를 여행해 본 적이 없었으며 치료를 받으러 오기 2개월 전까지는 단 한 번도 공황발작을 일으킨 적도 없었다. 이 2개월 동안 사랑하는 개의 죽음 말고는 크게 정신적 외상을 일으킬 만한 사건은 없었다. 그는 개를 묻으러 갈 때, 사랑하는 개의 몸속의 뼈에 대한 감각을 회상했다. 몇일 후에 그는 발한, 치명적 공포, 두려움, 호흡의 어려움, 그리고 특히 잠을 자러 갈 때 강하게 나타나는 공격과 같은 극심한 공황장애 징후를 보였다. 그는 침대에 가서 자지 않기 위해 무엇이던지 했다. 의자에서 똑바로 앉아서 잠들기도 했다. 첫 번째 회기에서 보여준 최초의 흔적은 그의 팔에 개의 시체를 안고 있는 경험이었다. 그 개를 묻으러 갈 때 그는 엄청난 슬픔과 상실감을 경험했다. 하지만 그 회기가 끝난 후에도 공포는 전혀 줄어들지 않았다. 다음 회기에서 학교의 양호선생님이 그의 속옷을 벗기고 복도에 세워둬서 공포에 떨게 한 흔적이 나타났다. 자기영역과 자원 찾기 과정을 포함한 적절한 치료적 개입에도 불구하고 공황발작은 충분히 줄어들지 않았다. 세 번째 회기에서 우리는 공포의 순간으로 다시 들어갔고 내담자는 유대인으로 나치 포로수용소에 있는 자신을 발견했다. 그는 한 번도 유럽에 가본적도, 유대인 대학살에 대해서 읽은 적도 없었지만 그는 생존과 죽음의 끔직한 상태를 자세히 회상할 수 있었다. 그의 직업은 가스 처형실에서 나온 시체를 묻는 일이었고 많은 시체를 그의 손으로 묻었던 것이었다. 그 고통은 처참했고, 극심한 두려움과 희망이 없는 상황으로 절망감이 압도했다. 그는 일을 할 수 없는 사람을 선택하여 아침 검사와 그들을 가스실로 보낼 스케줄을 작성하는 것을 기억했다. 내담자가 조각조각의 경험을 회상했기에 회상에 대한 상담 회기는 길고 힘들었다. 이 회기 다음으로 트라우마를 치유하기 위해 자기영역과 자원찾기, 절망, 고통, 상실감에 대한 회기를 포함한 4회기를 추가로 진행했다. 매 회기가 끝난 후 고통은 점차 줄어들었고 4번째 회기를 끝낸 후에야 공황발작이 사라졌다. 내담자가 45세가 되었을 때 느닷없이 공황발작이 시작된 것이 중요하다. 그는 포로수용소에서 자신의 충격적인 죽음의 순간을 45세로 묘사했었다 전인적 상담모델에서는, 이번 사례가 보여주듯이, 내담자의 인생에서 유사한 진동파장의 에너지를 보여주는 사건이 계기가 되는 과거의 특정 기억이나 삶의 경험에서 나온 흔적들로 인해서 공황발작이 나타날 수도 있다. 이번 경우에 그것은 그가 사랑했던 개의 시체를 옮기는 것이었다.

공포증(Phobias)

대부분의 공포증은 거미나 뱀, 쥐 또는 다른 작은 물체와 대면하는 것처럼 경험의 작은 부분에 집중한다. 다베이(Davey, 1995)는 이것을 위협하는 자극에 대한 정보를 처리하는 과정에서 나타나는 선입견으로 설명할 수 있다고 말한다. 인지행동치료사들은 공포증을 유발하는 새 또는 쥐와 같은 혐오스러운 특성을 보여주는 자극과 중립적인 대상이 한 쌍이다고 종종 주장한다. 전인적 상담모델에서는, 공포증은 대부분 혐오스러운 물체가 위협을 가하는 특성을 가지고 있는 이전의 세포기억 / 과거의 삶의 경험을 의미한다. 그러므로 예를 들면, 이생에서 쥐에 대한 공포증 혹은 강렬하고 비이성적인 공포는 내담자가 닫힌 공간에서 쥐에 의해 병들고 쇠약해지며 죽도록 물어뜯긴 세포기억이나 생애를 암시하는 것과 같다. 높이에 대한 혐오스러운 자극 또한 내담자가 높은 곳에서 떨어져서 죽거나 심각한 상처를 경험한 과거의 기억을 암시할 수도 있다. 공포증은 아스트랄 / 트라우마 체계에 깊게 저장되어 있는 흔적을 가리키며, 자기영역이나 자원 찾기 또는 다른 적절한 과정을 통해 변형이 되었을 때 즉시 사라진다. 미리암(Miriam)의 사례는 그런 연구를 대표한다. 그녀는 40살로 매처럼 특히 큰 새에 대해 심각한 공포증을 가지고 있다. 그녀가 두려움을 느꼈던 신체의 부분으로 들어갔을 때 그녀가 어린 아이였을 때 까마귀가 쪼아대서 상처를 입었던 이전의 세포 기억 혹은 과거의 경험 안으로 들어갔다. 자기영역, 방임, 두려움, 무기력함과 관련된 적절한 과정을 끝낸 후 그녀의 공포증은 사라졌다.

일반화된 두려움

가볍거나 심각하지 않은 강도의 두려움을 치료할 때, 다음의 두려움 과정을 기본적으로 사용한다. 이 과정은 내담자가 "대나무"를 말하고 성육화 과정을 통해 성육화가 된 후에 공황발작이나 공포증을 다루기위해서 실행된다.

1단계: 두려움의 장소 발견하기

- 두려움의 경험을 불러낸다. 그 장소, 사람, 사건의 자세한 사항을 회상한다.
- 그 회상으로 인해서 가장 불편한 느낌을 받는 곳을 찾아본다.
- 그 곳에 손을 올려놓는다.
- 그 부분 안으로 들어간다.
- 그 부분으로 호흡하고 호흡이 그 곳에서 어떻게 자유롭지 않은지 관찰한다.
- 다시 나와서 두려움의 모양을 그림으로 그린다.

2단계: 두려움에 사로잡힌 사람의 몸짓

- 원래 들어갔었던 같은 장소에 손을 올리고 그려놓은 모양 안으로 들어간다.
- 그 모양 안에서 어떻게 갇혀있는지를 몸 전체를 사용해서 나타낸다.
- 그 몸짓를 유지하면서 나타나는 감정을 느낀다.
- 그 몸짓으로 있었던 가장 최초의 기억은 무엇이었나?

3단계: 두려움을 치유하기 위한 과정

- 고통을 받고 있는 부분의 몸짓을 유지한다.
- 채워야 할 잃어버린 특성들이 있는지 또는 처리해야 할 공격 대상이 있는지 찾아본다.
- 절망, 슬픔, 상실, 배신처럼 과정이 필요한 다른 감정들을 찾아본다.

마지막으로 위 단계의 결과로서, 두려워하는 사람에게 회복의 과정을 시작해야 한다. “나(I)”를 상처 입은 자신과 다시 의식적으로 연결하는 데는 보통 2-3주의 작업이 필요하다. 이 과정을 할 때 다음과 같이 말해야 한다: “나는 여기에 있고, 나는 당신을 보호할 수 있으며 당신은 안전하다”. 이 과정은 두려운 경험을 “나(I)”와 통합하기 위해 통찰력 있는 자기 자신과 의식적으로 연결하는 것이다. 두려움을 관리하는 짧게 요약된 또 다른 과정은 쉐어우드(2004:61-68)의 찰흙기법에서 설명하고 있다.

결 론

통제되지 않은 분노나 두려움은 앙굴리말라와 같은 악마이다. 그것은 내담자의 삶에 나타나서 조롱하며 내담자의 정신건강과 행복의 상태를 심각하게 해친다. 더 높게 투영된 의식의 빛이 일단 두려움과 분노 그리고 진동 패턴의 장소에 돌아와서 감정소모나 공격을 자원 찾기와 강화하기로 바꾸고 나면 변형이 일어난다. 부처의 고요함과 평정심 앞에서 앙굴리말라처럼 거기에는 변형된 경험이 생긴다. 왜냐하면 아스트랄에 스며드는 “나(I)”가 주된 힘이 되기 때문에 야생의 동물이 더 이상 혼란스럽고 피해를 주는 식으로 그 삶으로 돌진하지 않는다. 반영된 의식이나 “나(I)”가 트라우마 흔적에 스며들어 하나가 되면 긍정적인 정신건강이 더욱 풍요로워질 평화와 고요함이라는 새로운 경험이 내담자의 에너지 체계에 나타난다. 앙굴리말라처럼 내담자는 두려움의 악마를 쫓아낼 평화로움을 알게 되고 통찰력을 향해 그 문을 여는 것이다. 이렇게 사람은 길들여지지 않은 야생의 황소가 인생을 휘두르게 놔두지 않고 정신 상태를 다스리는 근원이 되는 패턴에 대해 깨닫게 되고, 그 패턴들을 경험에 통합할 수 있게 된다.

참고문헌

Barlow, D. Gorman, J, Shear, K, Woods, S (2000) “Cognitive-Behavioural Therapy, Impramine or their Combination for Panic Disorder”. *The Journal of the American Medical Association* vol 283, no 19 pp2529-2536.

Burtt, E. (1982) *The Teachings of the Compassionate Buddha*. Mentor, New York.

Davey, D. (1995) "Preparedness and Phobias: Specific evolved associations or a generalized expectancy bias?" *Behavioural and Brain Sciences* 18 (2) 289-325

Glass, R. (2000) "Panic Disorder- its real and it's treatable" *The Journal of the American Medical Association* Vol 283 pp2573-2574.

Janet, P. (reprint 1965) *Major Symptoms of Hysteria* NY

Janet, P. (1905) Les oscillations du niveau mental. *Revue des Idees* 2, pp729-755

Katerndahl, D. (2000) Symptoms Severity and Perceptions in Subjects with Panic Attacks *Archives Family Medicine* Vol. 9, pp1028-1035.

Kidman, A. (2005) *Stress, coping and social support in the Age of Anxiety.* Foundation for Life Sciences, Sydney.

Klerman, G., Weissman, M, Ouelette, R, Johnson J., Greenwald, S., (1991) "Panic attacks in the community. Social morbidity and health care utilization" *The Journal of the American Medical Association* Vol 265, no 6.

Koenig, H. (1994) *Ageing and God: spiritual pathways to mental Health in Midlife and later Years* Hawthorn Press, NY

Pollack, M., Otto, M., Worthington, M., Manfro, M., Wolkow, R.(1998) "Setraline in the Treatment of panic Disorder: a flexible-dose Multicenter Trial" *Archives of General Psychiatry*, Vol 55, pp1010-1016

Lowen, A. (1976) *Bioenergetics*, Penguin, London

Reid Wilson, R. (1996) *Don't Panic: taking control of anxiety attacks.* Harper Collins, NY

Sherwood, P. (2004) *The Healing Art of Clay Therapy*, Acer, Melbourne.

Tagar, Y. (1998) "Philophonetics Notion of Reaction" *Philophonetics: Love of Sounds* vol 2, Melbourne (unpublished)

Tagar, Y. (1996) "Caring for the Child Within" *Philophonetics: Love of Sounds* Melbourne (unpublished)

Van der Hart, O. and Friedman, B (1989) "A Reader's guide to Pierre Janet: a neglected intellectual heritage" *Dissociation* vol. 21, pp3-16

Thanisaro, Bhikku (2006) trans. *Angulimala Sutta* cited in: www.accesstoinsight.org/canon/sutta/majjhima/mn-086-tbo.html

www.angulimala.org.uk/anguintr.htm

www.buddhanet.net/e-learning/Buddhism/lifebuddha/29lbud.htm

제8장

용서: 몸과 마음 그리고 정신 사이의 균열 치유하기: 죄책감과 수치심을 평온함으로 대체하기

연민의 정(Compassion)은 궁극적이며 가장 의미가 있는 감정적 성숙의 구현이다. 연민의 정을 통해서 인간은 자신의 자아실현의 가장 높은 점과 가장 깊은 곳을 얻을 수 있다.

– 아서 제실드(Arthur Jesild, 1957)

삽화 : 하라나 잔토(Hrana Janto)의 관음

제8장 용서: 몸과 마음 그리고 정신 사이의 균열 치유하기: 죄책감과 수치심을 평온함으로 대체하기

아시아 전역에서 숭배하는 아름다운 관음은 인간 개개인의 아름다움, 가능성과 잠재력을 알아주고 우리를 양육하고 용서하는 어머니이며, 우주의 연민의 특성을 대표한다. 그녀는 또한, 위대한 연민의 가슴을 가지고 있으며, "세상의 울음소리를 듣는 사람"이고, 길을 잃고 고통 받는 사람, 자신의 삶이 불충분하고 불완전하며 불만족스럽게 느끼는 사람을 포옹할 준비가 되어 있다. 그녀는 약하고 비틀거리며 도덕적으로 약한 사람을 용서하고 포옹하며 양육하는 능력에 대한 위대한 상징이다. 그녀는 말 그대로 하늘의 여왕이다. 그녀는 과거에 얽매여서 죄책감과 수치심을 느끼는 사람이 자신을 용서하고 자기 수용의 긍정적인 치유의 장소를 향해 가도록 독려한다. 연민의 잃어버린 기술(*The Lost Art of Compassion*)에서 래드너(Ladner, 2004:25)는 보살의 특질로서 연민에 대해 기술했다:

> 어려운 환경의 중심에서… 자유를 위한 자신의 잠재력에 대해 다른 사람에게 일깨워 주는 평화로운 즐거움. 이것이 세계에 존재하는 자아(ego)의 억압이나 스트레스를 초월하는 하나의 심장이다.

본질적으로, 우리가 자신의 한계에만 이미 너무 집중하기 때문에, 죄책감과 수치심은 우리를 자기연민에 빠지도록 한다. 우리는 우리 자신이나 타인에게 평화를 가져다주지 않는다.

죄책감과 수치심은 인간으로서 온전함의 경험을 방해하는 마음의 상처로 남아서 자기 자신과 타인과의 유대감에 영향을 미친다. 죄책감은 우리가 사회적 기대를 저버리거나 그에 부응하지 못했기 때문에 부적절하다고 느끼는 경험이며 몸짓은 대중적으로 평가되는 창피함에 대해 자신을 보호하려는 자기내부의 압력이다. 수치심은 자신의 기준에 맞춘 자기 판단이다. 그것은 칙칙한 경험이며, 몸짓은 중력의 힘으로 눌린 오목한 자세로 몸을 구부리고 머리를 수그린 자세이다. 켈트너(Keltner)과 부스웰(Buswell, 1996)의 연구에서 참가자로 하여금 수치심과 죄책감을 구별하도록 했다. 그들은 참가자들에게 개인의 중요한 기준을 따르지 못한 것을 '수치심'이라고 하고 타인을 해치거나 사회적 규칙을 위반한 것을 '죄책감'으로 분류했다. 몸짓과 관련하여, 참가자들은 수치심으로 고통 받는 사람은 정확하게 구별했지만 죄책감은 확실하게 구별하지 못했다. 태그네이(Tagney, 1996) 등은 참가자들이 죄책감과 수치심을 구분했다고 말했다. 죄책감은 외적 몸짓으로는 해석하기가 힘들었고 내적 몸짓은 판단하는데 혼란스러운 것으로 묘사했다. 죄책감은 항상 유죄인 사람에게 내린 판결에 대해 많은 사람들이 동의한다. 죄책감은 보통 상황에 따라 뚜렷하다. 예를 들면, 누군가가 가족을 자주 방문하지 않거나 또는 자녀에게 충분한 시간을 주지 않아서 죄책감을 느낀다. 죄책감이라는 우물의 바닥에는 사회에서 인간이 특정한 역할을 어떻게 해야 하는지에 대한 사회적 법규나 판단이 있다. 사회에서 그룹들의 판단은, 때때로 콜버그(Kohlberg, 1984)의 도덕의 발달단계의 3단계와 4단계의 행동처럼, 내담자가 규정화된 사회의 의무와 규칙을 따르지 않는 것이 죄책감이라는 것에 동의한다. 이는 "건강하지 못한 죄책감(Unhealthy guilt)"이라고 규정할 수 있다. 왜냐하면 특정한 의무를 따르기 위해 자신의 건강을 해치는 사람은 그 과정에서 쇠약해지거나 소진될 수도 있기 때문이다. 하지만 죄책감이 때로는 타인을 해롭게 하고 사회적 규칙을 위반할 때 경험되기도 한다. 이런 종류의 죄책감은 "건강한 죄책감(Health guilt)"라고 한다. 말비(Malby, 2005)는 '건강한'과 '건강하지 않은' 죄책감의 경계를 논하는 연구가 많이 진행됐음에 주목했고, 우울, 걱정, 미해결의 슬픔을 포함하는 장애의 범위에서 죄책감의 역할에 주목한 냐니(Nyani)와 뷰가(Bhurga, 1996)의 연구를 인용했다. 프롬(Fromm, 1944)은 신경쇠약과 정신건강 장애의 근거로 "어떤 사람을 파멸시키는 가장 효과적인 방법은 그에게 부정적인 신념을 심어 주는 것이다"라고 주장했다. 반대로 종교와 도덕적 관점을 가지고 있는 연구자들(Dougherty et al: 1995)은 도덕적 의식을 유지하고 윤리적인 원칙을 강화하는 방법으로 건강한 죄책감의 장점들을 활성화시키는 경향이 있다고 했다.

전인적 상담모델에서 죄책감과 수치심

전인적 상담모델에서, 건강한 죄책감과 건강하지 않은 죄책감은 구분하지 않는다. 우리는 죄책감을 구분하는 대신에, 죄책감, 의도적인 수치심, 선천적 수치심과 개인적 수치심을 구분한다. 우리의 기준은 내담자가 정의한 경험의 본질과 4층부 모델의 관계에 따라 분류가 된다. 죄책감은 아스트랄이나 트라우마 체계에 위치하며, 이 모델에서는 종종 우리가 자기 자신에 대한 자신의 판단이라고 말하는, 즉, 우리의 행동에 대해 타인의 판단을 내재화하는 것으로 정의한다. 전인적 상담모델에서 죄책감은 어떤 사람이 자신의 행복을 위해 사회적으로 규정된 규칙이나 역할을 위반할 때 나타나는 감정을 언급할 때 사용하는 용어이다. 내담자는 항상 이것을 에너지적 공격으로 경험한다. 그것은 장기적으로는 노이로제나 건강하지 않은 육체적, 심리적 상태로 만드는 "건강하지 않은 죄책감"의 개념과 유사하다.

반대로 전인적 상담모델에서 수치심의 3가지 종류는 다음과 같이 선천적 수치심, 의도적인 수치심과 개인적인 수치심으로 구분한다.

선천적 수치심(inherited shame)

선천적 수치심은 "자기(I am)"에 있고 대부분의 감각에서 7살의 미만의 발달기간 동안에 경험한 그 아이의 몸, 마음 또는 재능에 대한 부정적인 표현으로 인해 어른의 "자기(I am)"가 아이의 부서지기 쉬운 "자기(I am)"로 바뀔 때 나타난다. 이런 평가적 표현은 아이의 "자기(I am)"의 초기 발달에 스며들고, 그 표현들은 성육화 과정에서 그 아이를 더럽고, 멍청하고, 무식하고, 못생기고, 게으르고, 뚱뚱하고 쓸모가 없다고 비난하는 성인 "자기(I am)"의 유독성 뿌리로 자리 잡는다. 성인에 대한 이런 표현들은 상처 입은 내면아이를 안고 있는 성인이 그 아이에게 표현한, 그 아이에 대한 투사로 볼 수 있다. 아이의 "자기(I am)"는 이런 유독성의 메시지로 가득 차있다. 인격을 만드는 핵심적인 곳에 이런 비난하는 에너지는 청소년기의 낮은 자아존중감의 원인이 되며, 때때로 풍요로운 성인의 삶을 무력하게 만든다.

객관적으로 보는 외부인은 내담자가 만드는 자기 비하적인 수치심에 대한 판단을 정확하지 않다고 볼 수도 있다. 내담자는 신체적으로는 아름다워도 자신을 못생겼다고 말한다. 내담자는 매우 똑똑하더라도 자신이 멍청하다고 주장한다. 그들은 매력적인 체격을 가졌을지라도 자신을 뚱뚱하고 못생겼다고 말한다. 거기에는 항상 선천적인 수치심에 대해 내담자의 인식과 관찰할 수 있는 현실 사이에 상당한 차이가 있다. 선천적인 수치심을 가진 내담자는 수치심을 대부분 신체의 아래쪽에 위치하는 신체 전반에 퍼져있는 독특한 뿌리로 경험하고, 이를 그림으로 그릴 것이다. 아래의 그림 14는 선천적인 수치심의 전형적인 그림이다:

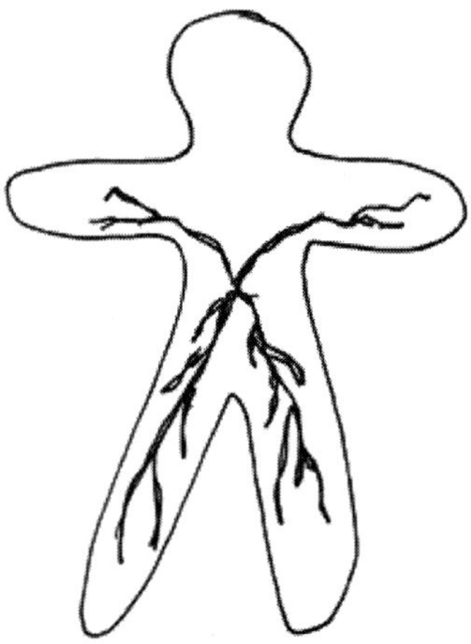

그림 14 : 선천적인 수치심

내담자는 "자기(I am)"의 뿌리가 오염된 것처럼 선천적인 수치심을 경험한다. 소리나 비난에 기반을 둔 각 수치심의 뿌리는 반드시 제거되어야 하고, 긍정적인 자기존중 에너지 틀의 자리에 이식이 되어야 하기 때문에 헤치고 나가기가 어렵다. 모든 뿌리를 한 번에 제거할 수는 없고, 그래서 자기존중의 목소리를 회복하는 과정은 점차적으로 일어난다.

의도적인 수치심(wilful shame)

의도적인 수치심은 10장에서 자세히 다룰 것이다. 본질적으로, 이는 타인에게 의도적인 상처를 줄 수 있는 완전히 성육화된 성인 "나(I)"의 결정과 관련이 있다. 거기에는 그 행위를 위한 완화된 상황은 없다. 다만 권력을 얻고 타인을 착취하려는 순수한 열망이 있다. 그와 같은 의도적인 수치심은 이 행동이 올바르지 않다는 "나(I)"의 내면의 의식을 통해서 나타난다. 어떤 이론가들은 그것을 인간의 기본적인 권리와 요구에 대해 사람들의 의식에 나타나는 필요한 수치심이나 건강한 죄책감으로 설명하기도 한다. 간디(Gandhi)는 인도의 독립을 위해 영국인을 일깨우기 위해 인도를 식민지화 하는 과정에서 발생한 인간 권리의 희화화로, 이런 수치심을 동원했다. 내담자는 이런 의도적인 수치심의 내면의 경험을 황금빛 노란색 바탕에 갈색 점이 있는 그림으로 그렸다, 전인적 상담에서 그것은 10,000명 이상의 내담자의 사례에서 관찰되었다. 황금빛 노란색은 항상 투영된 자신 혹은 "나(I)"를 나타낸다. 이런 종류의 수치심에서, 집단적인 도덕적 양심은 그 행동이 콜버그(Kohlberg)의 도덕발달의 5단계 또는 6단계 수준에서 인간 권리의 희화화라는 내담자의 판단에 동의할 것이다. 이런 종류의 수치심은 보통 12살 이상의 청소년과 성인이 타인을 고의로 해쳤을 때 경험하게 될 것이다.

개인적 수치심(personal Shame)

개인적 수치심은 개인이 자신의 내부에 있는 밝은 "나(I)"의 잠재력에 대해 매우 높은 개인적 자각을 가지고 있을 때 나타난다. 타인이 자신들을 부적절하다고 판단하지 않은 상황에서 그들은 자신들을 부적절하고 가장 올바른 행동의 진실이 나타나지 않는다고 판단한다. 그들은 나약함을 통해 자신의 잠재력에 대한 내면의 인식에 맞게 살지 않고, 어떤 상황에서는 온전하게 드러내지 않음으로써 압도당하지 않는다. 그들은 다른 사람의 표준이나 보편적인 인간 권리의 표준으로 나쁜 짓을 저지르지 않는다. 그들은 자신의 내면을 깊이 알기 때문에 행동으로 옮기지는 않지만, 그들은 실행할 능력을 가지고 있다. 고전적인 예를 보면, 한 여자가 도로 위의 상처 입은 캥거루가 죽도록 내버려두고 온 것에 대한 수치심 때문에 상담을 하러 왔다. 누군가가 캥거루를 치었고 2미터에 가까운 캥거루는 몸부림을 치고 있었다. 하지만 그녀는 만일 그녀가 자신의 가장 높은 "나(I)"에 따라 행동을 했더라면 그녀는 즉시 죽이거나 다른 사람에게 대신 부탁을 하거나, 죽음의 순간에 빛과 사랑으로 곁을 지켜줌으로써 그 동물의 괴로움을 없애줄 힘이 있었을 것이라 확신했다. 그녀는 그 대신 차를 몰고 와버렸고 내면에 있는 연민에 대한 최상의 덕목을 따르지 않은 것을 부끄러워했다.

요약된 표는 죄책감, 선천적 수치심, 의도적인 수치심 그리고 개인적 수치심의 특징에 대한 정의를 구별해 놓았다:

표 10 : 죄책감, 선천적 수치심과 의도적인 수치심의 특성

	죄책감	선천적 수치심	의도적인 수치심	개인적 수치심
4층부의 모델에서 위치	아스트랄 시스템	유년시절의 자기 "(I am)"	성인의 그림자 "나(I)"	성인의 빛 "나(I)"
타인의 위치	판사의 목소리	지금은 없는 "자기(I am)"와 통합되어 있음	인간이 권리 판단	존재하지 않음
콜버그의 도적적 수준	1, 2, 3, 4단계	없음	3, 4, 5, 6	6
행동의 무대	사회적 역할 / 기대치	육체적 표현	의도적인 개인적 행동	개인적 잠재력의 감각
선택의 단계	중간	매우 낮은	매우 높음	낮음
치료적 개입	연민의 삼각형	수치심 나무 과정	자기-용서 과정	자기-용서 과정
그림	흔적: 다양한 모양과 색깔	몸을 통과하는 수치심 뿌리	황금빛 배경에 갈색 점	황금색의 베일

죄책감 다루기: 4층부의 전인적 모델

죄책감은 그 경험이 내면의 평화를 찾고 현재 순간의 가능성과 아름다움에서 사는 것을 방해하면서 삶을 무력하게 만든다. 삶의 매 순간은 그랬어야만 했던 것과 끝냈어야 했던 것들에 의해 오염되어 있다. 내담자는 특정한 기준에 맞는 생활을 하지 않은 것에 대해 그들을 비난하는 내면의 목소리와 기준에 대항하는 반란 혹은 그 기준이 지키기가 너무 어렵다고 느끼는 목소리 사이에서 갇혀있다고 느낀다. 내담자는 자신의 정신 내부에 있는 이 목소리에서 저 목소리로 왔다 갔다 하거나 비난의 목소리에 붙잡혀 있다. 양쪽 모두 내면의 평화나 휴식은 없다.

타거(1996)가 개발한 연민의 삼각형은 우리의 내면에 있는 동정적인 마음으로부터 판단이나 비난을 심도 깊게 분리시키기 위한 과정이다. 이 과정은 죄책감이나 자기비하와 자기심판으로부터 고통 받는 내담자를 치료하는데 매우 효과적이다. 우리가 무조건적이고 긍정적인 배려로 우리를 다루는 것을 배울 때까지 개인적인 판단을 피하는데 있어서 우리 자신이나 다른 사람들과의 관계에서 자신을 온전히 드러내기는 어려운 것 같다. 우리는 비난, 죄책감, 혹은 자기 자신을 탓하는 것을 다루고 나서야 이런 태도에서 벗어날 수 있다.

이 과정은 자기치유 과정에서 무제한적인 연민의 힘을 보여준다. 또한, 이는 자기 비하나 죄책감을 자기 수용과 친절함으로 유지하려는 사고패턴의 변화를 위한 정확한 과정을 보여준다. 연민의 삼각형을 시작하기 위해서 내담자는 왜 죄책감이나 실패를 느꼈는지에 대해 특정 사람과 함께한 특정한 사례를 상기할 필요가 있다. 내담자의 신체에서 혼란이 느껴지는 곳이 이 과정을 위한 시작점이다.

연민의 삼각형의 3가지 위치

삼각형의 꼭지점은 인간의 정신에 있는 3개의 중요한 심리치료적 위치를 나타낸다.

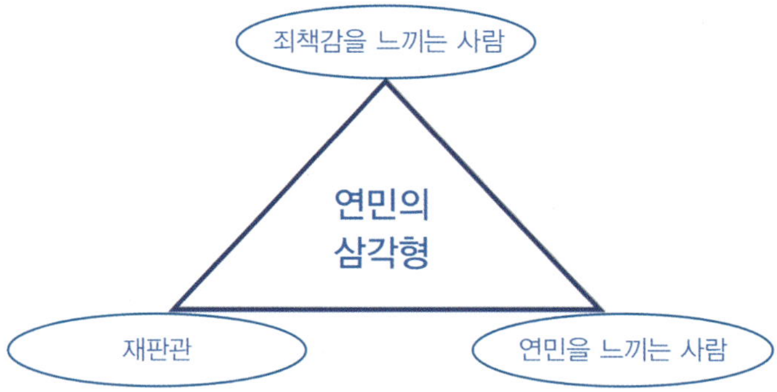

그림 15 : 연민의 삼각형

1. 죄책감을 느끼는 사람

첫 번째 위치는 상처받은 정신의 일부이며, 죄책감이나 실패의 경험과 관련이 있는 고통과 트라우마의 흔적을 가지고 있다. 원형적 수준에서 그것은 상처받은 심장일 수도 있다. 원형적 수준에서 그것은 상처입은 사람 또는 죄책감을 느끼는 사람인, 상처입은 아이다.

2. 재판관

연민의 삼각형에서 두 번째 위치는 비난과 판단으로 판결을 받은 사람에게 반응하는 부분이며, 심판이나 또는 재판관의 정신적인 위치를 만들어 낸다. 재판관은 항상 중요한 사람, 부모, 친척, 선생님 또는 어린이의 세계에서 힘을 가지고 있는 사람의 목소리이며, 그 사람들은 판단과 비난의 최초의 흔적을 제공한다. 궁극적으로, 반복된 공격에 아이는 "나는 비난 받아 마땅하다"라는 심판의 목소리를 내면화하게 되고 성인이 되어서도 이런 메시지를 계속해서 가지고 있게 된다. 심판의 정도는 재판관의 숫자나 그들의 정신적 깊이 혹은 비난의 강도에 따라서, 재판관의 정신적 부분을 통해 말하는 내담자의 어조에 따라 측정된다. 어둠, 파멸, 그리고 무기력의 원형적인 표현이 정신의 이 위치에서 나타난다.

3. 연민을 느끼는 사람

세 번째 위치는 연민과 이해의 능력이 있는 부분이다. 이것은 긍정적인 자기치유 특성의 저장소와 같다. 여기에서 내담자는 자기치유를 위해 필요한 특성들을 이용할 수 있다. 이 위치에서, 아이의 상처받기 쉬운 정신에게 주는 이해라는 연민의 목소리는 성인의 방편으로서 접근이 가능하다. 전형적으로, 이것은 궁극적인 선함과 연민의 위치이며 더 높은 차원의 자신, 부처의 세계 혹은 "나(I)"를 통해 접근할 수 있는 무제한적인 돌봄과 치유의 장소이다. 이것은 개인의 이해를 초월적인 연결과 신비한 경험이 접근될 수 있는 위치이다.

연민의 삼각형의 순차적인 과정

연민의 삼각형은 적어도 세 번의 "들어가기-나오기-바라보기"의 안내하기 순서와 해제하기를 포함하는 강화하기 순서, 적어도 하나의 자원 찾기 순서로 구성되어 있다. 특히 이는 내담자의 경험에 민감하게 반응하며, 과정의 순서에 대한 기본적인 안내도로써 내담자의 경험을 이용하여 각각의 내담자마다 유일하게 적용되어야 한다. 이 순서에 따른 과정들은 타거의 개념(1996)을 쉐어우드가 적용하여 아래와 같이 설명했다:

1단계. "들어가기-나오기-바라보기": 상처의 흔적 그림 개발하기

내담자는 몸에서 고통을 느끼는 장소를 따라 이 고통의 위치로 들어간다. 그 다음, 그들은 어떻게 호흡을 하지 않는지를 그림으로 그린다. 내담자는 고통의 흔적을 더 정확하게 그림으로 그리기 위해 "들어가기-나오기-바라보기"의 안내 순서를 사용하여 호흡하지 않는 부분의 모양으로 들어간다. 내담자가 동작을 할 때, 그들은 자신의 몸이 그런 모양으로 있었던 최초의 기억을 확인한다. 보통 내담자는 그들을 심판했던 어린 시절의 사건을 회상했다. 그 사건은 성인이 되어서 나타난 판단의 문제와 함께 진동의 울림을 갖게 된다. 예를 들면, 만일 성인 내담자가 파트너가 자신의 요리를 비판할 때 무너지는 감정을 나타낼 때, 우리는 테이블 준비를 제대로 못해서 엄마에게 혼이 난 후에 좌절하는 느낌을 받은 6살의 어린 아이를 찾을 수 있을 것이다. 내담자에게 그 고통의 흔적을 그림으로 그려보거나 몸짓을 취해보도록 하는 것이 좋다. 이것이 트라우마의 장소이고, 절망의 장소이며 희망이 없고 가치가 없다고 느끼는 장소이다. 비난받는 사람이 가지고 있는 트라우마의 위치는 바닥에 쿠션으로 표시한다. 이는 만일 내담자가 트라우마의 경험에 압도당하게 되면, 내담자가 트라우마로부터 한발 물러서서, 쿠션과 떨어져서 감정적 거리를 가지고 볼 수 있도록 한다.

2단계: "들어가기-나오기-바라보기": 재판관의 위치에서 통찰력 개발하기

상담사는 내담자에게 비난과 심판의 목소리의 위치에 들어가도록 하고, 이 위치에서 두려움, 분노, 판단과 그리고 비난을 느끼는 동안에 내담자는 상처입은 자신을 느낀다. 나가기 위치에서 다시 내담자에게 상처입은 자신에게 "무엇을 느끼는지"를 묻는다. 대답은 판단, 분노, 비난, 거절 중의 하나일 것이다. 내담자에게 이런 감정을 비난받는 자에게 그 가혹함이 들리도록, 심판의 자세로 불쾌함을 느끼도록 크게 말해보라고 한다. 내담자에게 뒤로 돌아서서 그 비난에 동참하면서 서 있는 사람들이 누구인지를 말해보라고 한다. 인생에서 가장 중요한 재판관들의 그룹일 것이다: 부모, 가족, 선생님. 내담자에게 그 재판관들이 얼마나 키가 큰가를 물어본다. 재판관들의 숫자와 그들의 키가 자기 비난과 죄책감의 크기를 나타낸다. 여러 명의 키가 큰 재판관들은 보통 많은 연민의 삼각형이 필요함을 의미한다. 일반적으로, 각 재판관들의 목소리 당 적어도 하나의 삼각형이 필요하다. 내담자에게 싫고 피하고 싶은 통제의 특성들이 깨끗해질 때까지 그 재판관의 목소리를 그림으로 그리고 몸짓을 취해보도록 한다.

3단계: "들어가기-나오기-바라보기": 연민의 목소리 이해하기

여기에서는, 내담자는 삼각형의 꼭대기를 나타내는 쿠션으로 표시된 연민의 목소리의 위치에 들어가도록 한다. 내담자는 이해와 사랑, 그리고 친절함의 위치에서 고통 속으로 들어가도록 한다. 내담자에게 인간의 한계, 나약함, 궁핍 그리고 압도당함을 포용하는 연민의 목소리이자 이해의 목소리로 말하도록 요청한다. 내담자는 때로는 자신의 내면에 있는 이런 목소리에 도달하지 못할 수도 있다. 왜냐하면 이미 소진되어버렸기 때문이다. 그러면 그 과정을 멈추고 그들의 삶에서 연민의 형상이 있는지 찾는 것이 필요하다. 그 사람은 내담자를 존중하고 이해하는 중요한 성인이나 선생님 혹은 친구들 중에서 하나의 목소리라도 찾아야 한다. 만일 찾지 못한다면, 자원 찾기 위치에 가서 관음이나 크리슈나, 예수님 혹은 성모마리아 같은 원형적인 인물에 접근하는 과정이 필요하다. 이들은 우리가 연민을 받을 수 있고, 연민을 받아들이는 그들의 내면에서 내담자를 통해 말할 수 있는 사람들이다. 연민의 위치에서 심판을 받는 사람에게 말하는 것을 끝내고, 상담사는 내담자에게 돌아서서 그들 뒤에 누가 있는지 물어본다. 거기에 있는 사람들의 숫자와 키는 내담자의 자원을 말해주기 때문에 매우 중요하다. 이런 과정은 필연적으로 내담자를 자신을 향하여 있는 연민의 위치로 데려가고 깊은 감정 특히 비통함을 표현하는 장소를 만들어 낸다. 내담자들은 아름다움, 심장의 부드러움 그리고 연민의 사랑스러운 포옹의 위치에서 느끼는 감정을 몸짓으로, 그림으로 표현한다. 여기에서 보리살타의 마음에 사무치는 감정과 아름다운 부처의 기도를 반영하는 연민을 느낀다: "모든 살아있는 존재는 고통에서 자유롭고 평화롭기를".

4단계: 강화하기 과정: 재판관의 흔적을 제거하기

다음 단계는 재판관의 목소리 공격에 의해 나타난 흔적을 제거하는 것이다. 이것은 고전적인 "제거하기(unblocking)" 과정이다. 여기에서 내담자는 자신이 "폭력"으로 경험한 재판관의 목소리와 비난이 그 흔적을 어떻게 만들었는지를 찾기 위해 비난 받는 자의 상처받은 위치로 다시 들어간다. 내담자는 상처나 흔적의 모양과 소리를 찾아서 제거해야 한다. 그전에 내담자가 그 폭력의 소리에 맞설 수 있도록 연민의 영적 자원을 불러내는 것이 필요하다. 제거하기를 끝낸 후에 만일 그 회기에서 박멸할 수 없는 재판관의 잔재가 남아있다면 내담자와 재판관 사이에 보초를 세우는 것이 필요할 것이다. 남아

있는 재판관의 키와 그들의 상대적인 힘에 따라, 상담사는 어떤 추가 작업이 필요한지 예측할 수 있다. 대부분의 경우에 재판관은 완전히 사라질 것이다.

5단계: 자원 찾기와 불러내기: 강력한 연민의 자원에 접근하기

상담 회기는 항상 내담자의 삶에 연민의 자원을 불러내고 그것들을 확대하는 것으로 끝이 난다. 회기의 마지막에는 연민의 목소리가 커져야 하고 내담자의 정신을 지배해야 한다. 심판하는 힘에 맞서는 숙제로는 에너지 경계의 방어체계를 만들고 유지하기 위해서 일반적으로 "d.d.d"가 필요하다. 추가로, 내담자는 심판받았던 자신의 내면을 회복하는데 주의를 기울여야 한다. 적어도 2주 동안, 때때로 내담자는 다소 초기 발달단계에서 심판받았던, 가장 작은 아이의 영역 주변에 자존감과 긍정적인 이미지를 통한 회복의 과정을 반복할 필요가 있다.

이 과정은 찰흙을 같이 사용하기 위해 수정되었으며, 쉐어우드(2004)의 클레이 테라피의 치유 예술(*The Healing Art of Clay Therapy*)에 서술되어 있다.

연민의 삼각형을 보여주는 사례연구

제노(Geno)는 영어가 제2의 언어이며 사회적-경제적 배경이 없는 14살 소년이었다. 그는 지능지수가 80임에도 불구하고, 다니는 일반 고등학교로부터 의뢰되었다. 드러난 문제는 죄책감으로 제노는 자신이 학교에서 하는 일반적인 학습활동을 끝낼 수 없다는 생각에 사로잡혀 있었다. 죄책감의 유발인자는 괴롭힘이었다. 제노는 괴롭힘을 당하고 있었고 매우 비참했으며, 교장은 교내 괴롭힘에 대한 회의에서 제노를 괴롭히는 것을 묵인하지 않겠다고 말했다. 괴롭힘은 멈췄다. 하지만 교장이 학생들에게 제노를 괴롭히지 말아야 할 이유를 설명하는 동안 그는 자신의 8살 때의 행동을 기억했고 자신의 급우였던 작은 여자아이를 잔인하게 괴롭혔던 것을 깨달았다. 이제 그는 괴롭힘을 당하는 것이 얼마나 슬픈 일인지를 이해하게 되었고 끊임없는 죄책감을 경험했다. 그 감정은 6주 이상이나 지속이 되었고 만성적으로 그의 학업을 방해했다. 그는 8살의 어린 소녀를 괴롭힌 것에 대한 죄책감에 과도하게 사로잡혀서 일반적인 학교 과제를 끝낼 수가 없었다. 통역사가 이 회기에 투입되어 뒤쪽에 앉았지만 그녀의 통역은 필요하지 않았다. 제노의 바램은 "죄책감에서 벗어나고 8살 때 그 소녀에게 했던 행동에 대해 자신을 용서하는 것"이었다.

제노를 위해 연민의 삼각형을 사용했지만 어디에서든 가능하도록 그림과 단단한 물체를 사용했다. 3개의 쿠션을 삼각형 모양으로 바닥에 놓았다. 그 꼭대기에는 "친절"이라는 단어가 쓰여 있고 연민의 위치를 나타내기 위해 두 손을 맞잡은 그림을 놓았다. 왼쪽 꼭짓점에는 "나쁜/슬픈 사람"이라는 단어와 비난받는 자를 나타내는 눈물의 그림을 놓았다. 오른쪽 꼭짓점은 재판관의 위치를 나타내기 위해서 사용되었다. 쓰여진 단어는 "심판"이었고 슬프고/나쁜 사람을 가리키는 커다란 손가락의 그림을 놓았다. 제노는 이런 그림과 위치를 디자인하는 것을 도왔고, 그래서 나는 그가 이 위치의 의미를 이해하고 있음을 알았다. 제노의 내면의 평화에 대한 감각을 회복할 수 있는 연민의 과정을 시작할 준비가 되었다. 나는 인간의 몸을 그린 그림을 제노에게 보여주면서 시작했다. 그는 자신이 괴롭힘을 당하는 작은 소녀를 생각했을 때, 자신의 위에서 이상한 느낌을 받았고 자신의 위를 나타내는 그 부분에 빨간 색을 칠했다. 그런 다음 나는 제노에게 신체의 윤곽이 그려져 있는 종이를 건네고 괴롭힘을 당하는 작은 소녀를 생각할 때 불쾌하게 느껴지는 부분에 색을 칠하라고 말했다. 그는 검은색으로 그의 심장을 칠했다. 우리는 그 그림을 나쁜 사람을 나타내는 쿠션 위에 놓았다. 그는 다시 한번 왜 그가 8살의 소녀를 괴롭혔는지 이야기했다. 나는 그에게 심판의 목소리의 위치에 가서 그가 나쁘다고 생각하는 모든 이유를 확대해 보라고 했다. 그는 매우 간단하게 "나는 그 소녀를 다치게 했고 그녀는 그런 대우를 받을 행동을 하지 않았어요"라고 말했다. 나는 그에게 돌아서서 누가 그에게 동의하고 있는지 보라고 했다. 그는 나에게 학교 교장선생님, 반 아이들이 있다고 말했다. 우리는 그의 가슴을 아프게 한 심판의 단어가 가지고 있는 힘의 모양을 발견했고 강화하기 / 자기영역 과정을 이용해서 그것을 제거했다. 우리는 그가 그 소녀를 괴롭혔을 때는 그도 어렸었고 그녀에게 얼마나 힘든 일이었는지 이해할 수 없었다고 이해하는 친절한 사람의 위치로 갔다. 내가 먼저 친절한 목소리의 위치에서 슬프고 / 아픈 사람에게 말했고 그런 다음 그가 그의 친절한 목소리로 말하도록 했다. 나는 그에게 뒤돌아서 누가 그에게 동의하고 있는지 물었고 그는 어머니와 아버지를 보았다고 말했다. 내가 그에게 친절한 사람이 나쁜 사람을 포옹하면서 그를 용서해 줄 수 있는지 물었고 그는 "네"라고 대답했다. 그는 앞으로 나와서 나쁜 사람을 나타내는 쿠션을 집어 들고 울기 시작했다. 그는 거의 5분을 울었지만, 그것은 그가 "그는 나쁘지 않아, 단지 그는 몰랐던 거야"라고 말하면서 안도의 울음이었다. 방안에는 경외심이 가득했고, 나는 비난의 구덩이에서 자신의 작은 아이를 구출하기 위해서 돌아온 이 젊은 친구에게 커다란 존경의 마음을 느꼈다. 한쪽에 앉아있던 통역사는 조용히 몇 방울의 눈물을 흘렸고, 그가 그의 영혼을 존재의 깊이로 회복하려고 노력할 때, 나는 이 젊은 친구의 선함에 깊은 감동을 받았다. 그런 다음 그는 고층 건물을 가득 채울법한 밝은 미소를 지으며 나쁜 사람을 나타냈던 그 쿠션을 들고 있었다. 그 순간 거기에는 에너지적 변형이 있었다. 지저분한 옷, 떨어진 신발, 모든 것이 사라지고 그는 인간의 정신에서 가장 순수한 특성을 위한, 통찰력과 연민을 가지고 자신을 진정으로 용서하는 능력을 위한, 그것을 기초로 타인을 용서할 수 있는 능력을 갖춘 원형이 되었다. 나는 자신을 치유할 수 있는 영혼의 풍요로움이 없이는 지성과 부의 모든 특성이 얼마나 값어치가 없는지를, 자신을 치유하기 위한 소중하고 심원한 노력 안에서 보았다. 그가 비난받는 자를 들고 있을 때, 깨달음의 순간에 이 젊은 친구에게 나온 말은: "그는 진짜로 나쁜 게 아니야, 단지 몰랐을 뿐이야"로 나의 심장을 연민의 문을 향해 열리게 했다. 그것은 죄책감에 의해 쉽게 닫히고 자기-용서를 통해 쉽게 열리는 문이었다. 일상에서 제노는 학교로 돌아갔고 평화롭고 만족스러운 감정으로 그의 공부는 안정되었다. 하지만 제노는 나의 심장에 물결처럼 스며들었고, 나 자신의 한계에 대한 연민의 흐름의 일부가 되어서 나의 인간성을 구성하는 모든 것과 함께 평화롭게 있을 수 있도록 하는 3가지 커다란 선물: 인간의 치유 잠재력에 대한 믿음이라는 선물, 전인적 과정에서 치유의 가능성에 대한 희망이라는 선물, 그리고 자신을 사랑하는 연민이라는 선물을 남겼다.

선천적 수치심과 작업하기

선천적 수치심은 어린아이의 존엄성을 악화시키고 학습부진아로, 그리고 그들 자신과 그들의 가치와 삶에서 벗어나기 위해서 마땅히 가져야 하는 것에 대해 심한 부정적인 믿음을 가지는 성인으로 만든다. 수치심은 개인의 약한 "자기(I am)"의 핵심에 깊게 뿌리 박혀 있다. 그것은 아이의 "자기(I am)"의 순수한 뿌리가 아이를 평가 절하하는 성인의 유독한 메시지가 스며드는 방식으로 구성되어 있다. 종종 매우 평가 절하된 자기인식의 핵심에서는 "난 뚱뚱해", "나는 더러워", "나는 냄새가 나", "나는 못생겼어"와 같은 육체적 수치심을 근거로 한 메시지가 있다. 게다가, "난 가치가 없어", "나는 멍청해", "나는 희망이 없어", "나는 무능해", "나는 다른 사람에게 짐이 돼", "나는 게을러", "나는 세련되지 않아"와 같은 인지적, 사회적 능력의 부재와 관련된 일련의 메시지가 있다. 수치심으로 고통 받는 성인 내담자는 객관적으로 사람들의 반대의 평가에도 불구하고 종종 자신에게 문제가 있다고 느낀다. 선천적인 수치심을 치료하는 작업은 죄책감보다 훨씬 그 과정이 길다. 왜냐하면 그것은 아스트랄의 문제가 아니라 "자기(I am)"의 문제이기 때문이다. 내담자는 수치심이 내적이기 때문에 수치심의 힘에 맞설 능력이 없다. 그것은 비록 그 아이가 매우 어리고 연약할 때 그런 방식으로 시작했을지라도 외적 판단의 결과가 아니라 자신의 일부이기 때문이다. 이런 이유로, 이런 종류의 수치심은 생물학적 아이에 대한 부모의 매우 부정적인 투사로부터 아이가 받은 것이기 때문에 "선천적 수치심"이라고 한다.

선천적 수치심 나무

수치심을 치유하고 자신의 자아존중감을 높이고 싶은 내담자는 수치심 나무를 채우는 것으로 시작을 한다. 각각의 뿌리는 내담자의 삶에 스며있는 실패와 평가 절하의 유독성 메시지를 나타낸다. 이것은 아래에 예시되어 있다:

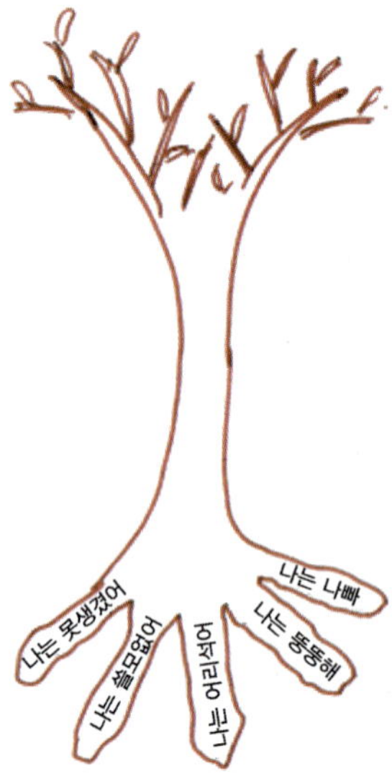

그림 16 : 수치심 나무

자아존중감 나무는 독성을 가진 나무의 뿌리와 똑같은 수만큼 긍정적인 대안적 메시지를 나타내도록 하여 각각의 뿌리를 채우도록 한다. 이는 필요한 중재 기법과 상담회기 수를 결정하기 위한 진단적 상담계획이 된다.

그림 17 : 자아존중감 나무

자부심 나무의 일반적인 핵심 메시지는:

나는 지적이다.
나는 잘 생겼다.
나는 성취할 수 있다.
나는 매력적이다.
나는 총명하다.
나는 유능하다.
나는 일을 잘한다.
나는 팀에 공헌을 잘한다.
나는 사랑스럽다.
나는 유능하다.
나는 건강하다.

자아존중감 나무에서 각각의 핵심 메시지는 치료 회기에서 내담자의 소망이 되며, 일반적으로 계속되는 작업에서는 필요로 하는 특정한 추가과정을 시행해야 한다. 우선 "나는 해낼 수 있어"라는 소망을 가지고, 상담사는 내담자에게 "나는 불필요한 인간이야"의 수치심 뿌리에 반응하는 신체의 부분이 어디냐고 질문한다. "들어가기-나오기-바라보기" 과정을 사용해서 내담자는 자신의 몸 안으로 들어가서 뿌리를 이루는 흔적을 발견한다. 보통 내담자는 어떤 행동으로 인해서 체벌을 당했거나 비난을 받은 내면의 어린아이를 발견한다. 상담사는 만일 그 흔적이 양이라면 강화하기 과정과 함께 그 어린아이의 중요한 감정에 대해 치료과정을 시작한다. 아래에 깔려 있는 모든 부정적인 "자기(I am)" 메시지는 그것들을 강하게 하는 아스트랄에 있는 흔적들이다. 그래서 "자기(I am)" 단계에서는 움직임을 막는 아스트랄 메시지를 제거하는 것이 가장 중요하다. 그 흔적이 음 또는 양으로 밝혀지고, 그리고 그 감정이 드러나고 적절한 치료적인 개입을 하게 되면, 내담자는 새로운 자아존중감의 메시지인 "난 할 수 있어"를 심을 수 있는 깨끗한 에너지적 공간을 회복하게 될 것이다. "자기(I am)"의 뿌리는 이제 변형되고, 긍정적인 에너지적 메시지로 다시 이식이 된다. 모든 뿌리를 위한 과정은 새로운 기초가 "자기(I am)"를 성장시키고 깨끗해질 때까지 평균 6~12회기 과정동안 계속된다.

자기 양육하기 과정

일반적인 수치심 다루기 작업의 경우, 내담자의 내면의 아이가 반복적으로 아버지와 어머니로부터 평가절하되고 나약해지는 메시지를 받는다면, 자기 양육하기 과정이 필요하다. 부성애를 위한 과정은 아버지를 위해, 모성애를 위한 과정은 어머니를 위해 사용된다. 어머니 원형 과정은 내담자의 소망이 어머니와의 관계를 치유하거나 어머니에 의해 수치심을 느낀 내면의 아이를 치유할 때 필요할 것이다. 아버지 상의 원형과정은 아버지와의 관계나 아버지에게 받은 수치심을 치유하고자 할 때 필요하다.

일단, 내담자의 "자기(I am)"가 독성의 메시지로 인해 만들어진 흔적이 깨끗해지면, 이 과정들은 개인적인 존중감과 많은 다른 성인의 행동 그리고 관계에서 문제의 근간을 이루는 긍정적인 존중감-활성화하기(esteem-promoting)와 양육자의 에너지 패턴을 만드는데 사용된다. 수치심 작업의 첫 번째 자각은 내적 손상을 보상하려거나 또는 성인으로서 온전하게 느낄 수 있는 내담자가 되어야 하는 의무로부터, 그리고 자신의 부모로부터 자유로워지는 것이다. 많은 성인이 자신의 부모가 주지 않아도 되고, 또한, 결코 줄 필요도 없는 부모의 특성들을 요구하는 부정적인 악순환에 빠져있다. 내담자가 자신의 상처입고 수치심을 가진 아이에게 부모가 되고, 자신의 상처입은 내면의 아이를 보호하고 치유하기 위한 연습을 통해 새로운 보호자로서 행동을 하기 때문에 자기 양육은 매우 자유롭다.

타거(1998:56)는 이런 치유의 힘을 자신의 시, 자기 양육하기의 좌우명(*The motto of self-parenting*)에서 강력하고 감동적으로 묘사했다:

사랑스러운 성인인 나와
그리고 도움이 필요한 어린아이인 나
거기에는 부적절한 성인의 흔적이 있고
그들은 한때 나의 부모였다.

그들은 사랑과 보호에 무능했고
나는 과거에도 지금도 여전히 필요하다.
그들은 이제 위험한 상태로 거기에 나타난다.
거절과 두려움의 흔적으로.

이런 흔적들은 이제 나의 것이다.
이런 어둠을 내 것으로 인정해야 한다.
그래야 그들을 대면해서 사라지라고 말할 수 있다.
그리고 그 자리에 성년기의 장점들을 놓는다.

나의 내면의 어머니와 아버지
나에게 세상에서 가장 좋은 사람
그들과 함께 나는 자격을 얻는다
나의 내면의 아이를 돌볼 수 있는……

수치심을 벗어나는 것은 우리 영혼의 유년기 경험을 담금질하는 자신의 노력에서 나온다. 우리는 상처받고 무시당한 아이에게서 성숙하고 사랑이 가득한 성년의 의식, 우리 자신의 "자기(I am)"의 존재로 되돌려 놓는다. 과제를 하는데 "자기(I am)"가 너무 취약하거나 손상이 심하다면, 그다음에 우리는 보편적인 자원과 접촉하는 "자기(I am)"의 한 부분을 향해 나아갈 것이다. 우리는 우리를 깊이 감동시키는 적어도 3장의 따스하고, 유쾌하며 상냥하고 격려하는 부성과 모성의 이미지를 수집한다. 우리는 이런 이미지들이 나타내는 부성과 모성의 특성들을 받아들여 우리 자신에게 자원을 제공한다. 우리는 각각의 특성들로 호흡하고, 우리의 몸의 모든 세포에 살아 있는 진동이 느껴질 때까지, 그것에 색깔과 소리를 부여하고 그림과 몸짓으로 표현한다. 그리고 나서 우리는 내면 아이의 치유에 필요한 긍정적인 양육의 특성을 표현하는 다양한 몸짓을 통해서 새로운 진동 패턴을 느끼며 내면 아이와 재결합한다. 우리는 그 아이를 되찾기 위해서 최고의 자원들을 끌어들이고 그렇게 함으로써, 수치심과 두려움으로부터 성인인 우리 자신을 자유롭게 하고 그리고 자아존중감을 다시 되찾게 된다.

사례 연구

여기, 나는 마리나(Marina)와의 상담에 대해 설명할 것이다. 그녀는 첫 아이의 출생으로 더욱 악화된 우울증으로 고통을 받고 있고, 재능이 있지만 자기 자신에 만족을 하지 못하는 32살의 여자이다. 그녀의 자아존중감은 매우 낮았고 아버지와의 관계는 매우 좋지 않았다. 그녀는 그녀의 인생과 자신, 그리고 가족에 대한 아버지의 과소평가와 무시 때문에 심각한 영향을 받았다. 그녀는 자신의 일생을 아버지를 기쁘게 하기 위해 노력했지만 충분하지 않다고 느꼈고, 그의 기대치를 맞추는 것은 불가능했다고 말했다. 그녀의 선천적인 수치심의 메시지는 6개의 주요 메시지에 집중되었다: "나는 멍청해", "나는 무용지물이야", "나는 못생겼어", "나는 게을러", "나는 희망이 없어", "나는 능력이 없어". 각각의 회기에서 그 메시지에 깔려 있는 흔적은 아버지와 그녀의 유년시절의 관계에서 저평가된 경험에서 핵심적인 흔적을 드러냈다. 그 흔적들이 음과 양을 모두 나타냈기 때문에 우리는 적절한 과정을 사용했지만, 결국에 우리는 그녀와의 과정을 진행하는데 그녀의 아버지와 관련하여 자기 양육하기 과정의 필요성에 대해 동의했다. 그녀는 자신의 인생에서 보호자, 현명한 멘토, 강한 양육자 그리고 격려자로서의 잃어버린 부성애의 특성들을 나열했다. 그녀는 그녀의 작은 아이를 감싸기 위한 이런 특성들을 불러내기 위해서 견본으로 4가지의 원형을 선택했다. 이들은 다음과 같다: 보호자로서의 대천사 마이클, 현명한 멘토인 달라이라마, 강한 약육자인 틱낫한, 격려자인 간디. 그녀는 2주 동안 이 과정을 진행했다. 그녀는 자신의 집에 부성애의 특성을 보여주는 사진과 문구를 놓을 장소를 만들었다. 매일 그녀는 그 특성으로 호흡하며, 특성들의 색깔을 찾고, 몸짓으로 표현하고, 특성들로 움직이고, 그리고 각각의 특성들을 그림으로 그렸다. 또한, 이들 원형으로 부터 긍정적이며, 확신을 주는 자아존중감 메시지를 그녀 자신에게 반복하여 주었다. 그녀의 유년 시절에서 나오는 공격적 에너지의 흔적과 계속된 자기원형 양육하기 과제와 관련한 6회기가 끝난 후, 마리나의 자아존중감은 향상하기 시작했고 그녀의 삶에 새로운 평화와 동기를 찾았다. 6개월 후, 그녀는 아버지가 마지막으로 방문했을 때 (그는 지금 해외에 살고 있다), 그가 그녀의 집과 양육방식에 대해 비난했지만 그녀는 매우 평화롭고 차분하게 두려움에 떨거나 위축되지 않고 "이게 내가 좋아하는 방식이에요"라고 말할 수 있었다고 감사의 편지를 보내왔다. 그녀의 아버지에게 1주 동안 그렇게 말하고 난 후, 그는 휴가의 나머지 3주 동안 더 이상 자기를 평가 절하하는 말을 하지 않았다고 말했다. "나(I)"에서 나타난 마리나의 자아존중감이라는 새로운 감각은 이전에는 너무 멍청해서 할 수 없을 거라 믿었지만, 이제는 성공적으로 해낼 수 있다고 느끼는 양육과 관련된 직업훈련을 시작할 수 있도록 계속적으로 자극을 주었다. 마리나는 자신에 대한 새로운 감각으로 빛이 났고 새롭게 찾은 장점으로 그녀의 안색은 밝아졌다.

의지 강화하기: 선천적인 수치심 극복하기

의지는 4층부 모델에서 "자기(I am)"의 중심이며 내담자의 경험의 변화에 대한 지속 가능성을 유지하는데 핵심적인 역할을 한다. 다음의 4가지 연습은 전인적 상담에서 변화 과정, 특히 선천적인 수치심과 같은, "자기(I am)"가 심각하게 약해져 있는 곳에 변화 가능성을 강하게 지속할 수 있도록 하는데 사용된다.

1. 목표를 강하게 하는 의지

자신의 인생을 발전시키기 위해 자신의 노력에서 얻을 수 있는 작은 단계를 설정하도록 내담자를 격려한다. 예를 들면, 친구를 향한 질투라는 감정을 멈추도록 하는 치료보다는, 내담자가 친구의 지성에서 느끼는 질투심 같은 것에 집중하는, 특정 상황에서 작은 사건을 가지고 시작한다. 의지는 내담자가 큰 변화에 실패했을 때보다 작은 변화를 이룰 때 더 강해진다. 각각의 작은 단계는 바로 성취하기에 힘들 수도 있는 높은 단계보다 더 강력한 보상을 해준다. 이간(Egan, 1994)은 작은 점진적 단계와 적절한 강화요인을 사용해서 변화 과정을 이행하는 기술을 자세하게 설명하는 개요를 제공해 주었다.

2. 정신적 자원과 재연결하기

의지는 내담자가 변화를 유지하기 위해서 필요한 또 다른 특성이나 힘 또는 용기를 끌어올 수 있는 인간, 동물, 혹은 영적인 것과 같은 자원을 가져옴으로써 강해진다. 내담자는 매일 원하는 특성을 가져올 수 있고, 행동을 통해서 그들의 결심을 강하게 해줄 자원에 매 순간에 연결되어있는 경험을 하게 된다. 자원이 제공하는 특성이나 원형은 내담자와 그의 두려움 혹은 자기 패배적 행동 사이에서 보호자 역할을 할 수 있다.

3. 크게 말하기: "나(I)"의 진술

내담자가 자신을 위해 명확하고 무-반응(non-reactive)의 태도로 더 자주 터놓고 말을 하면 할수록, 더 강한 통합된 자신의 위치가 만들어진다. 크게 말하기 문구는 항상 화자가 중심이 된다. 예를 들어: "나는 네가 그 업무를 다시 위임해야 하는 필요성에 대해 나에게 먼저 말하지 않고 내가 일을 떠맡게 되었을 때 비참함을 느낀다".

4. 창조적인 행위: "나(I)"를 표현하기

인간의 독특한 "나(I)"의 핵심으로부터 기원하는 모든 창조적인 행동은 그것이 예술로 표현이 되거나, 직장 혹은 삶에서 표현이 되거나, "자기(I am)"를 통합하고 강하게 만든다. 왜냐하면 그것은 자신의 일부를 부인하지 않고 어둠 속에 맡기지 않은 채 인간의 전일성 속에서 세상에 서 있음을 나타내기 때문이다. 그러면 삶은 그림자로의 여정을 통해서 그리고 인간성 전체에 좀 더 연결이 되는 통합과 전일성으로의 귀환하는 개별화된 "자기(I am)"의 춤이 된다. 심판과 증오보다 연민의 정이 인간의 삶을 지배하고 결국 개인의 삶을 통해서 사회적 삶을 지배한다. 그러고 나면 의지는 행동을 시작하고 끝까지 행동할 수 있는 더 만족스러운 공간을 낳는다.

결 론

본질적으로, 관음이 매우 아름답게 보여준 연민의 특성들은 죄책감과 그로 인한 수치심에서 회복하기 위해 중요하다. 이들 두 가지의 정신적 상태는 에너지 체계를 억제하고 육체적, 감정적 행복의 번영을 방해한다. 그들은 전인적 상담모델에서 긍정적인 자아존중감으로 변형된다. 그러면, "자기(I am)"는 자아의 부분들을 통합하기 위한 내담자의 투쟁을 지원하고 그리고 세상에서 그들 자신의 독특한 표현을 위한 공간을 찾기 위해 다시 강해지고, 에너지로 가득 차며, 다시 양극화될 수 있다. 인생에서 이런 산물들은 관음이 보여준 끝이 없는 연민의 선물이며, 빛나는 심장을 발달시킴으로써 가능하다.

참고문헌

Dougherty M, Hester R, Murray J, Lawrence R Kuebelbeck M, Easterling L. and Close, H. (1996) *Pastoral Psychology* Vol 44, no 3, pp199-211

Egan, G. (1994) *The Skilled Helper* Brooks Cole, California

Fromm, E. (1944) *Individual and Social Origins of Neurosis* http://www.erichfromm.de/lib-1/1944a-e.html

Keltner, D. and Buswell, B. (1996) "Evidence for the distinctness of embarrassment, shame and guilt: A study of Recalled antecedents and Facial expressions of emotion". *Journal of Cognition and Emotion* 10(2) pp155-171

Kohlberg, (1984) *The Psychology of Moral Development*. Harper and Row, N.Y.

Ladner, L. (2004) *The Lost Art of Compassion*, Harper Collins, NY

Malby, J. (2005) "Protecting the sacred and expressions or rituality: examining the relationship between extrinsic dimensions of religiosity and unhealthy guilt". *Psychology and Psychotherapy: Theory, Research and Practice* Vol 78, pp77-93

Sherwood, P. (2004) *The Healing Art of Clay Therapy*, Acer, Melbourne.

Tangney J., Miller R., Flicker, L., Hill, T., Barlow, D. (1996) "Are shame, guilt and embarrassment Distinct emotions?" *Journal of Personality and Social Psychology* vol 70, no 6, pp1256–1269.

Tagar, Y. (1996) *Philophonetics: Love of Sounds*, Melbourne (unpublished)

Tagar, Y. (1998) "Caring for the Child Within" *Philophonetics Love Sounds: language for the inner life*, Vol 2. Persephone publications, Melbourne. pp.53–57.

http://www.anxietycare.org.uk/docs/guilt.asp

제9장

그림자 복구하기

이웃에게 자신의 그림자를 제거하는 인간은 막대하고 즉각적인, 정치적 사회적으로 중요한 작업을 하고 있는 것이다.

C. G. Jung

삽화 : 신과 여신 카드 덱의 칼리-마(Kali-Ma)
Copyright 2006 B.G. Sharma

제9장 그림자 복구하기

칼리는 힌두교 신전의 모든 신과 여신들 중에 가장 흉포한 여신이다. 모든 신들이 어둠의 왕에 의한 파멸과 파괴를 멈출 수 없었을 때 위대한 어둠의 힘이 나타났고, 두르가로부터 나온 칼리는 시바의 배우자로 창조자이자 파괴자였다. 칼리는 호랑이를 타고 해골로 만든 목걸이와 적의 팔로 만든 치마를 입고 어둠의 왕의 머리를 한 손에 들고 있었다. 칼리는 모든 사람이 가기 두려워하는 곳이나 힘을 쓸 수가 없는 곳으로도 간다. 그녀에게는 마하수라들의 마지막 한 방울의 피까지 마시려는 의지가 있었기 때문에, 그들이 늘어나는 것을 막을 힘이 생겼다. 어떠한 것도 그녀가 뚫지 못할 만큼, 혹은 창조적인 과정을 통해서 그것을 되돌릴 수 없을 만큼 어둡거나 두려운 것은 없었다. 칼리는 그림자의 가장 위대한 원형이며 우리가 부정하고 싶은 내면의 장소이다. 왜냐하면 거기에는 비록 타고난 악은 아니지만, 우리 자신의 저평가된 부분이 있고, 혹은 우리가 피하고 싶고 억누르고 싶고, 부인하면서 살고 싶은 우리 존재의 어두운 악의 부분이 있기 때문이다. 칼을 든 칼리는 혐오, 잔혹, 탐욕, 불의, 냉소, 질투 같은 이름의 내면의 악마를 부르고, 의식에 그들이 나타났을 때, 그들의 행동에 책임을 지도록 요구할 것이다. 칼리와 함께라면, 너무 끔직해서 의식으로 가져와서 변형시킬 수 없는 행동이란 없다. 그녀는 희망의 위대한 전달자이며, 우리의 가장 어두운 상태를 치유하는 자이기 때문이다. 하지만 칼리에게 우리의 그림자를 숨길 수 있는 곳은 어디에도 없다. 그녀는 모든 신들 가운데 가장 무시무시한 신이기 때문이다. 칼리는 우리가 자신의 가장 어두운 부분을 직접 대면하고 우리가 그 어두운 부분을 무의식에 통합하면서 우리 자신의 어두운 모습들이 사라지도록 요구한다. 그렇게 되면, 우리는 자유롭게 전진하고, 새로 창조할 수 있을 것이다. 칼리는 우리가 온전한 우리 자신의 알아차림과 우리가 편하다고 착각하고 있는 인식의 틀을 깨도록 안내한다. 그녀는 모두에게 우리를 드러내며 그렇게 함으로써, 우리가 온전함으로 들어갈 수 있는 기회를 제공한다. 칼리는 삶의 본질과 삶의 주기를 드러내도록 하는 자이기 때문에 진실을 말하는 사람으로서 아래에 묘사되어 있다.

> 순환하고 재순환되는 에너지로서, 여신의 창조물과 양식으로서, 개인은 사회적 역할을 얼핏 엿볼 수 있게 되었고 사물의 본질에 대한 인식과 진정한 자신에 대한 명확한 인식을 흐릿하게 제한했던 것들을 넓은 안목으로 구별하게 한다. 칼리는 궁극적으로 모든 창조물이 그녀의 자손이며 그녀의 양식이고, 사회적 역할이나 정체성이 이러한 희생적인 타협으로부터 개인을 제거할 수 없음을 밝히고 있다. 이런 진실이 암울하게 드러날지라도, 그것의 실현은 인간이 윤회의 속박에서 풀려나기 위한 자유로운 탐구를 시작할 수 있도록 인간을 밀어붙이는 것이 필요할지도 모른다. www.mantraonnet.com

칼리는 어둠의 여신이며 완전히 흑인 여자이다. 그녀는 우리 자신과 인간 실체의 양상들이 정제되지 않고 예측할 수 없으며, 길들여지지 않음을 일깨워주며 규칙에 의해서 이용되지 않을 것임을 일깨워 준다. 사람은 반드시 인간 존재의 가장 핵심으로 가서 자신의 심장과 마음 안에서 나타나는 삶과 죽음 둘 다를 받아들어야 한다. 우리 안의 어둠은 재순환되고 재창조되고 재형성될 수도 있고 그리고 어둠의 에너지는 새로운 긍정적인 행동 안에서 이용할 수 있지만 우리의 삶에서 지워지거나 근절되거나 사라지지는 않을 것이다. 우리는 반드시 우리 자신의 어둠, 그림자를 맛보고 소화해서 우리가 자유로이 선택할 수 있는 상황이 다시 올 때, 그 에너지를 다른 방식으로 재순환하도록 선택해야만 한다.

가벼운 그림자

심리학에서 그림자라는 용어를 소개한 융(1968:156)은 일상의 깨달음에서 억제된 무의식의 일부분이라고 그림자를 정의했다. 융(1968c: 8)은 무의식을 인간에게 맨 처음으로 나타나는 자연스러운 상태라고 묘사했다. 그는 본능적인 행동은 무의식에 의해 통제된다고 생각했고, 모든 인간은 생각해 보기를 선택하고 의식적으로 되기를 강렬한 의지의 노력을 통해서, 의식적으로 되는 경향성이 있다고 보았다. 그림자는 무의식의 보상 부분들로 형성된다. 융(1968a: 284-5)은 그림자를 다음과 같이 정의했다:

> 자기 자신에 관하여 인정하는 것을 거부하는 모든 대상들이지만 직접적으로든 간접적으로든 항상 그에게 그 자체를 억지로 떠넘기는 모든 것 – 예를 들면, 성격의 열등한 특성, 그리고 그 외의 양립할 수 없는 성향들

융의 모델에서, 그림자는 종종 사회적으로 받아들여질 수 없는 우리 자신의 일부를 포함하지만, 강인함, 회복력과 같은 특성을 포함하고 있고, 그리고 단순히 사회적 규범에 순응하기보다 개인의 의식을 발달시키는 과정을 촉진시킬 수도 있다. 이들 예로는 근친결혼, 산아제한 혹은 교회의 정당함에 대해 매우 충실한 지역사회나 사회에서 발생하는 어떤 주제들과 당신이 하는 행동의 부적절함에 대해 교회의 가르침을 무시하는 것 등이다. 이런 행동들은 억압되어 그림자의 일부가 된다. 그림자로부터 이들 행동들의 구제를 통해, 사람은 자신을 위해 조화롭고 진실해지는 과정의 공급원을 얻는다. 전인적 상담모델에서, 이러한 그림자의 차원을 "가벼운 그림자"로 명명한다. 왜냐하면, 억압된 특성에는 선천적인 악이 없고, 개인의 취향, 소명의식, 혹은 사회적 압박의 결과로 정신에 의해 저평가된 긍정적인 특성이기 때문이다. 존슨(Johnson, 1991:42)은 이것을 "그림자 안의 황금"이라고 묘사했다. 유명한 융 학파인 하딩(Harding)(1973:79)은 이것을 "밝은 그림자"라고 명명했고, 자기개발에서 그것이 약화되는 효과를 다음과 같이 묘사했다:

> 만일 우리가 우리 자신의 잠재력에 따라 살아가지 않는다면 긍정적인 특성들은 그림자 속으로 억압될 것이고, 어두운 그림자 대신 내가 때때로 밝은 그림자로 불리는 것들을 가지게 될 것이다. 우리가 이런 밝은 그림자를 다른 사람에게 투사할 때, 투사를 이행하는 사람은 우리에게 항상 올바르게 보이는 듯하고, 우리에게는 어려운 일들을 쉽게, 잘할 수 있는 것처럼 보인다. 우리는 우리 안에 잠재적으로 존재하는 성취의 가능성을 우리 자신을 위해 획득하는 대신에 그의 능력에 대한 기대치로 그를 부담스럽게 만든다.

전형적인 가벼운 혹은 "밝은" 그림자들은 창조성 대 순응, 영성 대 성적 취향, 존재 대 행위, 직관 대 합리성; 남성다움 대 여성다움, 흐름 대 정돈 사이의 일반적인 긴장 상태에서 나타난다. 건강한 정신에서는, 이런 이중의

특성들이 이원론적이거나 서로에게 적대적이지 않고, 지배적인 특성이 종속적인 특성을 억압하지 않는다. 펄스(Perls, Nelson Jones: 2000:147)는 이것을 "강자 대 약자(Top dog versus bottom dog)"라고 불렀다. 이런 역동성은 정신의 불안전함을 유지하며, 그리고 "게슈탈트(gestalt)"는 그 두 특성들이 건강한 정신 안에서 풍부한 통합의 창조적인 춤을 추지 않는 한, 양 측면이 통합이 되어 온전함으로 향하는 방법을 찾을 수가 없다. 순응뿐만 아니라 창조에도 적절한 시간과 공간이 있다. 생각과 느낌이 우리의 삶에 풍부한 표현과 경험을 주기 위해 하나로 합쳐지는 기회가 있다. 둘 다 풍요로운 삶에서는 가능하다. 불만은 강자와 같은 한쪽이 그 프로그램을 이끌고 약자가 거의 혹은 전적으로 제외되었을 때 발생한다. 결국, 약자에 의한 반란이 발생하고 우리는 육체적으로나 정신적으로 병이 들고 우리 삶의 특성들에 관한 내적인 감정들이 위축된다. 약자의 목소리가 들리고, 그가 그 빛으로 드러내도록 하여 삶에서 합법적으로 공유를 할 때 비로소 조화와 성취의 감각을 얻는다.

융(1982)은 이러한 경험의 영역 사이에 균형을 발달시키기 위한 필요성에 대해 통찰력 있게 조사했다. 결국 그것은 우리 안에 내재되어 있는 남성적 "아니무스(animus, 역자 주: 여성의 남성적 특성)"의 경험과 여성성 혹은 "아니마(anima, 역자 주: 남성의 여성적 특성)"의 차원을 나타낸다. 일반적으로 여성에게는, 여성적인 특성이 성인의 삶에서 첫 번째 부분을 지배하지만, 40대 중반에는, 남성적 특성은 삶에서의 표현과 통합을 위한, 그리고 반대로 남성성을 위한 공간을 갖기를 요구한다. 융은 40대를 통합에 필요한 결정적인 전환점으로 보았다. 그는 만일 우리가 40대에 이르러 알아차리지 못한 부분의 부름을 인식하지 못한다면, 우리는 심리적 위기나 건강상의 문제를 겪게 될 것이라고 말했다. 우리의 경험에 대해 표현하지 못한 영역을 통해서, 우리는 인간으로서 더 풍부하고 더 충족적인 경험의 새로운 차원에 이르는 길을 창조한다. 서로 반대의 것을 통합적인 자세로 초래하는 이 과정은 개별화된 자신의 표현으로서 의식 속에서 명확히 밝혀지며, 이는 전인적 상담모델에서 "자기(I am)"라고 말한다.

가벼운 그림자와의 작업을 위한 치료적 개입

내담자가 가벼운 그림자 문제를 보일 때마다, 2개의 목소리를 통합하기 위해 3단계의 대화가 개발되었다.

1단계: 강자와 약자의 자세 파악하기

- 나타나는 문제에 대한 양극 혹은 긴장의 두 지점이 파악되어야 한다. 예를 들어, 충족됐다는 느낌이 없고 새로운 일을 시작하고 싶기 때문에 직장에서 만족스럽지 못하다는 문제는 생각과 느낌 혹은 창조와 순응 혹은 둘 사이에서 나타나는 긴장감을 포함한다.
- 현재 삶을 지배하는 지배적인 위치는 강자가 되며, 강자의 자리를 표시하기 위한 쿠션이 선택되며 약자의 자리를 표시하기 위해서는 다른 색의 쿠션이 선택된다.
- 그 2개의 위치를 나타내기 위해서 카드가 들어있는 원형 자원폴더에서 2장의 카드를 선택하고 각각의 쿠션 위에 올려놓는다.
- 내담자는 각각의 이름이 붙은 위치를 소리와 몸짓으로 나타낸다.
- 삶에서 새로운 성장을 만들기 위해 2개의 위치를 통합하도록 소망을 개발한다.

2단계: 서로를 향해 각 위치의 싫은 점 말하기

- 강자는 약자의 싫은 점을 약자에게 말한다.
- 부정적인 목록을 적어서 약자 위치에 올려놓는다.
- 역으로, 약자가 강자의 싫은 점을 강자에게 말하도록 한다.
- 부정적인 목록을 적어서 강자의 위치에 올려놓는다.
- 내담자와 위에서 작성한 싫은 점 목록에 대해 논의한다. 이 목록은 내담자의 삶에서 일어나는 양극화와 억압의 정도를 나타낸다.

3단계: 각자에게 좋은 점 말하기

- 강자는 약자의 좋은 점을 확인하도록 강자에게 요청하고 그것을 약자에게 말하도록 한다.
- 약자의 좋은 점 목록을 싫어하는 목록위에 올려놓는다.
- 역으로 약자는 강자의 좋은 점들을 강자에게 말한다.
- 목록을 적어 강자의 싫은 점 목록위에 올려놓는다.
- 분리된 쿠션을 동시에 움직이면서 강자의 좋은 점과 약자의 좋은 점이 함께 결합이 되도록 시도한다.
- 강자의 바람직한 특성들을 그림으로 그리고 소리와 몸짓으로 나타낸다.
- 약자의 바람직한 특성들을 그림으로 그리고 소리와 몸짓으로 나타낸다.
- 강자와 약자의 가장 좋은 특성들을 함께 나타내는 한 장의 그림을 그린다. 이들 두 가지 좋은 점들의 융합을 보여주는 몸짓과 소리로 나타내면서 방안을 이리저리 움직인다.

4단계: 일상에서의 구현

- 다음의 분야에 관해 사회적 관계를 브레인스토밍한다: 친밀한 관계, 일상생활과 취미생활
- 이들 최상의 특성들 간의 새로운 균형이 내담자의 삶에서 어떤 패턴의 변화를 요구할 것인지 질문한다.
- 그들의 삶에서 이런 새로운 특성들과 함께 하기 위한 변화과정을 내담자와 함께 개발한다.

위의 활동은 내담자의 "자기(I am)"안에서 완성된다. 하지만 만일 내담자가 2개의 극성을 나타내는 2개의 쿠션을 함께 가져올 수 없다면, 혹은 만일 내담자가 3단계에서 2개의 쿠션을 함께 가져오는 과정에 대해 저항을 느낀다면, 3단계의 과정을 일시적으로 멈추고, 2개의 극성을 통합하는 움직임을 막는 흔적들이 위치한 아스트랄이나 트라우마 체계로 이동해야 한다. 이 과정은 내담자가 2개의 쿠션을 함께 가져올 때 몸의 어디에서 저항을 경험하

는지 물어보고 그 부분에 "들어가기–나오기–바라보기" 과정을 수행하는 것이다. 흔적은 드러나고 내담자를 공격하는 중요한 감정들과 힘들이 확인될 것이다. 이들이 어떠하냐에 따라, 다음의 개입 중에 선택이 요구된다.

표 11 : 나타나는 느낌 / 감정과 에너지 흔적의 변화를 위해 필요한 첫 번째 과정 간의 진단적 상관관계

나타나는 느낌	필요한 첫 번째 과정
에너지의 힘에 의해 공격당함 예. 비난, 폭력, 학대 등	해제하기 / 강화하기
무력한	해제하기 / 강화하기
심장을 공격하는 힘: 예. 배신, 비통함과 상실의 충격	반대로 하기
비통함과 상실감	자원 찾기 / 비탄과 상실감 그리고 존경스러운 의식
고갈/결여/덧없음/공허함. 포기/후회	자원 찾기
공포/걱정/극도의 두려움	강화하기에 의한 대나무, 성육화
절망	절망 과정
자기 심판	자기용서 과정
분노	분노 과정
두려움	두려움 과정
크게 말하기에 대한 무능력	막혀있던 말하기 과정
자기–혐오	자기사랑 과정
어머니의 역할을 하지 않거나 학대의 어머니	모성애 원형의 자기양육 과정
아버지의 역할을 하지 않거나 학대의 아버지	부성애 원형의 자기양육 과정
자살충동의	들어가기–나오기–바라보기 / 성육화

두 번째 과정은 드러난 문제의 내용에 따라 상담사의 처방에 따라 사용될 수 있다. 일단 적절한 개입이 끝나면 내담자는 3단계의 나머지를 끝내고 4단계로 넘어갈 수 있다. 이런 가벼운 그림자 과정의 완성을 융은 "개성화(individuation)"의 더 상위 모델이라고 묘사했고, 이 모델에서는 "나(I)"의 강점과 나타남이라고 명명한 것을 내담자가 이룰 수 있도록 강력하게 도움

을 준다. 존슨(1991:8)은 "그들의 그림자 안의 황금"을 소유하는 과정은 매우 어려운 도전으로서 묘사했다:

> 벽장의 골격을 그리는 것은 비교적 쉬운 일이지만 그림자 안의 황금을 소유하는 것은 매우 어렵다. 당신의 무능함을 발견하는 것보다 당신이 엄청나게 고귀한 성격을 가지고 있다는 것을 찾는 것이 더 혼란스러울 것이다... 그 황금은 높은 단계의 욕구와 관련이 있으며 이것은 삶의 특정 단계에서는 받아들이는 것이 어려울 수도 있다... 어떤 사람들은 그들이 그 황금을 드러내는 방법을 알기도 전에, 충격이나 혹은 질병으로 고통을 받을 지도 모른다.

어두운 그림자(The Dark Shadow)

위에서 언급한 부드럽고 밝은 그림자에 덧붙여, 융은 그 그림자가 고통을 촉진시키고 자신의 내면에서 혹은 서로 간에 싸움을 일으키는 인간 행동의 어두운 부분들을 포함한다고 말한다. 로버드 존슨Robert Johnson(1991:4)이 그의 저서인 자신의 그림자 소유하기(*Owing your own Shadow*)에 그림자의 출현에 대해 상세하게 묘사했다:

> 하지만 인생의 초반 즈음, 우리는 지식의 나무에 매달려 있는 맛있는 과일을 먹고, 사물은 선과 악으로 구분하며, 우리는 그림자 만들기 과정을 시작한다; 우리는 우리의 삶을 구분한다… 거기에 선과 악에 대한 분류가 없으면 어떤 문명화된 행동도 없을 것이다. 하지만 거절되고 수용할 수 없는 성격들은 멀리 가지 않았다; 그것들은 우리의 성격의 어두운 모서리에 모여 있다. 그것들이 너무 오랫동안 숨어 있다 보면 우리의 삶은 그림자로 덮혀버린다.

전인적 상담모델에서 우리는 어두운 그림자를 단지 자신이 그럴 능력이 있기 때문에, 자신의 의지로 타인을 괴롭히는 것을 선택하는 "나(I)"로 묘사한다. 이곳이 고의적인 살인의 장소이다. 아스트랄에서 사람은 자신이 겁에 질려있거나, 두렵거나, 무식하거나, 술에 취했거나 하는 이유로 타인을 죽일 수도 있다. 그리고 그 행동은 어떤 변명이 될 만한 전후 사정이 있다. 하지만 "나(I)"안에서 어두운 그림자는 변명을 할 만한 이야기를 가지고 있지 않다. 그것은 단지 어떤 사람이 단순히 그럴 만한 능력이 있고, 인간의 비참함과 고통을 가중시키기 위한 방법으로 타인에게 힘을 행사하고 싶어 하기 때문에 타인을 마음대로 괴롭히는 하나의 선택일 뿐이다. 이런 그림자의 어두운 부분은 우리 자신의 내면에 있는 진실과 온전함을 향한 우리의 필요성과 조화로움에 반하는 배신의 행동을 선택하는 것으로 나타난다. 전인적 모델에서, 이는 정신의식의 최상층부이며 통찰력이 있는 곳인 "나(I)"가 "나(I)"의 내부에 있는 선함, 연민, 그리고 진실의 보편적인 원칙을 배신할 때 발생한다. "나(1)"안에 집약되어 있는 최상위의 이 빛은 보통 통찰력의 장소이지만, 강력한 장소가 도치되면 그 장소는 가장 어두운 행동을 만들어 낸다. 그 장소는 통찰력, 상호우대 그리고 연민의 최상위 의식의 조화 속에서 양극화가 되는 대신에 의지가 이기주의와 착취의 영역 안으로 들어가도록 방향을 바꾸도록 한다. 이런 어두운 그림자의 자기 소모적인 구덩이는 최상층부의 황금의 색깔 대신 회색빛을 띤 갈색의 모습으로 나타난다. 이것이 내담자가 종종 어두운 그림자를 그리는 방법이다. 여기서 우리는 희생자가 아니라 타인을 괴롭히는 가해자이기 때문에 이것은 의도적인 수치심과 어둠의 장소가 되며, 그것들은 상황을 완화시키려고 선택되는 게 아니라 탐욕, 권력을 향한 사랑, 그리고 통제에 대한 자신의 이기심을 위해 타인에게 고통을 가하는 의도적인 욕망에 의해 자유롭게 선택된다. 홉킨스(Hopkins, Gardiner, 1970L61)는 그의 시, 썩은 고기의 위안(*Carrion Comfort*)에서 이런 썩어가는 뿌리의 특성을 강하게 묘사했다:

> 피가 저주로 가득 차 있다.
> 내 영혼은 쉰 반죽처럼 변해간다.
> 길 잃은 자들, 그리고 그들의 고통이 이러하다.
> 나는 그 힘겨워하는 이들과 같지만, 사실 더 심하다.

어두운 그림자가 있는 곳에서, 우리는 살기 위해서도, 외적인 압박 때문도 아닌, 타인의 고통에서 이득을 보고자 하는 계산된 의지 때문에 고통을 저지르는 것을 선택하는 우리의 일부이자 가장 어두운 자기 자신과 대면한다. 그것은 잘못된 방향으로 가는 의지의 장소이며, 그곳은 우리가 타인을 파괴하고 실제로 그렇게 하도록 결정하는 장소이다. 그곳은 "우리가 타인에 대한 우리의 심장이 삐걱거리는 소리를 듣는" 반항적인 의지의 장소이다 (Gardiner, 1970:63).

이 장소에 도달하기 위해서, 우리는 우선 통찰력이 있는 곳이자 창조적인 정신과 식견이 있는 우리 내면의 최상위 부분과의 연결을 끊어야 한다. 이것은 일반적으로 정신과 영혼이 파괴되는 3개의 주요 심리학적 상태 중의 어떤 하나를 통제함으로써 이루어진다. 이들은 정신이 물질주의, 냉소주의, 혹은 절망의 지배 아래 있는 상태이다. 물질주의 상태는 꽃과 과일이 없는 나무와 같은 상태이고; 냉소주의 상태는 시들거나 죽거나 혹은 생명력이 결여된 나무와 같고; 절망의 상태는 거친 폭풍으로 꽃과 과일 그리고 잎사귀가 다 떨어진 나무와 같은 상태이다.

어두운 그림자를 향한 통로

물질주의

정신이 물질주의의 영향력 안에 있을 때, 유일한 현실은 단기간에 얻어지는 물질이다. 매슬로우(Maslow, 1968)가 정의, 진실, 아름다움, 연민, 즐거움, 정직, 친절함, 그리고 관대함이라고 규명한 인간 존재의 상위 가치들에 대한 어떤 감각은 사라진다. 우리는 오직 물질의 획득에서만 자극을 받고 불평등, 탐욕, 증오, 복수, 압박, 학대를 포함한 물질적 착취라는 계산된 행동만 가능하게 된다. 우리는 통찰력을 잃고 우리의 비전은 물질주의의 좁고 편협한 성향의 노예가 된다. 우리의 비전이 물질주의에만 제한될 때, 우리는 재빨리 그림자 상태로 내려가고 심지어 우리가 갇힌 것조차 모를 수도 있다. 이것이 오늘날 세계에 존재하는 지배적인 어둠의 그림자이다. 어떤 희생도 상관없이 탐욕과 이익이라는 목적으로 나타난 다국적 네트워크를 통해 어떤 이들이 몇몇 나라들의 국제적인 금융과 무역의 무대에서 착취를 했기 때문에 이 어둠의 그림자는 세계의 30%가 호화롭게 살고 있는 동안에도 매 5초 마다 어린아이 한 명이 기아로 죽어가게 만든다. 여신에게로 향하는 방법은 정신적 현실성의 감각을 회복하고, 인간의 유대감과 연민을 회복하며 연민의 실천으로 자애로움 같은 가슴을 울리는 감정들의 깨달음과 영성을 포함한 비물질적인 경험들의 가치에 대해 감사하는 마음을 회복하는 것이다. 자애로움과 타인에게 행하는 임의의 행동들은 이런 어둠의 그림자를 빛과 함께 통합시키는 가장 빠른 길이다.

냉소주의

냉소주의의 상태에서 삶의 모든 목적, 의미와 희망은 억제되며 우리는 타인의 희망과 빛을 파괴한다. 우리는 시든 나무와 같고 우리의 과일은 볼품없고 맛도 쓰다. 거기에는 어떤 존재의 이유도 없다. 벡켓(Becket)의 고도를 기다리며(*Waiting for Godot*)에 나오는 방랑자처럼 우리는 의미 없는 삶을 사는 것을 선택하고 목적이나 의미를 만들려는 우리의 시도는 인간의 존재에 헛되고 부적절한 것으로 무시된다. 우리는 목적도 없고 비전도 없으며 우리의 행동을 윤리적으로 인도할 한정된 요소도 없다. 우리는 우리의 통찰력 혹은 정신의 장소에서 깊은 단절을 경험하고 그래서 우리는 어떠한 희망이나 비전을 만들지 못한다. 이런 희망이나 목적이 없이는 우리는 사랑, 친절함, 관대함, 정의, 용서, 연민의 비전을 잃어버리고, 이런 상태들은 더 이상 가치가 없으며, 질투, 탐욕, 증오, 복수, 심판, 부정 그리고 잔인함이라는 그림자 상태와도 구별이 되지 않는다. 이런 상태는 더 분간할 수 없게 되는데, 왜냐하면 냉소주의에 갇힌 우리는 모든 것이 상관없고 의미가 없다는 상태로 소멸되기 때문이다. 되돌아가는 방법은 삶의 목적, 희망과 의미의 회복을 통해서이다.

절망

절망은 우리가 더 높은 자신, 초개인적으로 자원과 우리를 연결하는 통찰력의 장소 그리고 의미 부여하기와의 연결을 잃어버렸을 때 나타난다. 그것은 마치 우리의 영감이 자욱하고 어두운 구름 때문에 우리의 시야로부터 완전히 차단된 장소와 같고, 우리는 우리 자신이 의미나 목적 혹은 빛에 의해 우리의 근원이 차단된 것처럼 느낀다. 우리는 우리를 둘러싼 어둠이 너무 지배적이고 승리를 거둔 것처럼 보여서 그것들을 되찾는 것을 포기한다. 우리는 상실감으로 강하게 고통을 받는다. 우리는 마치 나무의 윗부분은 강한 태풍으로 파괴되고, 오직 몸통과 잘린 가지들만 남은 아름다운 나무와 같다. 우리는 상실감으로 인한 극심한 고통 속에서 살고 있으며, 그 고통이 너무 커서 한때는 우리를 지지했던 자원들과 영원히 우리의 손에서 멀어졌다는 믿음을 가지고, 이전의 상태로 돌아가는 것을 포기한다. 홉킨스는 그의 시, 썩은 고기의 위안(*Carrion Comfort*)에서 이것을 잘 나타내고 있다:

> 최악이 아닌 것은 어디에도 없다. 과거를 던지고 슬픔도 던진다
> 이전의 고통에서 알 수 있듯이 더 많은 고통이 몸부림치며 괴로워한다.
> 성령이시여, 당신의 위안은 어디에 있나요?
> 우리의 어머니이신 마리아여, 당신의 안도는 어디에 있나요?
> 나의 한탄은 오랫동안 흘러나와서 중심으로 모인다.
> 세계의 슬픔과 비애가 오래된 모루에서 주춤하며 노래한다.

깊은 절망의 순간에, 정신적 무미건조함의 고통이 심해져서 격렬하게 몸부림치면서 우리는 잔혹함, 증오, 복수. 불의의 행동을 시작하려고 결심한다. 영혼의 절망에서 뛰쳐나오기 위해서, 우리는 비열한 목적이라도, 내면의 사막에서 생겨난 개인적인 무력감을 지탱하기 위해 무조건적으로, 최상위의 잠재력과 힘을 장악할 수 있어야 한다.

7개의 치명적인 어두운 그림자

우리가 물질주의, 냉소주의, 혹은 절망에 굴복당하면, 어두운 그림자의 하나 혹은 그 이상의 상태가 되는 전제조건을 갖추는 것이 된다. 여러 종류가 있지만 여기에서 나는 심리치료에서 나타나는 가장 일반적인 7가지에 대해 언급한다. 이들은 다음과 같다.

냉소주의

냉소주의는 타인의 희망을 파괴하는 마음의 상태이다. 이것은 어떤 경험의 의미를 부정하며, 다른 사람과 그리고 세상과의 개인적인 관계를 축소시키고, 재로 만든다. 희망은 냉소주의의 해결책이며 자신, 타인 그리고 세상과의 의미 있는 관계를 맺는 방법이다. 냉소주의는 현재 인간 존재의 부재를 믿거나 또는 인간의 가치가 물질의 힘을 쫒아 돈으로 평가되게 만드는 경제학계를 유행처럼 믿는 대다수의 학계에서 널리 성행하고 있다. 이것은 인간이 힘이 있지도 않고, 지적이지 않은 사람들을 착복하고 착취하는 것을 인정하는 인간의 어두운 그림자를 향한 출입구로써, 비도덕적인 행동규범을 만든다.

질투

질투는 다른 사람들이 인지하고 있는 것을 갈망하는 상태이거나 그들의 소유물을 원하는 상태이다. 우리는 그들의 재능과 부와 풍요로움, 그들의 삶을 갈망한다. 질투는 우리를 먹어치우며 결국에는 다른 사람을 파괴하거나 혹은 그들의 귀중한 것을 약탈하려는 행동을 하도록 만든다. 질투는 심한 불충분한 느낌, 불완전함, 온전함이라는 감정의 결여, 자기-가치의 부재를 가슴에 담고 있는 비틀어진 고통이다. 우리는 우리에게 결여된 것을 타인에게 훔치고 싶어 한다. 우리는 질투에 사로잡혀서, 우리가 부러워하는 사람과 특정한 특성을 빼앗고 싶은 사람들을 비방한다. 우리는 그들을 흉악하게 보이도록 만들고 아이러니하게도 그들이 가지고 있는 성격을 원하면서도, 험담과 비난 그리고 증오로 그들의 성격을 깎아내린다. 이런 비틀어진 상태를 극복하는 방법은 자기-개발과 불교의 “다른 사람의 기쁨을 통한 기쁨”인 “더불어 기뻐함(mudita)”과 혹은 다른 사람의 성공을 축하하는 것이다(Hewage:1991). 우리는 반드시 우리가 다른 사람에게서 보는 우리 자신의 특성들에 접근하는 것에 책임을 져야 한다. 질투를 치유하는 지름길은 없다. 이는 온전한 자신으로 돌아가는 여행이므로 우리는 우리의 유일함을 진심으로 축하하고, 더 나아가 다른 사람의 유일함과 성공을 축하한다.

복수

복수는 복수의 대상에게서 받는 공격을 기초로 해서 다른 사람들의 고결함, 신체, 재산, 혹은 사회적 관계를 파괴하는 것에 사로잡힌 상태이다. 그것은 교묘한 속임수의 정신과 다른 사람, 짐승 혹은 중요한 대상을 파괴하려는 계산이 포함되어 있다. 복수는 증오와 불의 그리고 다른 사람들을 심판하는 것과 밀접하게 연관된다. 복수의 해독제는 용서이며, 자신을 용서함으로써 타인을 용서하는 것임을 알게 된다.

증오

증오는 다른 사람의 가치를 신랄하게 거절하고 부정함으로써 삶과 심장을 상하게 하는 심리적인 상태이다. 미움을 받는 사람은 항상 까만 렌즈를 통해 인식되고 인신공격의 대상이 된다. 때때로 질투나 인지된 공격은 이런 그림자의 기초가 된다. 증오는 내면의 빛을 억제하고, 그 행동에 열중하는 사람의 생명력을 단축시킨다. 증오를 상쇄할 수 있는 방법은 다른 사람의 행복을 빌어주고 안녕감의 상태에 있는 사람들을 감싸주는 사랑이다. 위대한 부처님의 메타(metta) 명상 혹은 자애 명상은 증오에 대항하는 강력한 해결책이다. 그것은 사랑의 에너지 패턴을 복구하기 위해서 수세기 동안 사용되어 왔다. 명상은 자신에게 사랑을 보내는 것으로부터 시작해서, 존경하는 사람에게, 사랑하는 사람에게, 그리고 그 외의 사람에게, 그리고 마지막으로 싫어하는 사람에게 사랑을 보내는 것이다. 이런 연습은 자신으로부터 타인에게로 움직이는 집중적인 사랑의 파동으로 모두를 아우를 수 있을 때까지 반복된다. 누군가에게 막힘이 있을 때마다, 그 사람은 자신에게 사랑을 보내기 위해 되돌아 와야 한다. 왜냐하면, 증오의 중심에는 첫 번째로 자기혐오가 있기 때문이다. 이런 상태의 해결책은 자애이며, 번스(Burns, 1994:28)가 인용한 부처님의 말씀에서 위대한 메타가 깨우침의 길로 가는 핵심이라고 밝혔다.

나의 마음은 순수하고 깨끗하다. 잘 닦여진 거울처럼 때 묻지 않은 마음이다. 깨끗하고 속이 빈 화병은 깨끗한 물로 채워지는 것처럼 나는 나의 깨끗한 심장과 순수한 마음을 연민, 동정의 기쁨, 완전한 마음의 평정심으로 넘치는 끝없는 사랑에 대한 평화롭고 고귀한 생각들로 채운다. 이제 나는 분노와 나약한 의지, 잔혹함, 폭력, 질투, 부러움, 열망, 혐오의 마음과 심장을 씻는다. 내가 건강하고 행복하기를 바란다. 나는 고통, 질병, 비탄, 걱정 그리고 분노로부터 자유롭기를 바란다. 이제 나는 내가 얻은 것들을 다른 사람들에게 전한다.

잔혹함

이 그림자에는 다른 존재에 고통을 주기위해 고의적인 선택을 한다. 고통은 육체적, 정신적, 성적, 영적 혹은 정서적일 수 있지만 고의적이고 계산적이며 양심의 가책은 없다. 그것은 보통 다른 어떤 결과를 위해 필요한 것으로 합리화된다. 좋은 예로는, 실험과정에서 동물에 대한 극심한 잔혹행위가 인간의 의학지식의 발전에 필요하다고 주장하는 생체 해부자들을 들 수 있다.

불의

가족이나 지역사회 혹은 국가에서 권력의 오용으로 불의는 발생한다. 부당한 행동들은 증오, 복수, 질투, 탐욕을 키우는 뼈대가 된다. 불의의 핵심은 자신의 개인적 이득이나 성별, 인종, 계급, 민족성, 종교 혹은 정치적 신념 중에 특별히 선택된 특징들 때문에 건강과 행복 혹은 자유의 권리를 부정하기 위해서 다른 사람의 에너지를 착취하거나 착복하는 것이다. 정의가 불의의 행동을 해결할 수 있는 방법이다. 옳은 행동들은 우리가 억압받고 착취당하는 사람들을 변호하는 것이며, 억압과 착취의 상태를 제거하는 행동이다. 불의는 인간의 삶을 망치는 또 다른 그림자이며, 다른 인간을 착취하고 착복하기 때문에 엄청난 고통을 야기하고 “가진 자들(Haves)”과 “못 가진 자들(have nots)” 사이에 엄청난 차이를 낳는다. 이것은 서양에서는 과식으로 인한 질병으로 사람들이 죽어가는 동안에도 5초마다 한 아이가 기아로 죽어가게 놔두는 그림자이다. 해결책은 정의, 공정함, 그리고 다른 사람들을 통제하고 착취하려는 기저가 되는 두려움으로부터 자유로워지는 것이다. 정의의 심장에는 행동과 인드라의 보석으로 장식된 그물망에 대한 인식에는 연민의 개념이 있다. 각각의 존재는 보석이며, 무한한 유대감을 나타내는 그물망의 접속점이며, 상호의존을 배려하는 이 그물망 내의 다른 보석들을 빛나게 하고 반사하는 보석이다. 부처의 경험은 모든 존재의 상호연관성을 강조하고, 기독교의 경험은 모든 존재 안에 있는 신의 내재성을 강조할 것이다. 둘 다 선한 심장의 개발을 이끈다. 상호의존의 정신적 인식은 연민의 중심부에 있으며, 불의에 대한 해결책이다.

탐욕

이는 그들이 생존을 위한 가장 기본적인 요구도 충족시킬 수 없다는 결론으로 인해 고의로 다른 인간들을 죽게 하거나 고통 받게 만들고, 불필요하게 비정상적인 수준에 휘말리도록 하는 몹시 과장된 욕망과 열정의 상태이다. 다른 존재들, 인간과 비인간의 손해에도 불구하고 과도하게 탐닉하는 상태이다. 현재 서양의 국제적 자본주의는 탐욕의 힘에 의해 운영되고 개인적으로 우리는 이 장치에 연료를 공급할 수 도 있다. 탐욕을 구제하는 길은 아량과 자비심으로 우리가 다른 사람과 우리의 부와 풍요로움을 공유하는 것이다.

아래의 표는 7개의 주요 어두운 그림자 상태와 해독제 그리고 영향을 받는 챠크라와 신체기관을 요약하고 있다. 4층부의 모델에서, 인체 내 장기의 모든 질병은 진단학적으로 그림자 상태에 그 원인이 있다고 말한다.

표 12 : 어두운 그림자 상태와 장기의 건강

어두운 그림자	회복하는 해독제	영향을 받은 챠크라	신체 기관
냉소주의	희망	정수리 (자수정색)	송과체
질투	기쁨	제3의 눈 (심안, 보라색)	뇌
복수	용서	목 (파란색)	폐
증오	사랑	심장 (녹색)	심장
불의	정의	복강 신경총 (노란색)	간
잔혹	친절함	생식의 (오렌지색)	생식 기관
탐욕	관대함	기반 부분 (빨간색)	장기

본래의 그림자로서 의도적인 수치심

내담자가 의도적인 수치심을 느낄 때, 심판관과 배심원이 되는 사람은 자신이다. 홉킨스(1970:62)는 이런 심리학적 상태를 썩어가는 위안(*Carrion comfort*)라는 시에서 이렇게 표현했다.: "나는 속이 쓰리고 불쾌하다. 신의 가장 깊은 결정은 나에게 더 쓴 맛으로 다가왔고: 나의 쓴 맛은 바로 나였다...." 그들은 그들 자신이 하찮고 마음에 들지 않는다고 비난한다. 심판의 목소리가 내담자의 밖에 있지만 내담자의 정신으로 울리는 죄책감과는 달리, 의도적인 수치심의 목소리는 내담자의 깊은 곳에 있고, 내담자의 "나(I)"의 밑바닥에서 들린다. 그것은 마치 "나(I)"의 존재가 밝은 곳에서 분열되는 대신에 어둠에서 분열되거나 인간의 행복과 대조되는 행동이나 몸짓으로 분열되는 것과 같다. 내담자가 7가지의 그림자 상태 중 어느 하나라도 해당이 되면 그들은 의도적인 수치심도 같이 가지고 있음을 알아차린다. 의도적인 수치심은 회색의 구름이 햇빛을 막고, 자신들의 선함을 드러내는 초기의 행동들을 무력화하는 소멸상태의 정신 상태를 만드는 것처럼 모든 그림자의 상태를 가린다. 극소수의 사람들이 자유롭게 어둠의 그림자를 처리하려고 한다. 왜냐하면 자신을 가해자로 대면해야 하는데 자신을 희생자나 선한 사람으로 생각하고 저평가된 사람, 가족, 지역사회 혹은 국가 지도자의 그림자 특성에 자신을 투사하는 것이 마음이 편하기 때문이다. 그러므로 많은 사람들에게 조지 부시(George Bush)는 국가적인 차원에서 불의, 잔혹, 그리고 탐욕을 상징하지만, 누군가가 우리의 어두운 그림자를 회수하고 가해자로서 내재되어 있는 이런 특성들에 익숙해지기 전까지는, 조지 부시와 능숙하게 대화를 할 수 없을 것이다. 비슷하게 호주에서도 우리 각자에 내재하고 있는 테러리스트를 망명자나 다른 문화에서 온 사람으로 투사하는 것은 매우 서투른 정치적, 사회적 정책을 야기한다. 넬슨 만델라, 마틴 루터 킹, 간디, 아웅산 수지처럼, 전쟁 중인 당파들 사이에서 해결점을 찾고 협상할 수 있는 위대한 지도자들은 우선 자신의 내면의 어두운 그림자들을 해결해서 다른 사람들에게 자신들을 투사할 필요가 없었기 때문에 그렇게 할 수 있었다. 그들은 명쾌함, 지혜 그리고 평정심을 가지고 "나(I)"의 위치에서 말할 수 있었다. 국가적으로, 우리는 이런 사람들을 우리 내면의 깊은 곳에서 중재자로 인식하고 있으며 그 중재자들은 탐욕이나 잔혹함이 없이도 화해를 요구할 수 있으며, 불의를 만들어 내지 않고 정의를 위해 일할 수 있는 사람들이다. 하지만 대부분의 소심한 사람들은 3개의 착각 보호요인이 우리의 그림자 상태를 수용하는 것을 막는데 사용되곤 한다.

우리의 어두운 그림자에 대항해서 우리를 보호하는 3개의 착각의 파수꾼: 독선, 자기 판단, 자기 파괴

융은 우리가 우리의 그림자의 특성들을 이웃에게 투사하고 그럼으로써 자기 인식 안에서 뚫고 들어갈려는 하는 것을 피하려고 하는 경향이 있지만, 하지만 우리의 그림자를 이웃으로부터 제거하는 것은 위대한 개인적, 사회적으로 자유로워지는 작업이다. 이 작업을 위해서 우리는 3개의 착각의 파수꾼이라고 말했던 것을 버려야한다: 독선, 자기 판단, 자기 파괴. 이것은 엄청난 용기를 필요로 하며 소수의 내담자만이 그들의 어두운 그림자 상태를 다루고 싶다는 희망을 나타낸다. 융은 직접적으로든 간접적으로든 그들이 그림자 자체를 믿는 것은 제외하고, 그림자를 그들 자신에 대해서 알기를 거부하는 모든 것으로 정의했다(http//www.hermes.net.au /ravens/conflict.html). 우리는 대부분의 시간을 이런 목소리를 억제하기 위해 열심히 노력해야 한다. “우리 눈 안의 통나무보다 다른 사람의 눈 안에 있는 바늘”을 보는 것이 훨씬 더 쉽다.

3개의 착각의 파수꾼은 어두운 그림자의 복구로부터 우리를 보호하는 정교한 방어기제이며 피해자 역할의 상태를 유지하게 만들어주고 가해자임을 회피하게 해주는 방어기제이다. 위대한 현자 루미(Rumi)는 이런 3개의 파수꾼 뒤에 숨은 사람을 다음과 같이 말했다: “만일 네가 악마를 보지 못했다면, 네 자신을 들여다보라”. 어떤 사람이라도 통찰의 장소로 가는 방법이 없는 하나 또는 그 이상의 파수꾼을 가지고 있을지도 모르고, 그리고 그 파수꾼들은 누군가가 진실을 접하기 위해서는 반드시 해고되어야 한다: 인간의 경험의 그림자. 데비 포드(Debbie Ford)는 그녀의 저서, 그림자의 비밀(*The Secret of the Shadow*)에서 우리의 그림자를 받아들이고 사랑하기 위해서는 배움을 통해서 가능하며, 그것은 우리가 모든 인간을 받아들이고 사랑할 수 있게 해준다. 이것은 우리의 충만한 인간애를 부정하는 감옥으로부터 탈출하게 하는 자유로의 여행이다.

독선적인 파수꾼

독선적인 파수꾼은 내담자가 어떤 대상, 사람 혹은 사건에서 "결백한 태도보다 더 결백"할 때마다 의심을 받는다. 우리는 우리의 순결함을 너무 강하게 주장하고 우리의 선함에 대한 확실성을 가지고 말을 하며, 어떤 어두운 생각이나 행동들과 아주 조금이라도 연관이 있을 수도 있다는 생각을 강하게 부정해버린다. 도덕적 옳음이 지배할 때, 이 파수꾼은 좀 더 과격해지는 경향이 있다. 피터 싱어(Peter Singer)는 (2004) 그의 저서인, 선과 악의 대통령, 조지 부시의 윤리(*The President of Good and Evil, The Ethics of George W. Bush*)에서 독선으로 작동되는 그의 도덕적 파수꾼에 의한 세계 정치의 결과에 대해 탐구했다. 우리의 잠재적 그림자를 부인하는 경우, 독선적인 파수꾼은 우리 내부에 있는 두려움이나 공포를 자세히 알아보는 대신 다른 사람에게 선제공격을 하도록 한다. 다른 사람들에게 밖으로 그 두려움을 투사하는 것이 우리 자신의 영혼에 있는 어둠을 공격하는 것보다 더 쉽다.

자기 판단

비통과 절망은 자기 판단의 파수꾼을 조종한다. 거기에는 비록 사소한 도덕적 위법이 있을지라도 지속적인 자기 처벌로부터 자유로울 수 없다. 이런 자기 판단에 사로잡히는 것은 실제로 어두운 그림자의 장소로 들어가는 것에 대한 파수꾼으로 활동하며, 그 안에 있는 인간성을 발견하지 못하도록 하는 역할을 한다. 사람은 그 그림자 위를 떠다니며 자기비하라는 혼란스러운 장막을 통해 바라보고 일종의 자아도취적인 시도에 의해 자기 자신에 대한 혐오에 빠져 있게 된다. 우리는 반드시 들어가야 하는 사건의 장소로 들어가는 것을 회피할 수 있고, 그래서 그 이야기들은 이해가 되고 복구가 될 수 있다.

자기 파괴

자기 파괴는 우리가 성공할 것 같은 순간에 드러나지 않은 어두운 그림자의 구덩이에 빠지기 때문에 결코 성공하지 못한다고 확신한다. 그 그림자는 알려지지 않은, 하지만 의심쩍은 재능과 다른 사람들을 고통스럽게 하는 힘이 존재하는 장소이다. 우리는 우리의 힘을 두려워하고 대화하기를 거절한다. 왜냐하면 그것은 거대한 파괴를 일으킬 잠재력을 가지고 있으며, 그것은 너무 고통스럽고 두렵기 때문이다. 과거에 우리는 우리의 힘을 항상 능숙하게 사용했던 것은 아니다. 우리가 그 힘을 다시 서투르게 사용하게 될 경우를 생각해서, 우리는 그 힘에 다시 접근하고 드러내려는 행동으로부터 우리 자신을 파괴하기 위해 마음속으로 맹세한다. 그래서 우리는 우리가 세상에 가져온 재능과 잠재력의 위대함을 약화시킨다. 만델라(Mandela)는 (1994) 그의 취임식 연설에서 자기 파괴의 장소를 훌륭히 포착했다:

> 우리의 심원한 두려움은 우리가 불충분하다는 사실이 아니다. 우리의 심원한 두려움은 우리가 측정할 수 없을 정도로 강력하다는 사실이다. 그것은 우리의 빛이지 우리를 놀라게 하는 어둠이 아니다. 우리는 훌륭하고 매력적이고, 재능 있고, 멋진 나는 누구인가? 하고 자문한다. 사실, 그렇지 않는 너는 누구인가? 너는 신의 아이이다. 너의 작은 역할은 세상에 도움이 되지 않는다. 움츠러드는 것에 대해 밝혀진 것이 없기 때문에 다른 사람들이 당신에 대해 불확실함을 느끼지 않을 것이다. 우리는 우리 안에 있는 신의 영광을 밝히기 위해 태어났다. 그것은 우리의 몇몇 안에 있는 것이 아니라 모두의 안에 있다. 우리가 자신의 빛을 밝게 하면서 우리는 무의식적으로 다른 사람도 같은 행동을 하는 것에 대해 동의한다. 우리가 우리 자신의 두려움으로 부터 자유로워 질 때, 우리의 존재도 자동적으로 다른 사람을 자유롭게 만든다.

그는 그의 어두운 그림자에 대해 알고 있었기 때문에 위대한 지도자가 될 수 있었다. 그는 완전함, 정직함, 겸손함과 함께 그의 힘을 받아들일 준비가 되어 있었다. 이들은 우리의 어두운 그림자를 복구시킬 수 있는 재능들이다. 그러면 그림자에 깔려있는 잠재적인 힘은 서투르게 사용되지 않을 것이며 우리는 자기 파괴적인 파수꾼을 사라지게 할 수 있다.

어두운 그림자를 다루기 위한 치료적 개입

우리는 어두운 그림자가 있는 장소에서 가장 깊은 치료적 과제와 대면하게 된다. 상처 입은 사람들은 무지와 한계에 사로잡혀서 살아남기 위해 몸부림치고 약하고 넘쳐나는 우리 주변의 힘에 의해 압도당하기 때문에, 아스트랄/트라우마 체계에서 희생자인 우리 자신에 대한 연민을 찾는 것은 비교적 쉽다. 하지만 우리에게 이런 변명들은 어두운 그림자의 장소에서는 가능하지 않다. 이곳은 위협에 따른 살해나 살인이 자행되는 그런 곳이 아니다. 이곳은 우리의 의도적인 살인, 계산된 증오, 복수, 질투, 혹은 잔혹함의 고향이다. 용서할 수 없는 것에 대한 자기용서, 잔혹함에 대한 자기연민을 찾으려는 투쟁을 홉킨스가 잘 포착했다:

> 나는 깨어나서 어둠의 언덕을 느낀다.
> 얼마나 오랜 시간을 암흑 속에서 지냈나.
> 너와 심장을 발견한 그 밤에 네가 가는 길을 보았다.
> 더 많은 어둠이 올수록 빛은 더 오래 지연된다.
> 이것을 말한 증인과 함께. 하지만 내가 말했던 장소
> 내가 말했던 시간은 삶을 의미한다. 나의 한탄은
> 끊임없이 흘러나오고 보낼 수 없는 편지와 같은 통곡이다.
> 떨어져 사는 친애하는 그가 가엽다(1970:62).

심원한 어둠과 슬픔을 가지고 있는 어두운 그림자의 영역은 우리의 가장 위대한 힘을 되찾게 하고, 자신의 최상위의 잠재력을 되살릴 수 있는 강력한 방법을 가지고 있다. 절망의 깊이는 우리의 선, 진실 그리고 연민을 위한

능력의 높이와 일치한다. 우리는 오직 우리가 우리자신을 속이는 것을 슬퍼할 수 있으며 그래서 우리의 비통함은 우리의 최고의 잠재력에 대한 약속과 상실감의 규모와 일치한다. 데비 포드(Debbie Ford, 2002)는 그림자에 대한 자신의 연구에서, 우리가 그림자와 작업을 할 때 보다 나은 우리의 삶을 변형시키는 힘에 대해 강력히 묘사했다:

> 그림자는 풀어야 할 문제나 정복해야 할 적이 아니라 경작해에 할 비옥한 토지이다. 당신의 손으로 비옥한 흙을 파보면 당신이 가장 되고 싶어 했던 사람의 잠재적 씨앗을 발견할 것이다. 대부분의 우리의 증오, 두려움, 혹은 수치심의 특성들이 우리가 꿈꾸는 삶을 살 수 있는 열쇠를 움켜 쥘 수 있는 것들이다.

어두운 그림자 복구하기: 전인적 상담적 접근

이 과정은 5단계로 이뤄진다:

1. 3개의 착각의 파수꾼을 뚫고 들어가 그림자의 통찰력 개발하기
2. "나(I)"로 들어가서 규명된 그림자와 해독의 질을 분류하여 확인하기
3. 그림자와 해독제의 통합을 차단하는 흔적을 규명하기
4. 그림자와 해독제를 통합하는 시도 되풀이하기
5. "나(I)"의 최상위 부분과 "나(I)"의 그림자 부분의 연결고리 복구하기

1단계: 착각의 파수꾼 뚫고 들어가기

이 과정의 전제조건은 인간이 지닌 7개의 그림자들의 원동력을 드러내기 위해 자기 독선, 자기 판단, 자기 파괴의 파수꾼의 방어를 뚫는 것이다. 착각의 독선적인 파수꾼은 질문을 하는 것만으로도 뚫고 들어 갈 수 있다: 당신이 그것을 다른 사람의 행동에서 봤을 때 몹시 화나게 하는 점이 무엇인가? 그 특성이 주의를 기울어야 할 그림자의 특성이다.

착각의 자기 파괴 파수꾼은 다음의 질문으로 뚫고 들어 갈 수 있다: 어떤 희생을 치르더라도 당신이 직접 하는 것을 망설이게 하는 것이 무엇이며 자신이 하는 것을 신뢰하지 못하는 것은 무엇인가?

자기 판단의 파수꾼을 뚫고 들어가기 위해서는 내담자에게 단순히 질문을 한다: 용서받지 못할 행동을 해본 적이 있나? 내담자가 독선적인 감정을 느꼈거나, 자기 판단의 감정과 자기 판단의 특정한 예를 말하기 시작할 때 질문한다: 자신의 신체의 어느 부분에서 그것을 느끼는가? 내담자가 "들어가기-나오기-바라보기" 과정을 사용해서 그 장소를 확인하게 되면 그들은 특정한 그림자의 희생자였는지 혹은 가해자였는지 핵심적인 흔적을 바로 드러낼 것이다.

2단계: 큰 자기(I AM)에 들어가서 드러난 그림자와 해독제의 질을 분류하여 확인하기

어두운 그림자 과정의 시작은 밝은 그림자 과정과 비슷하며 내담자는 각 위치의 긍정적인 점과 부정적인 점이 명확하게 구별되고 통합될 때 까지 두 개의 위치를 (그림자와 해독제) 나타내는 두 개의 음성 사이에서 언어로 대화를 해야 한다. 이 과정은 밝은 그림자 과정의 1-4단계에 요약되어 있다.

3단계: 그림자와 해독제의 통합을 차단하는 흔적 밝혀내기

하지만 어두운 그림자의 경우, 내담자는 그림자와 해독제를 함께 가져올 수 없을 것이다. 두 부분을 한군데로 가져오는 과정에는 커다란 저항이 있을 것이다. 양극화는 일련의 흔적이나 경험들의 결과로 발달되었다. 예를 들면, 보통 거기에는 증오와 사랑과 같은 그림자 특성과 해독제의 양극화의 기초가 되는 6-12개의 흔적들이 내담자의 삶 어딘가에 흩어져있다. 다음의 작업은 두 부분을 함께 가져오는 시도의 대안으로 어두운 그림자 과정 속에서 시행할 필요가 있다.

- 두 부분을 가까이 가져오는 과정에서 나타나는 저항의 자리가 신체의 어느 부분에 있는지 찾아본다.
- "들어가기-나오기-바라보기" 과정을 사용해서 신체의 그 부분에 들어간다.
- 호흡이 어떻게 움직이지 않는지 그림으로 그린다.

- 호흡이 어떻게 움직이지 않는지의 몸짓으로 들어가 보고 그것을 확장한다.
- 그런 몸짓으로 있었던 최초의 기억을 회상한다(이 위치는 그림자 상태의 희생자 혹은 가해자로서 내담자의 흔적을 두드러지게 하는 것이다).
- 그 흔적의 경험을 그림자 상태와 연결한다.
- 내담자가 그 흔적 안에 있을 때 경험하는 감정을 위해 적절한 과정을 사용해서 그 흔적을 치유한다.

4단계: 그림자와 해독제를 통합하는 시도 되풀이하기

내담자는 이제 두 쿠션을 함께 끌어오는 시도를 한다. 내담자가 그림자와 해독제를 나타내는 두 쿠션을 한군데로 모으는 과정에서 저항을 느낄 때마다 내담자는 위의 과정을 되풀이 한다. 이 과정은 또 다른 상담 회기가 소요될 수도 있다. 일반적으로 어두운 그림자 작업에는 주요 흔적들이 나타남에 따라 6-12 회기의 상담이 필요하다. 내담자와 함께 하는 모든 어두운 그림자 과정에서 흔적들은 가해자 또는 피해자로써 끔찍했던 기억들이나 과거의 경험들에 근거해서 나타난다. 지나친 사랑을 통한 고통의 흔적이나 충분한 경험들을 가지고 있는 사람은 사랑을 약하고 비참한 것처럼 여기며 버리기로 결심하고 증오의 가해자로서 삶을 살아가게 될 것이다. 이것은 모든 주요 그림자와 해독제에서 볼 수 있는 일반적인 패턴이다. 마지막으로 충분한 숫자의 회기가 끝난 후에, 내담자는 흔적을 위한 회기를 끝낸 후에는 신체에 어떤 저항을 경험하지 않고, 2개의 쿠션을 (양극화를 나타내는) 함께 움직이면서 그림자와 해독제 특성들을 한데 모을 수 있는 지점에 도달할 것이다.

5단계: 나(I)의 최상위의 부분과 나의 그림자 부분의 연결고리 복구하기

내담자는 그림자와 해독제를 나타내는 2개의 몸짓의 긍정적인 부분들의 만남을 나타내는 색깔이나 찰흙으로 예술적인 작품을 만든다. 그 만남과 내담자의 삶을 통합하는 자원 찾기 과정을 사용해서 회기를 끝내고 그리고 내담자에게 자원찾기 과정을 과제로 내준다. 내담자는 새롭게 통합된 "나(I)"가 어떻게 더 완전히 작동하는지 통찰력을 가지고 심사숙고한다.

착각의 어두운 그림자 작업 사례 연구: 증오 대 사랑

이것은 1시간씩, 8회기를 아우르는 어두운 그림자 상담과정의 전형적인 사례 연구이다. 내담자는 25살이며 어린아이였을 때, 자신을 성적 학대한 아버지에 대한 증오를 없애고 싶어 했다. 내담자가 아버지에 대해 이야기할 때, 그녀의 몸 전체가 증오의 에너지로 일그러졌고 그 증오가 애인과의 관계로, 특히 성적 관계에 많은 영향을 미쳤기 때문에 그녀에게 너무나 큰 고통을 주었다고 말했다. 첫 번째 회기는 해독제(사랑)와 그것의 그림자(증오)의 위치인 긍정적 위치와 부정적 위치 이렇게 2개의 위치를 구별하는데 전념했다. 그녀는 그 쿠션들을 함께 옮기지 못했고 첫 번째 회기에선 어머니에 의해 보호받지 못했고 아버지의 성적 공격으로 고통 받았던 어린 시절로 되돌아갔다. 그녀는 희생자였던 그녀 자신을 깨끗이 할 필요가 있었고 자원찾기와 권한주기뿐만 아니라 성적 학대 과정의 흔적을 없애기 위해 적절한 과정을 사용하였다. 우리는 다음과 같은 삶을 포함한 몇 차례의 회기를 진행했다: 사랑을 포기하고 성적 노예였던 여자로서의 삶, 그를 멸시하는 타인에게 강한 증오를 느끼는 남성의 모습으로서 거지같은 삶, 직원들을 증오를 가지고 대했던 농장 주인으로서의 삶, 남자로서 다른 사람에게 깊은 사랑과 신뢰를 가지고 있었지만 배반을 당하고 사형선고를 받았던 삶. 각각의 흔적을 다루기 위해서 증오를 나타내는 쿠션과 사랑의 해독제인 쿠션을 합치는 시도를 했고, 각각의 회기가 끝난 후에, 그것들은 더 가까워지다가 마침내 여덟 번째 회기에서 내담자의 아들과 관련된 흔적으로 이동했다. 그녀는 그를 사랑을 나타내는 존재로 그리고 증오에 사로잡힌 그녀 자신은 사랑을 무시하는 존재로 생각했다. 그녀의 아들을 기억하고, 그가 그녀의 삶에 가져다 준 사랑을 기억함으로서 그녀는 통찰력을 얻고 사랑의 위치로 이동할 수 있었다. 회기들을 다 끝내고 내담자는 아들, 그리고 애인과의 관계가 매우 개선되었고, 이제 그녀는 자신의 삶을 더 즐길 수 있었으며 그녀만의 유일한 특성들이 자신과 함께 있음을 느낄 수 있게 되었다고 말했다.

결 론

자신의 내면에 있는 그림자를 복구함으로서, 우리는 그 의지를 우리 자신과 타인의 안에 있는 정신의 고결함, 최상의 용기 있는 행동, 연민 그리고 선함의 핵심에 있는 최상위 층에 올려놓게 된다. 우리는 어두운 그림자에서 나타나는 자기 용서의 행동을 통해서, 우리의 마음을 열고 우리와 다른 살아 있는 존재들과 연결하는 연민을 발달시킨다. 우리를 다른 사람과 멀어지게 하는 타인의 심판은 우리를 연결하는 심오한 연민에 의해 대체된다. 오스테인(Orstein, 1972)은 이것을 연민의 심리학에서 가장 중요한 특성이라고 묘사했다. 인간에 대한 그의 모델에서, 우리는 뇌의 이원적인, 기계론적인, 분석적인 왼쪽 부분에서 유기적, 종합적, 상징적이며 통합하는 오른쪽 뇌의 특성을 수용하는 쪽으로 이동한다고 말했다. 프리조프 카프라(Frijof Capra, 1983)는 그의 책, *전환점(The Turning Point)*에서 비슷하게 주장했다. 매튜(Matthew, 1990:88)는 그의 저서, 연민이라고 부르는 영성(*A Spirituality Named Compassion*)에서 사람은 "연민의 만조는 인간의 존재를 통해 흐르는 모든 감정의 흐름에서 오기 때문에" 오직 고통의 대가로 연민을 소유할 수 있다고 강조한 저실드(Jersild)의 말을 인용했다. 자기 용서는 타인을 위한 연민으로부터 오기 때문에 자신의 그림자를 다루는 사람에게 필요하다. 틱낫한(1987, 63-4)은 사람이 자신의 그림자를 복구할 때, 그리고 그 경험을 인간성의 비옥한 토지에 통합시킬 때 나타나는 "상호존재(interbeing)" 혹은 상호유대감을 그의 시, 나의 진정한 이름을 불러주세요(*Please call me by my true names*)에서 훌륭하게 표현했다.

> …나는 우간다의 아이이다
> 피부, 뼈, 나의 다리는 대나무 가지만큼이나 가늘고,
> 그리고 나는 우간다에 치명적인 무기를 파는 무기 상인이다.

나는 12살의 망명자이다
작은 보트위에서,
바다 해적에 의해 강탈당한 후 바다로 던져진
나는 바다의 해적이다
나의 심장은 아직 깨닫거나 사랑할 능력이 없다.

나는 공산당원이다,
나의 손에는 엄청난 권력이 있는,
그리고 나는 그의 피의 빚을
강제 노동 수용소에서 천천히 죽어가는,
나의 사람들에게 갚아야 하는 사람이다.

제발 나의 진정한 이름으로 나를 불러다오,
나의 울음과 나의 웃음을 한 번에 들을 수 있도록,
나의 기쁨과 고통이 하나임을 볼 수 있도록.

제발 나의 진정한 이름으로 나를 불러다오,
내가 깨어날 수 있도록,
나의 심장의 문이 열릴 수 있도록,
연민의 문이.

이제 우리는 그림자 상태가 빛에 통합되는 전인적 정신 건강의 장소에 도달했고, 그곳은 우리의 창조적인 존재를 위한 비옥한 땅을 제공하고 살아있는 생생한 연민과 지혜로서 인간의 삶에 다시 합류하고 인정될 것이다. 우리는 파괴와 창조력의 주기를 헤쳐 나왔다. 그 주기는 우리 모두에게 있는 칼리(힌두교;Siva신의 배우자; 파괴와 창조의 여신)가 완전해지기를 요구한다. 그럼으로써 우리가 완전히 통합된 인간으로 살고, 우리의 그림자가 저 뒤편으로부터 우리의 삶에 자기 권리를 요구할 때 나타나는 노이로제나 불안, 혹은 좌절로 부서지지 않도록 한다.

참고문헌

Burns, D. (1994) *Buddhist Meditation and Depth Psychology* Buddhist Publication Society, Kandy.

Capra, F. (1983) *The Turning Point: Science, Society and the Rising Culture* Simon and Schuster, USA

Ford, D, (2002) *The Secret of the Shadow* NY

Fox, M. (1990) *A Spirituality Named Compassion*, Harper and Row, USA

Gardiner, H. (ed) (1970) *Gerald Manley Hopkins Poems and Prose* Penguin, London.

Harding, M.E. (1973) *The I and the not I: a study in the development of Consciousness* Bollingen, Princeton.

Hewage: L. (1991) *Metta Majujaya*, KL

Johnson, R. (1991) *Owning Your Own Shadow*, Harper, San Francisco

Jung, C. (1968a) *Collected Works*, vol 9. Routledge and Keagan Paul, London.

Jung, C. (1968b) *Collected Works*, vol 7, Routledge and Keagan Paul, London.

Jung, C. (1968c) *Analytical Psychology: its theory and practice*. Routledge and Keagan Paul, London.

Jung, C. (1982) *Aspects of the Feminine* Routledge and Keagan Paul, London

Maslow, A.(1968) *Towards a Psychology of Being*. Van Nostrad, NY.

Ornstein, R. (1972) *The Psychology of Consciousness*, San Francisco, Freeman

Nelson Jones, R. (2000) *Six Key Approaches to Counselling and Therapy*, Continuum, London.

Singer, P. (2004) *The President of Good and Evil. The Ethics of George W. Bush*. Granta, NY.

Thich Nhat Hanh (1987) *Being Peace*, Parallax, Berkley

http://www.hermes.net.au/ravens/conflict.html)

www.soulfuliving.com/the _shadow_process.htm) accessed on 11/5/04.

http://www.mantraonnet.com/kali

제10장

중독 치유하기 : 반복적인 에너지 패턴과 기능장애의 체계로부터 자유로워지기

나는 금이나 은보다 더 강해질 수 있는 권한이 있다
나와 함께하는 그 권한은 우위에 있다...
나는 태양의 광선이다... 나는 그들을 절속으로부터 자유롭게 한다

이시스(Isis)의 찬송

삽화 : 파멜라 메튜스(Pamela Matthews)의 이시스(Isis)

제10장 중독 치유하기: 반복적인 에너지 패턴과 기능장애의 체계로부터 자유로워지기

이시스(Isis)는 패배하지 않은 의지의 원형으로 회상된다. 그녀는 그녀가 사랑하는 사람의 회복을 위해서 모든 장애물을 이겨냈다. 그녀는 의지이자 무시무시한 상황을 극복할 수 있는 능력을 가진 위대한 "큰 자기(I AM)"를 이용하며, 사람을 영원한 정신(spirit)의 원형에 연결하는 힘을 가지고 있다. 그녀는 그것이 불가능하다 할지라도 정의와 진실을 추적하는 것을 멈추지 않을 것이다. 이시스는 예를 들어, 오시리스(Osiris: 역자 주, 이시스의 남편)처럼, 인간이 경험하는 중독의 "나(I)"를 회복하기 위해 필요하다. 그들은 훼손되고 그들의 부분들은 다양한 장소에 퍼져 있다. 중독으로 인해 그들은 자신의 삶과 자신의 중심을 세우는 능력을 통제할 수 없게 되는 것 같다. 의지를 통해 "나(I)"를 중독으로 이끈 흔적과 삶의 상처로 인한 고통을 극복할 수 있는 가장 강력한 자원과 연결된다. 이시스는 나라 전역에 흩어져 있던 오시리스의 훼손된 부분들을 모아 재건했다. 오시리스는 그녀의 영혼의 동반자이며 그녀 자신의 영혼에 가장 가까운 사람이다. 그는 질투에 사로잡힌 그의 동생이 가한 부당한 행위로 심각하게 상처를 입고 죽음으로 내몰렸다. 이시스는 그녀가 삶을 통제하는 중독적 에너지 패턴에 놓여 있는 상처를 치유하기 위해 필요한 헌신과 깊고 넓은 의지를 보여준 만큼, 중독적인 행동으로부터 집으로의 여행을 용이하게 하는 부단한 결단력의 위대한 원형이다.

중독과 인과요인의 동시대적 개요

중독이 심해지는 위험요소들은 가족갈등, 가족 빈곤, 부모의 약물복용, 약물복용의 가족사, 학업실패, 동료의 약물복용, 약물의 입수 가능성, 그리고 공격적인 혹은 문제적 행동으로 알려져 있다(Drug info clearinghouse, 2002). 특히 방어 요소들은 적어도 한 명의 중요한 성인과의 따뜻한 관계, 가족이나 학교와의 소속감, 학교에서 긍정적인 경험이나 성취, 사랑받고 존경받는 느낌, 종교적 또는 정신적 연결성, 가족이 학교 또는 사회에 활발한 공헌자가 되는 기회를 갖는 것 등으로 알려져 있다.

개입 모델

아래의 표는 알코올 문제에 대한 13가지 일반적이며 개념적인 이해를 요약한 표이다. 이 표는 다른 중독성 문제에도 적용될 수 있다. 이것은 밀러(Miller)와 헤스틀러(Hestler, 2003:8)로부터 채택되었으며, 중독적 행동으로부터 회복하기 위한 모델의 다양성과 그 원인에 대한 설명과 상담 분야에서 풍부한 치료적 개입에 대해 설명하고 있다.

표 13 : 중독을 위한 치료적 개입의 모델들

모델	강조된 원인 요소	치료적 개입의 예
도덕적	자기 통제	설득, 사회적/법적 구속력
금주	절제	No라고 말함. “더 이상은 없어”
종교적, 정신적	정신적 결함	정신적 성장, 기도, 익명의 알코올 중독자
경향성 질병	체질상 비정상	장애를 가진 사람 식별, 자제
생물학적	유전적	유전학적 상담
교육적	지식 결핍	교육
기질적	성격적 특성	심리치료
조건적	자발적 조건	반대 조건
사회적 습득	모델링 / 기술 결핍	기술 훈련
인지적	기대	인지적 치료
시스템	가족 기능장애	가족치료
사회문화적	문화적 규범	사회적 정책
대중 건강	운영자 / 환경	치료적 개입의 복합적인 단계

이 모델들은 모든 중독성의 행동들과 관련이 있는 긍정적인 치료적 개입을 만들기 위한 시도이다. 전인적 상담모델은 개인의 회복을 위해서 자체적인 과정의 적용과 함께 체계적인 접근을 강력하게 지지한다. 체계 전문가인 커티스(Curtis, 1999)는 화학적으로 의존하는 체계는 변화의 어려움을 가지고 있으며 그래서 중독물질이 제거되었어도, 그 체계는 여전히 화학적으로 의존

하는 체계로서의 기능을 한다. 융학파 치료자인 하들링(Harding, 1973:78)은 한 명 또는 그 이상의 개인이 가족의 그림자로 사는 영역으로서 가족체계를 지적했다. 그것은 노이로제나, 직무 태만의 행동 혹은 약물 중독으로 명확히 설명할 수 있다.

중독의 기원에 대한 전인적 모델

전인적 상담모델은 60년대 초 이후 중독적 행동은 사회적 지지체제가 붕괴되어 가고, 개인화에 대해 가중되는 압박에 대한 저항의 증상으로 발생했다고 본다. 아동기와 늦은 사춘기의 부재로 인한 음이거나 침습으로 인한 양으로 인해 실제적으로 상처받은 흔적을 만들지도 모르는 사회적, 가족적 구조로부터 그들 자신을 방해하는 경험을 겪는 것처럼 개인화의 도전 또는 자신의 "자기(I am)"를 드러냄이 종종 시도된다. 그렇지 않으면, 청소년들이 물질세계에서 의미 없는 활동들을 빙 둘러보고 관찰하면서 "지루하다"라고 느끼는 동안에, 만족스럽지 못한 것처럼 허기진 영혼의 성육화를 경험할지도 모른다(Lelieveld, Van Den Berg, 1987:9에서 인용). 지루함은 캠벨(Campbell, 2001)에 의해 헤로인 사용에 대한 일반적인 동기부여 패턴으로 인용되었다. 4층부 모델에서, 그것은 영혼의 삶이나 "자기(I am)"의 표현을 위한 의미 있는 기회의 부재로 보일 수도 있다. 이 전인적 상담모델에서 영혼의 삶은 심원한 연민과 지혜를 가지고 지성적인 삶과 의지를 주입하는 창조적이며 느끼는 삶을 포용한다. 자신의 감정적 삶은 수행하지 않고, 세상에서 신체적 활동을 잘 해내는 것처럼 감정이 배제된 지성주의는 무미건조하다. 서구 사회의 분열과 감정의 저평가, 사고와 의지를 선호하는 인간의 창조적인 측면들은 둔하고, 지루하고, 의미 없는 또는 "영혼의 파괴", 기계적 로봇으로 묘사되는 것처럼 경험되는 삶의 선택권을 너무 쉽게 양산한다.

약물은 정상적이고 건강한 성육화 과정을 방해한다. 인간은 자신의 육신이 제거되지 못하도록 약물을 선택하거나 과잉 성육화의 결과로 약물을 선택함으로써 중독이 된다. 양쪽 모두, "나(I)"는 나타나지 않고, 그래서 가능한 최고가 될 수 있는 개인화 과정은 제한이 된다. 다른 약물들은 사람의 4

개의 막에 다른 방식으로 작용한다. 이 4층부의 모델을 사용하는 둔셀만(Dunselman, 1992) 역시, 성육화 과정에서 약물에 대한 다른 가족들의 영향을 명확하게 묘사하고 있다. 본질적으로, 마리화나, 헤로인과 같은 탈육화 약물은 바람이 과하게 들어간 풍선처럼 에테르를 확장시킨다. 하지만 에테르는 꿈꾸는 상태처럼 긴장이 완화된 장소로 경험되며, 그리고 그것이 확장되어 긴장을 푼 꿈결 같은 상태에서 살 수 있는 환상을 그들에게 주고, 그 사람으로부터 마음의 하위 층들을 멀어지도록 만든다. 이렇게 탈육화시키는 약물의 계속되는 사용은 에테르 막을 탄력이 없도록 만들고 아스트랄에 저장되어 있는 육체와 정신적 / 감정적 경험 사이에서 더 이상 완충제 역할을 하지 못하게 한다. 그렇게 되면 이것은 "나쁜 여행"이 되며 일반적으로 위험하고 사람을 쇠약하게 하여 중독으로 이어지는 "마리화나 정신병"으로 알려진 상태가 된다. 그런 약물들은 에테르 힘의 자연스러운 리듬을 막고, 먹고 자는 리듬이 무시되기 때문에, 육체적 쇠약과 소모라는 결과를 낳는다. 애초에 약물은 감성적 삶을 확장하는 반면에 반복적인 사용으로 그것들은 감성적 삶을 약하게 만들고 결국 이는 식물인간의 상태로 만들어 버린다(Dunselman, 1992: 32). 의지는 약해지고 중독자는 세상에 존재하는 어떤 것들을 이루려고 하는 의지를 상실하고 식물처럼 살아가게 된다.

과한 성육화 약물은 아스트랄 막을 신체에 억지로 밀어 넣고 경험에 대한 사고 / 의지의 영역에서 지나친 활동을 초래한다. 각성제, 암페타민, 그리고 코카인은 신체가 더 높은 단계의 신체적 활동을 가능하게 한다. 그것들은 의지를 강하게 해서, 인간은 더 큰 자기-통제력을 갖고 인내심에 의한 놀라운 위업을 달성할 수 있다. 이런 약물들은 또한 사용자의 사고를 자극해서 빠른 속도로 생각할 수 있다고 느끼게 한다. 하지만 그것들은 에테르를 압박하고 휴식을 원하는 신체의 요구를 무시하기 때문에, 장기적인 결과로는 육체적인 고갈과 본성의 분열로 끝이 난다. 아이스나 엑스터시와 같은 다른 약물들은 더 복잡하고 혼합된 결과를 가져온다. 둔셀만(Dunselman, 1992:35)은 엑스터시를 사용자가 다방면에서 만족할 수 있도록 사고와 의지("각성제")의 모든 영역을 확장된 감정("진정제")과 결합할 수 있는 설계자 유형의 약으로 묘사한다. 하지만 그는 모든 약물들이 "나(I)"를 바깥으로 보내고 "자신의 자리"처럼 행동한다고 말했다. 그것들은 자기실현의 대체품이며 개성화 과정을 피하는 방법을 제공한다. 하지만 중독의 경험들이 경험을 처리하는 과정에서 의지의 활발한 관여를 무시하기 때문에 개성화 과정에서 핵심이 되는 "나(I)"의 발달을 망쳐놓는다. 하링(Haring, 1973:4)은 개성화를 사람이 자신의 삶에 무의식의 일부를 통합시키는 과정으로 생각한다. 무의식은 개인의 정신에서 미지의 혹은 인식하지 못하는 부분뿐만 아니라 집단적인 무의식의 미지의 혹은 인식하지 못하는 부분까지 수용한다. 게다가 "자기(I am)"를 그 일을 착수할 수 없는 위치로 몰아내는 물질을 사용하는, 습관성 행동을 하는 사람들은 개성화를 피한다. 하지만 역설적으로, 반론의 여지가 있지만, 중독 과정에서 에너지 층들에 따른 약물의 효과는 자신, 가족, 지역사회, 인종, 나라 그리고 지구의 집단적 무의식에 개인적인 마음의 내용을 억지로 끼워 넣는 것이다. 중독은 습관성 행동을 하는 개인이 건강한 심리적 상태를 만들기 위해 그들을 통합할 수 있는 최소한의 "자기(I am)"가 드러날 그때, 정신의 숨겨진 부분들을 노출하도록 한다. 이미지의 다양성과 이들 이미지들에 대한 경험은 광대하고 모순되며 선명하다. 이미지들은 기괴함에서 평범하지 않음까지, 신성함에서 악마까지, 지구상에서부터 지구를 넘어선, 친구에서 배신자까지, 이국적인 것부터 세속적인 것까지, 웅장함부터 미세함까지, 우주적인 것부터 개인적인 것까지 넓게 분포되어 있다. "자기(I am)"의 부재는 위험한 진공의 상태로 남게 되고, 그 안에는 개인적 또는 집단적 무의식에서 나온 무의식의 요소들이 정신병, 조증, 편집증, 과대망상, 공포와 무서움으로 인한 예기치 못한 발작과 같은 수많은 정신적인 기능장애 상태를 만들고, 개인의 정신을 대신하려는 잠재력을 갖게 되는 것이다. 개인적 그리고 집단적 무의식에서 버려진 물질을 소화하기 위한 이용 가능한 "나(I)"가 거의 없기 때문에, "나(I)"의 부재로 인한 심각한 결과 중의 하나는 그런 잠재력이 이미지들로 인해 어지럽혀진 개인의 의식에 존재한다는 것이다.

중독적인 갈망의 전인적 모델

중독자의 회복에 대한 저항을 이해하기 위해서 전인적 상담모델은 갈망에 대해 집중했다. 중독적인 갈망의 5가지 핵심 주제는 내담자의 개별 작업을 통해 나타났으며 다음과 같다:

- 내담자는 습관성 행동을 하도록 하는 갈망을 하는 동안 떠나는 "자기(I am)"를 경험한다.
- 내담자는 갈망을 하는 순간 자신의 몸속에 있는 주입물(implant)을 경험한다.
- 내담자는 주입물로부터 중독성 물질의 본질까지 연결되어 있음을 경험한다.
- 내담자는 주입물 아래에 있는 트라우마 흔적의 패턴을 경험한다.

내담자는 습관성 행동을 하도록 하는 갈망을 하는 동안 떠나는 "자기(I am)"를 경험한다.

습관성 행동을 하는 내담자는 일상적인 의식의 외부에 있는 이미지들로 가득 차서 그들의 삶에서 이들의 일화들을 경험한다. 많은 사람들은 이것이 의미의 궁극적인 원천을 찾아가는 여행인, 자아초월적인 경험에 접근할 수 있는 방법이라고 주장한다. 하지만 최상위의 부분인 "나(I)"가 중독에 이르는 갈망의 순간에 어디로 가는지 물어봤을 때, 내담자는 자신의 몸을 떠나서 외부의 어딘가를 배회한다고 말한다.

내담자가 갈망을 하는 순간 자신의 몸 안에 있는 주입물을 경험한다.

갈망의 지점에서 육체적 감각 안으로 들어가서 그 경험을 그림으로 표현해야 하는 내담자는 다양한 구조적인 모양으로 가득 찬 그림을 그린다. 그 그림의 대부분은 기하학적이며 복잡하게 고안된 그림이다. 그것들은 철, 플라스틱, 금속, 세라믹과 같은 다양한 재료로 묘사된다. 나사나 고리, 못, 그리고 전선 등으로 내담자의 몸에 연결되어 있는 것처럼 내담자는 그 구조를 경험한다. 내담자에게 자신이 언제 만든 거냐고 물으면, 내담자는 항상 자신이 아닌 타인이 거기에 집어넣었다고 말한다. 내담자는 자신의 몸 안에 "주입물" 혹은 "삽입된" 존재에 대한 이 경험에 대해 이야기한다. 쉽게 구분하기 위해 이런 현상을 "주입물"이라고 명명한다. 아래는 "흔적"과 그리고 "반전 보호대(inverted guard)"라는 개념과 상반되는 "주입물"로 명명된 경험에 대한 내담자의 묘사에서 발췌한 요약표이다.

표 14 : 주입물, 반전 보호대, 흔적의 비교

	주입물	반전 보호대	흔적들
모양	고체 모양의 복잡한 결합체	간단한 기하학적 도형	들쭉날쭉, 불규칙한
색상	색깔과 패턴의 조합, 단단한 대못, 단단한 코드 또는 부속물	패턴 없음, 순수한 오렌지색, 파란색, 갈색, 강철 회색, 금속성 파란색	순수한 색깔 없음, "지저분한 톤" 흑적색, 파란색, 곰팡이가 핀 녹색, 갈색, 오렌지색
몸에서의 위치	챠크라의 중심	흉상, 허벅지, 무릎, 어깨, 머리	흉상
기원	7살 이전의 가족 체계, 영원, 이전 기억들	7–14살	이번 삶과 전생의 삶/세포단위 기억들
출현	컴퓨터 내부의 바이러스, 당신의 상처에 위치 함	스크린 보호대 상처에 대항하는 보호대	프로그램, 경험한 상처와 트라우마
치유 과정	1. 치유하기 위한 흔적 2. 제거하기 위한 주입물 3. 제거하기 위한 부속물	1. 보호자 해산하기 2. 흔적 치유하기	양의 흔적은 자원 찾기 필요/음의 흔적은 자기영역 필요
누가 거기에 뒀는가?	나는 아님 / 밝히기 위해서는 부속물의 끝까지 따라가야 함	내가 만들다	외면이나 공격에 의한 상처들
당신의 몸의 내부/외부에 있는가?	내부	외부/때로는 내부	내부
그것은 어떻게 당신에게 고정되었나?	고리, 나사, 테이프, 못, 틀에 의해 고정	나사, 벨트, 판, 풀로 고정	에너지 시스템의 상처
부속물 (연결 장치)	그렇다	아니다	그렇다 – 가끔

내담자는 주입물에서 중독성 물질의 본질까지 연결을 경험한다.

주입물에서 끝에 이르기까지 신호들을 따라가 보라고 요청하고, 만일 그 끝에 무언가가 있다면 묘사해 보라고 하면, 내담자는 때로는 뾰족하거나 곱슬곱슬한 가장자리를 가진 검은색, 회색, 회색빛의 파란색, 또는 회색빛의 녹색 모양을 그린다. 자신의 그림으로 들어가서 기분을 묘사해보라고 하면 내담자들은 이들 그림을 중독성 물질의 중요한 성격적 관점에서 묘사한다. 그 그림은 내담자의 몸에 끼치는 그 물질의 영향에 반하는 묘사를 하고 있다. 예를 들면, 내담자는 사실 그들은 자신에게서 이런 에너지를 가져다주고 평온하고 느슨하게 만든다고 묘사하는 마리화나 중독의 본질을 매우 동요되고 흥분되며 무지막지하고 활동적이라고 묘사한다. 이런 묘사들을 중독성 물질의 "본질"이라고 말한다. 내담자들은 "본질"을 갈망으로부터 기인하는 중독 상태로 빠지게 만든다고 묘사한다. 그들은 그들이 갈망을 따를 때마다 그들에게 붙어있는 중독의 본질에 대한 감각이 더욱 강해진다고 되풀이해서 말한다. 그것은 마치 갈망의 과정으로 이끄는 본질이 자신의 삶을 소유하고 그들의 행동을 지시하는 것과 같다. 특정 중독에 대한 갈망의 본질에 대한 개념은 후설(Husserl)의 연구에서 명료하게 밝히고 있다.

후설(1965)은 현상의 "본질"을 "사물 자체(the thing unto itself)"의 본질로 묘사했다. 데베니쉬(Devenish, 2002:111)는 물체의 "본질"이 "사물 자체의 경험의 특성을 정의하는 것"뿐 아니라 보편성을 나타낸다며, 그것의 중요성에 주목했다. 이것은 이상적인 형태의 플라톤(Plato)의 개념과 비슷하다. 플라톤은 선함, 아름다움, 진실과 같은 경험의 근본적인 특성은 인간이 접근이 가능한 이상적이며 초월적인 형태로 우선 표현된다고 말했다. 데모스(Demos, 1948:456)는 형태에 대한 플라톤의 개념을 초월적이며 보이지 않은 추상적인 관념의 형태와 명백히 눈에 보이고 구체적이거나 주관적인 감각 경험에서 나오는 현상적 형태를 구분함으로써 명쾌하게 설명했다. 관념적인 "본질"과 초월적인 형태는 상호 간에 유사한 경험적 본질에서 자신을 재탄생시킨다. 그 경험적 본질은 그들의 주관적인 감각적 경험을 통해 개인이 관찰할 수 있다. 세계의 종합적 체계는 개인적 삶의 종합적 체계를 반영한다. 이것은 각성제 사용자들에게 명확하게 나타나며, 불완전한 성과나 의지의 부재 혹은 약함을 없애버리는 어떤 것으로서 집착이 끝날 때의 현상을 묘사한다. 하지만 그들은 자신들의 일상에서 이들의 영향을 다르게 묘사한다. 거기에는 실제의 주관적인 형태와 이상적인 형태 사이의 관계가 있다. 이상적/초월적 형태와 감각적/주관적 형태 사이의 관계를 데모스는 다음과 같이 설명한다(1948:457):

> .... 경험적인 (감각적인) 그리고 이상적인 형태는 첫 번째가 두 번째를 불완전하게 모방하고 두 번째가 첫 번째의 원형인 것으로 묘사된다…….

내담자들은 중독물질에 대해 갈망하는 경험 안에서, 에너지 형태의 자아 초월적인 형판의 반영인, 그들 자신의 내부에 있는 감각의 형태를 찾는 것처럼 보인다.

내담자는 주입물 아래에 있는 트라우마 흔적의 패턴을 경험한다.

주입물이 내담자의 에너지 체계에서 제거됐을 때 일어난 일을 그림으로 그려보라고 하면, 내담자는 상처나 눈물처럼 보이는 다양한 그림을 그린다. 그려진 상처나 눈물 안으로 들어가라고 요청하면 내담자는 초기의 트라우마 흔적을 발견한다. 주입물을 부착하는 나사나 핀 그리고 고리의 숫자와 흔적의 숫자 사이에는 직접적인 일대일의 관계가 있는 것 같다. 그 흔적들은 내담자에게 들러붙을 주입물에게 진입할 수 있는 지점을 제공하는 것처럼 보인다. 그것은 마치 내담자가 다른 요소들 중에서도, 중독적 정수인 특정한 주입물에 취약해지는 다수의 트라우마 경험들을 경험하는 것 같다.

수년 동안 담배 중독과 갈망을 경험한 내담자의 사례 연구

30대 중반의 젝시(Jexxie)는 유년시절과 청소년기에 기량이 뛰어난 운동선수였으며 주와 국가에서 인정하는 선수였으며 또한, 힘든 훈련을 받고 있었다. 그녀는 혼합가족의 막내였고 그녀의 어머니는 물질적 도움을 줬지만 감정적으로는 가깝지 않았고, 그녀의 아버지 역시 감정적으로 멀리 있었다. 12살 때, 그녀의 아버지는 발작을 일으켰고 몇 번의 자살 시도를 했다. 15살 때, 아버지가 심장발작을 일으킨 위기에 쳐했고 그녀는 학교 밖으로 겉돌았고 팀에서는 퇴출당했다. 그녀의 자부심은 땅에 떨어졌고 학교생활을 엉망으로 했다. 젝시는 15살에 약물복용을 시작했고 과도한 음주와 흡연, 그리고 마리화나에 손을 댔다. 20대의 그녀는 각성제에 중독되어 있었지만 20대 후반에는 "습관 물리치기"가 가능했다. 현재 그녀는 금연을 위한 상담을 받고 있다. 몸 안의 갈망의 자리로 들어가 보라고 했을 때, 그녀는 다음과 같은 그림을 그렸다. 그녀가 그린 그림의 정교한 전선, 세라믹, 그리고 철의 조합이 그녀의 에너지 체계에 어떻게 놓여있느냐고 물었을 때, 그녀는 누군가가 그녀에게 무언가를 이식한 것 같다고 묘사했다.

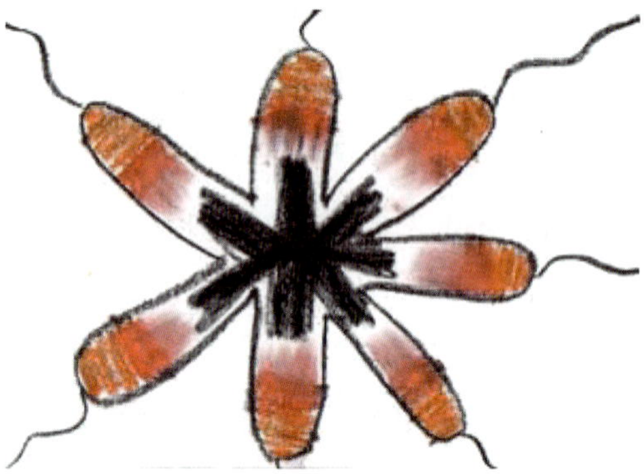

그림 18 : 니코틴 주입물

그것들이 어디에서 왔는지를 찾기 위해 그녀가 그린 주입물에 붙어있는 선 안으로 들어가 보라고 요청했을 때, 그녀는 중독을 움직이는 각각의 부호 끝에 하나씩 다음과 같은 모양을 그렸다.

그림 19 : 니코틴의 본질

이것의 "본질"은 그녀의 관심을 요구했고 담배를 피우는 것을 원했다. 흡연의 대가는 삶에서 받은 스트레스에서 벗어난 나른함과 평화 그리고 조용함과 자유였다. 그 주입물은 7개의 못으로 그녀에게 붙어있었고, 양 팔 뒤쪽에 하나씩 붙어있었다. 내담자가 그 주입물을 제거하는 상상과 몸짓을 취하자, 7개의 상처가 드러났다. 각각의 상처로 들어가서, 젝시는 자신의 현재와 과거의 트라우마 흔적을 발견했다. 핵심적은 주제는 "이용당하고 학대받은" 존재였고 상처받기 쉽고 보호받지 못하는 상태였다는 것이다.

개인적인 중독 경험에 대한 개입의 전인적 모델

중독의 치료적 개입의 전인적 상담모델은 중독 과정에서 내담자가 설명하는 경험에 근거하며 그리고 중독 과정과 회복의 전인적 모델에 근거한다. 중독은 음(따스함과 사랑의 부재) 혹은 양(과하게 학대받은) 혹은 양쪽 모두(가장 일반적인)에 축적된 트라우마 흔적의 심각한 증상으로 볼 수 있다. 중독자는 자신의 활동적인 몸의 내부에서 주입물을 경험한다. 그 주입물은 흔적 안에 고정되어 있고 갈망을 조정하는 중독물질의 본질로 이끄는 부호와 부속물을 가지고 있다. 중독은 트라우마 주위에 있는 반복적인 흔적의 결과이다. 내담자는 중독물질의 "본질"을 연결하는 부호와 부속 물질과 그 주입물이 함께 존재하는 경험을 하게 된다. 이 "본질"은 자신의 외부에 있지만 갈망이 중독물질을 흡수하면서 자신의 내부에서 발생한다. 이 기간 동안 그들은 자신의 "나(I)" 혹은 최상위의 자신이 몸에서 떠나가는 것을 감지한다. 그 대가는 크고 다양하지만 핵심적인 주제는 내담자가 자신의 삶을 연출하는 감각이 약해졌음을 인지하는 것이다. 그것은 마치 중독의 본질이 자신의 삶의 선택을 조종하는 것과 같다.

중독적 행동을 보이는 내담자를 치료할 때 내담자가 중독물의 영향 아래 있을 때는 치료에 참여하지 않는 것이 기본적으로 보통이다. 치료에 참여하는데 완전한 절제가 필요한 것은 아니다. 내담자는 자신이 중독물질의 영향에서 벗어났을 때 기회의 창문만 열면 된다. 우리는 내담자가 해독하고자 하는 의지를 표현하는 순간, 내담자가 해독할 수 있는 센터로 위탁하는 것을 지지한다. 우리는 해독이 치료적 여행의 어떤 단계에서는 도움이 된다고 말하지만 치료에 필수적인 것은 아니다. 다음의 7단계 모델이 중독 작업에 사용된다:

1. 내담자의 의지에 접근하기
2. 내담자의 "나(I)"와 자원 강화하기
3. 지지하는 사람들의 네트워크 구축하기
4. 갈망 확인하기: 주입물과 부속물
5. 인간의 몸에 머무르기: "자기(I am)" 대 "중독성 물질의 본질"
6. 흔적 치유하기
7. 중독성 본질의 부속물 제거하기

1단계: 내담자의 의지에 접근하기

전인적 상담모델에서 모든 치료의 핵심은 내담자의 목표이다. 내담자는 반드시 그 중독을 치유할 의지를 표현해야 한다. 그 의지는 작은 진보만으로도 강해지기 때문에 처음에 내담자는 중독의 원인을 깊게 이해하려는 목적으로 시작하거나 그 중독의 밑바닥에 깔려있는 것을 더 자세히 이해하려는 목적으로 시작하면 된다. 중독성 행동에 대한 내담자의 방향성을 쉽게 하기 위해서 "들어가기-나오기-바라보기"를 포함한 일련의 상담회기들이 제공된다. 이 기간 동안에 내담자는 중독성 행동의 장점과 희생에 대해 알아볼 수 있는 좋은 기회를 갖게 된다. 내담자가 일단 중독성 행동을 치유하기 위한 결심을 하고 나면 혹은 중독성 행동으로 인한 삶의 변화를 밝히고 나면 치료과정은 더욱 강화된다.

2단계: 내담자의 "나(I)"와 자원 강화하기

트라우마의 흔적과의 만남을 준비하기 위해 중요한 자원 찾기 과정을 내담자와 함께 시작한다. 이 과정은 내담자와 자신의 안과 밖에 있는 자원들을 연결하도록 하여, 중독성 행동 이면에 깔려 있는 트라우마 흔적을 대면할 수 있도록 자원들의 증가를 역동적으로 경험할 수 있도록 하는 것이다.

3단계: 지지하는 사람들의 네트워크 구축하기

그 행동의 이면에 깔린 흔적을 변화시키는 작업을 시작하기 전에 지지하는 사람들의 네트워크를 만들어야 한다. 내담자에 따라, 이 네트워크는 새로운 친구, 금주 모임의 참석자, 중독성 행동의 근거가 된 가정으로부터 벗어나기, 지지하는 사람들, 전화로 하는 멘토 등이 포함한다. 이는 내담자와 같은 중독성 패턴을 보이는 친구나 내담자의 유일한 지지나 결속을 뛰어넘어 내담자의 지지 네트워크를 확장시키는 중요한 단계이다.

4단계: 갈망 확인하기: 주입물과 부속물

만일 이 물질이 2단계에서 이미 밝혀지지 않았다면, 내담자가 그것을 밝혀야 할 시간이다. 중독성 행동을 바꾸는 첫 번째 단계는 몸 안의 갈망에 들어가 보는 것이다. 그러면 내담자는 중독의 "본질"로 이끄는 주입물과 선을 대면할 것이다. 내담자가 묘사하고 그린 주입물의 디자인은 얼마나 많은 주요 흔적들이 갈망하는 행동 이면에 있는지를 보여준다. 내담자는 종종 주입물을 수많은 선을 가지고 있는 기하학적 모양, 견고한 것으로 그린다. 내담자는 고리에 걸려있는 형상인 주입물과 내담자의 몸으로 들어가서 융화되는 선들을 경험한다. 이것들은 나사와 못으로 붙어있으며 내담자는 이들을 그림으로 그린다. 만일 예를 들어, 6개의 나사가 있다면 거기에는 나타난 문제와 관계가 있는 6개의 중요한 흔적이 있는 것이다. 그 흔적은 특정 주입물을 제거해서 받게 되는 상처에서 찾을 수 있다. 내담자가 주입물과 선을 둘러싼 갈망의 위치에서 처음으로 그린 그림과 부착물은 증상을 나타내는 그림이 되고 추후 필요한 상담회기를 알려준다. 보통 하나의 상처에는 적어도 한 번의 상담이 필요하다.

5단계: 인간의 몸에 머무르기: "자기(I am)" 대 "중독성 물질의 본질"

여기서 내담자는 그들이 몸을 벗어났을 때와 완전히 머무를 때를 관찰하고, 매일 매일 이 탈육화(excarnation) 과정에 대한 글쓰기를 학습한다. 내담자는 통합된 자신이나 혹은 "나(I)"보다 내담자의 인생을 운용하는 중독의 본질이 어떻게 그들 자신을 진공상태로 만드는지 기록한다. 내담자는 성육화 과정을 시작하고, 성육화 방법과 중독물질로 인한 갈망 앞에서 평정을 유지하고 성육화가 되는 기술을 학습한다. 내담자는 중독의 본질에 대항하는 중요한 방어는 몸 안에 머무는 것임을 깨닫기 시작한다. 하지만 대부분의 내담자는 트라우마의 흔적이나 또는 내담자가 초기 발달 단계에서 철수해버린 에너지 장소가 흔적들에 대한 직접적인 작업을 통해 "나(I)"에 의해서 복구될 때까지는 몸 안에 머무르는 것 자체가 쉽지가 않다.

6단계: 흔적 치유하기

주입물 이면에 깔린 흔적을 치유하는 주요한 회기가 시작되고, 이 회기는 내담자의 경험에서 나타나는 것들에 대해 앞선 장에서 간략하게 이야기한 과정들을 포함하고 있다. 이들은 자기영역 작업, 죄책감, 수치심, 비통함, 상실감, 자기 양육, 자기 주장하기 과정이 포함될 것이다. 심각한 유년시절의 학대를 감추는 심각한 중독성 행동을 가진 내담자에게는, 조각난 자신의 주위에 새로운 물질이 나타난 만큼 많은 회기들이 필요할 것이다. 보통 내담자는 30회기 정도가 끝나야 중독성 행동과 관련해서 완전히 다른 위치에 있게 된다.

7단계: 중독성 본질의 부속물 제거하기

주입물 아래 있는 흔적의 덩어리들이 변형이 되고 나면, 내담자는 그들 자신에게 붙어있던 것처럼 경험되었던 주입물과 중독성 물질의 본질을 제거할 준비가 된 것이다. 만일 내담자가 주입물과 관련된 부속물에게 찍찍이 테이프를 제공하는 것처럼 보이는 흔적을 우선 치유하지 않고 주입물과 그 부속물을 제거하는 것은 너무 성급한 행동이다. 하지만 일단 흔적들이 치유가 됐다면, 내담자가 주입물과 부속물을 제거할 수 있다는 내담자의 경험과 치료적 개입은 유지가 될 것이다. 전인적 상담모델의 관점에서는, 내담자가 결국에는 그 갈망에 저항할 수 있게 된다는 것이다. 내담자는 자신의 몸에 남아있는 갈망을 좀 더 관리하도록 도움을 줄 수 있는 호흡 연습을 학습한다. 중독의 극복과정에서 호흡 연습의 중요성은 비엔(Bien, 2002)이 그의 지표인 부처에게 영향을 받은 중독성 행동에 관한 작품, "알아차림 회복회기(*mindful recovery*)"에 요약되어 있다.

치료적 지역사회 아르타(Arta)의 전인적 모델

위의 전인적 상담개입 모델이 모든 맥락에서 내담자의 중독치료에 적절하지만, 작업을 위한 이상적인 환경은 아르타와 같은 치료적인 지역사회이다. 이 지역사회는 4층부의 모델에 근거해서 완전한 생활양식의 변화와 관계가 있다. 거기에서는 전원 환경과 유기농 음식이 신체를 정화시키며 양육한다. 또한, 자연스럽게 계절의 주기의 일부가 되고 자신이 먹을 양식을 키우는, 그리고 에테르체의 회복을 위해 필수적인 규칙적으로 순환하는 전원생활을 한다. "나(I)"를 강화하기 위해서, 드라마, 시, 음악, 조각과 예술을 포함하는 예술적 활동의 영역들이 아스트랄 물질의 발생을 위한 작업에 포함된다. 거기에는 인간의 일대기를 통한 재탄생이 있다. 각 7년의 주기마다 거주자는 자신의 삶에 대한 더 많은 책임감을 갖지만 사랑하는 부모가 돌봐준 아이처럼 근심과 걱정이 없도록 보호를 받고 사랑받으며 양육되는 환경에서 자신의 삶을 시작한다. 이것은 확실히 전인적 모델에서 요약된 인간의 4층부 차원으로 향하게 하는 치유의 전인적 과정이다. 그 프로그램은 사회적일 뿐만 아니라 개인적인 갱생을 지원하며, 사회 복귀시설을 제공하고 그리고 1년 이상이 걸릴지도 모르는 프로그램이 끝난 후에도 사후 서비스를 제공한다(Van den Berg, 1987).

결 론

오시리스를 위한 사랑으로 이시스는 시샘하는 동생에 의해 찢겨져 버려지고, 산산조각이 난 그의 시체를 모으는 여행을 시작한다. 내담자도 역시 중독성 행동 이면에 내재되어 있는 갈망을 통해 내담자의 삶을 지배하려고 하는 중독성 물질의 본질로부터 자신의 삶을 회복하기 위한 용감한 여행을 시작해야 한다. 중독에서 벗어나기 위해서는, 이시스처럼, 중독에 의해 분해된 삶의 조각들을 모으기 위해 "나(I)"의 강함과 의지 그리고 결단력을 끌어모아야 한다. 중독자는 반드시 여기저기 흩어져 있는 분해된 조각들을 다 모아야 한다. 삶을 육체적으로, 에테르적으로, 아스트랄적으로 그리고 의식의 최상부 층들인 "나(I)"를 재 건립하는 과정이므로 지름길은 없다. 중독물질과 상관없이 중독의 핵심 동력은 분열되고 와해가 되도록 하기 위해 다른 에너지 층으로부터 한 에너지 층을 파편화하게 하고, 그리고 인간의 4층부의 통합을 파괴하는 것이다. 회복과정은 4층부, 육체적, 에테르, 아스트랄, 그리고 "나(I)"를 재통합하고 재치유하는 것이다: 그래서 육체는 중독성 물질의 본질에 대한 경험 대신에 다시 의식이 빈 내담자의 "자기(I am)"가 가득 채워지고 그리고 거주하게 될 것이다. 이시스는 중독의 주기로부터 벗어나 자신의 원대함과 영광 안에서 지배할 것이다.

참고문헌

Bien, T. and Bien, B. (2002) *Mindful recovery: a spiritual path to healing from addiction*. Wiley and Sons, NY.

Campbell, A. (2001) "Mind out of time: heroin use and the problem of boredom." *Psychotherapy in Australia*, Vol 7 (2) pp42-44.

Curtis, O. (1999) *Chemical Dependency: a family affair*. Brooks Cole, Pacific Grove, USA.

Demos, R. (1948) "Notes on Plato's Theory of Ideas" *Philosophy and Phenomenological Research*. Vol 8, no3, pp456–460

Devenish. (2002) *The Mind of Christ? A phenomenological explication of Personal Transformation and Cosmic Revision in Christian converts in Western Australia*. PhD Edith Cowan University

Dunselman, R. (1993) *In Place of Self: How drugs work* Hawthorn Press, London

Galland, C. (1998) *The Bond between Women*, Hodder and Stroughton, Sydney

Gossop, M. (1996) *Living with Drugs*. Arena, London

Harding, M.E. (1973) *The I and the not I: a study in the development of consciousness* Bollingen, Princeton.

Husserl, E. (1965) *Ideas*. New York: Collier Books.

Drug info clearinghouse nol.5 Sept 2002 www.druginfo.adf.org.au

Miller, W. & Hester, R. (2003) *Handbook on Alcoholism treatment approaches: effective Alternatives*. Allyn and Bacon, Boston.

Van Den Berg, A. (editor) (1987) *Rock Bottom* Hawthorn Press, Stroud

Indo-pacific Journal of Phenomenology (www.ipjp.org) is an online publication of recent phenomenologically based research

제11장

자신의 운명 이행하기:

자신의 재능을 세계에 드러내기: 소명의식

솔로몬과의 만남. 시바의 여왕:
"나는 여자가 아니라 세계이다"

삽화 : 피에로 델라 프란체스카(Piero della Francesca). 성십자가의 전설(Legend of the True Cross): 시바의 여왕(the Queen of Sheba)

제11장 자신의 운명 이행하기: 자신의 재능을 세계에 드러내기: 소명의식

시바(Sheba)의 여왕은 여성적인 화려함, 아름다움, 영광의 원형으로 잘 알려져 있으며, 솔로몬 왕을 방문할 때 귀중한 보석과 선물, 엄청난 금과 797 마리의 낙타를 그녀의 마차에 싣고 갈 정도로 엄청난 부와 성공을 가진 자로 묘사된다(Ben-Abraham: 2006:1). 그녀는 외적인 풍요로움으로 축복받았지만 그녀의 깊은 열정은 내적인 삶을 추구하고 그녀의 지혜를 키우는 것이었다. 그녀는 지혜로 인간의 내면의 존재를 세척해야 하는 필요성과 능숙하게 세상과 마주하기 위해 지혜로 강해질 필요가 있다고 공언했다:

> …왕국을 위해서, 지혜가 없이는 홀로 설 수 없고, 부자들은 지혜가 없이는 유지될 수 없다 … 금과 은을 모으는 자는 지혜가 없이는 아무런 이득을 얻지 못하지만 지혜를 모으는 자는 누구도 그것을 훔쳐 가지 못한다. … 나는 지혜의 자취를 따를 것이며 그녀는 나를 영원히 보호할 것이다. 나는 그녀와 함께하는 피난처를 찾을 것이며 그녀는 나에게 권력과 힘이 될 것이다(Philemon: 2002:3).

전인적 상담에서 내담자의 궁극적인 종착지는 말하자면 지혜의 습득, 고결함과 완전함을 가지고 자신의 영혼의 노동으로 과일을 수확하는 것 등을 시바의 여왕과 함께 공유하는 것이다. 모든 외적인 부는 내담자가 지혜로 향하는 여행을 대신해 주지 않는데, 왜냐하면 이는 트라우마 체계와 아스트랄 층 안에서 외면당하고 거부당하고 억압받았던 경험의 부분들을 재통합함으로써 내담자의 몸의 모든 세포 속으로 완전하게 성육화가 되는 "나(I)"가 수반되어야 하기 때문이다. 그것은 보다 온전함과 심리-정신적 건강에 대한 내담자의 경험이 의식에서 경험의 통합에 의해 촉진된다는 것으로 잘 알려져 있다. 융(Jung 1946)은 내담자가 자신의 그림자 부분을 의식에 통합시키는 정도에 따라 그들은 심리학적 건강과 정신적 행복을 입증할 것이라고 주장했다. 매슬로우(1973:54)는 노이로제의 근거가 고통스럽고 저평가된 경험들을 통합하는데 실패했기 때문이라고 시사했으며, 상담사의 역할이 "자기 자신의 앎에 맞서는 방어를 통해 드러내고 펼쳐지도록 하기 위한, 자신을 되찾으려는, 그리고 자신을 알고 싶어 하는 내담자를 도와주는 것"이라고 제안했다. 힌터코프(Hinterkopf, 1994)는 심리적-정신적 경험에는 불건강한 이중성, 좀 더 포괄적이기 위한 자기중심성과 분열성, 통합과 그리고 위대한 사랑의 능력 너머로 향하는 것을 추가했다. 시바(1987)의 심리적-정신적 성장에 대한 개념은 젠드린(Gendlin)과 윌리엄 제임스(William James)의 작업으로부터 유래된다. 이는 새롭고 더 풍부한 경험의 의미를 초래하기 위해 현상에 대한 인간의 인식이 확장되는 것을 포함하며, 그래서 통찰과 성장으로 이끈다. 이는 기본적인 욕구부터 자신의 완전한 감각의 절정으로 이동하는 매슬로우(1968: 211)의 자기실현의 개념과 유사하며, 그는 다음과 같이 묘사했다: "노이로제성의 가짜 문제(Neurotic Pseudo-Problem)부터 특정한 세계에서 살고 있는 인간의 본질에서 실제적이고, 피할 수 없는 실존의 문제까지 성숙으로 향하는 움직임." 심리적-정신적 성장의 지표는 더 많은 삶의 활기, 타인의 마음을 움직이는 위대한 능력, 그들의 경험에 들어가서 이해하는 능력, 자신이 좀 더 온전하게 존재한다는 느낌, 자신의 더 많은 부분과 접촉해서 보다 더 많은 감정을 느끼는 능력, 자신의 경험을 더 많이 완수하는 것 등이 있다(Campbell and Mc Mahon 1985). 사실상, 그것은 신체에서 더 완전하게 호흡하는 능력으로 반영된다. 시바의 여왕처럼, 지혜와 완전함이 우리의 내면 경험의 일부가 되었을 때, 우리는 그것을 타인과 공유하기 위해 세상 안으로 그 지혜를 끌어들이고 세상의 축복을 위해 그것을 계속해서 계발한다. 솔로몬 왕을 방문하고 싶었던 시바의 여왕의 열망은 하나의 몸짓으로 그리고 위대한 지혜를 얻기 위해서 자신의 리더십을 따른다는 서약과 함께 솔로몬을 방문하고자 하는 그녀의 열망에 부응해 왔던 귀족, 하인 그리고 상담사들에 의해 인정되었다:

> 오, 우리의 여신이여, 지혜에 관한 한, 그것은 당신에게 부족하지 않습니다. 그것은 당신이 지혜를 사랑했기 때문입니다. 그리고 우리는 만일 당신이 가신다면 우리는 당신을 따를 것입니다… (Philemon:2002:2)

코나드(Conrad, 2002)는 시바의 여왕에 대한 유명한 속담을 인용했다, "나는 여자가 아니라 세계이다". 이러한 자세는 내담자가 세상에서 자신의 재능을 좀 더 완전히 가져와서 이 세상에서 자신의 자리를 찾고, 상당한 정도의 개인적 통합을 이룰 수 있는 것이다. 이것은 마치 태양의 빛의 원형인 솔로몬의 광채를 보는 것처럼, 사람들이 내담자의 표정에서 밝은 빛을 보기 시작하는 때이다. 윌리암 블레이크(Willam Blake)는 태양의 본질에 관해 질문했을 때 신성한 축복으로 에너지의 핵심을 뚫고 들어가는 거라고 역설했다.

> 당신은 내게 태양이 1페니 크기의 청동 빛의 동그란 원반이라고 말합니다. 하지만 나는 당신에게 말합니다: "아니에요, 태양은 성스러운, 성스러운, 성스러운 신이시여라고 노래 부르는 천사들의 주인입니다".

인간의 내면의 삶이 온전하게 통합될 때, 거기에는 시바의 여왕과 함께 공유하는, 더 위대한 빛을 찾아, 보다 광범위하게 위대한 솔로몬인 빛을 찾아 영혼을 보내는 광채가 있고, 신성한 빛을 만들어내는 만남과 정신 혹은 위대한 "큰 자기(I AM)"를 신체의 완전한 성육화 상태로 데려갈 것이다. 이것이야말로 진정한 내면의 결혼이며 몸이 정신과 영혼과 합쳐져서 새로운 단계로 도달하는 것이다. 이런 결합을 위해서, 지혜의 추구를 통한 치유에 대한 연구의 정점은 원형으로서 시바의 여왕을 세우는 것이며, 이것이 통합된 인간의 원형이다.

자기-통합 이해하기: 4층부 모델을 9층부의 모델로 확장하기

"나(I)"가 몸 안에서 완전히 성육화함에 따라, 다른 분명한 변화가 이런 통합과정에서 나타나며 이런 변화들은 9층부 모델에서 다시 언급함으로써 이해할 수 있다. 의미심장하게도, 지각력이 있는 몸(우리의 동물적 본능)과 지각력이 있는 영혼(혐오와 욕망의 자리)을 구성하는 아스트랄체 혹은 트라우마 체계는 "나(I)"로 인한 경험의 통합과정에도 불구하고, 감각적 경험이 "자기(I am)"에 의해서 직접적으로 처리되고 통합되는 장소를 형성하기 위해 융합시킨다. 이런 새로운 장소는 "연민"의 영혼으로 가장 잘 묘사될 수 있다. 이 장소로부터, 인간은 온전히 호흡하는 장소로부터 모든 경험에 응답할 수 있고, 이것은 에테르가 자유롭게 흐르고, 그리고 육체적 건강이 최적화되는 것을 보증한다. 혐오나 욕망이 아닌 연민의 영혼이 그 삶을 이끌어나갈 때, 사람은 자신의 내부에서 진심으로 통합된 행동이 가능해진다. 자기-판단과 반감은 자기-수용으로 대체되고 자신과 타인을 위한 진정한 공감으로 대체된다. 자신과 타인의 고통과 특히 무시로부터 나타나는 고통을 위한 연민이 있다. 엑크하트[Eckhart (Fox, 1983:102)]는 다음과 같이 말했다: "연민을 추구하는 사람들은 자신을 위한 삶, 이웃을 위한 정의와 신을 위한 영광을 추구한다". 연민은 현명한 마음과 함께 훌륭한 심장의 광채이며 솔로몬과 시바의 여왕과의 결혼이다. 그것은 사랑을 행하는 따스함이다. 연민은 영성이며, 이는 우리의 구원의 생각, 감정과 의지의 조화롭게 변형된 춤이다. 그것은 모든 삶과 존재의 유대감에 대한 깊은 인식 위에 세워진 존재의 방식이다. 그것은 고통의 공유, 기쁨의 공유, 연대감에서 태어났으며 그것은 우리 내면에서 태어난, 모든 존재가 연민의 축복을 공유하려고 하는 대중적 행사이다. 통합된 감정적 삶에서 태어난 연민은 마음을 밝혀서 모든 행동들이 활발한 치유와 영적으로 깨어있는 모든 사람들의 에너지가 넘치는 힘에 융합될 수 있도록 한다. 그러면 사람은 "지혜의 영혼"으로 묘사되는 지적인 영혼의 통합을 위한 단단한 기초를 갖게 된다. 그다음에, "나(I)"는 인생을 연민과 지혜의 특성들로 통합된 신체로 능숙하고 완전하게 성육화를 할 수 있다. 이들은 불교에서 말하는 깨달은 자의 두 발이며 전인적 모델에서 완전히 제 기능을 하는 인간이다. 지혜와 연민의 조화는 육체와 정신의 균형 잡힌 성육화를 이끌며 우주적인 필요와 권리의 관점에서 행동하고 평가하는 능력이 있고 의식이 있는 영혼으로 대미를 장식한다. 여기에는 인종, 국적, 신념과 상관없이 타인의 권리를 주장하고 방어하는 능력을 가진 매슬로우의 자기 실현화된 인간뿐만 아니라 콜버그(Kholberg)의 제6단계의 도덕적 사고가 나온다. 시바의 여왕은 가장 높고 뛰어난 능력, 항상 되어가는 작업을 일깨우는 깨달음을 얻은 인간의 표상이다.

자기-통합이 된 사람의 특성:

보다 구체적인 방법으로, 통합된 자아를 만드는 경로에 좋은 진전을 보이는 내담자의 삶을 관리하는 것을 본 사람이 그것의 특질이 무엇인지 질문할 수 있다. 이것은 되어 감의 경로이지 고정된 도착지가 아니다. 나는 영적으로 발달된 인간에 대한 슈테이너(1994)의 연구를 차용하여 이 경로를 걷고 있는 사람의 7가지 특성을 분류했다. 이들은 계속되는 도전이며, 계획 혹은 의지의 표명을 표함하고 있다. 이 7가지 개념은 다음과 같다:

1. 개인적인 건강과 행복 키우기: 자기 보살핌
2. 타인의 경험과 관점 이해하기: 공감
3. 생각과 감정을 현실로 대하기: 역동적인 알아차림
4. 타인의 경험으로부터 자신의 내면의 경험 구분하기: 자기-알아차림
5. 책임과 약속 끝까지 지키기: 자기-책임감
6. 감사의 마음 표현하기와 우리가 타인에게 줄 수 있는 재능 축복하기
7. 내면의 특성과 일치하도록 위의 것들을 통합하기: 완전함

1. 개인적인 건강과 행복 키우기: 자기 보살핌

슈테이너(1994:97)는 이 조건을 "건강한 삶을 이끄는 의지로 묘사했다... 신체적, 정신적, 영적 건강의 증진." 그는 쾌락주의나 금욕주의와 같은 극단의 행동을 피하고 중도를 추구함으로써 얻는 것이 가장 좋다고 최선을 다해 말한다. 이것은 부처의 메시지이기도 하다. 이 목표를 향한 과정은 인간의 신체적 유전과 환경의 한계가 포함된다. 이것은 모든 다른 조건을 가로막는 장애물이다. 이것은 몸, 마음, 가슴, 그리고 정신의 통합 모델에서 자기-돌봄의 개념을 구현한다. 내담자는 그들의 세계에서 그들이 타인에게 나타나기 위해서는 완전히 자유로워지기 전에 그들의 요구를 잘 살필 수 있어야 한다고 가정한다. 이것은 낮은 자아존중감과 낮은 자기효능감의 흔적을 깨끗하게 하기; 그리고 자기-비판, 자기-혐오, 자기-파괴의 "나(I)"안에서 해결하지 못한 그림자로부터 유래된 태도를 수반한다. 고통스러운 경험의 흔적에 대한 방어기제는 제거될 필요가 있으며, 그리고 내면의 작업을 통해서

경험이 "나(I)"로 통합된다. 방어기제는 또한, 신체적 건강에 중요한 장애물이다. 에테르체 내에서 건강하지 않은 장소를 향한 에너지의 흐름을 빗나가게 하기 때문이다. 특히 승화는 과소비, 과잉섭취, 알코올, 기분전환용 마약, "일 중독" 그리고 과도한 운동을 하는 것을 포함한 내적 작업을 위한 수많은 건강하지 못한 대안적인 습관을 수반한다.

2. 타인의 경험과 관점 이해하기: 공감

두 번째 조건은 모든 살아있는 생물과의 유대감을 인식하는 것이다. 슈테이너(1994:99)의 개념에서 그것은 "우리가 우리 자신을 전체의 삶에서 일부라고 느끼는 것"이다. 이것은 연민의 위대한 특성을 연상시킨다. 그곳은 우리가 판단을 보류할 수 있고, "타인의 모카신을 신고 1마일을 걷는 것"과 같은 경험의 방대함 안에서 타인을 이해의 힘으로 포용할 수 있는 곳이다. 더 많은 연민의 세계를 위한 우리의 염원과 모든 인류와의 상호유대감의 인식은 타인의 관점에서 사물을 보고 다양한 관점의 공존을 위한 공간을 허락하겠다는 강한 약속을 포함한다. 연민의 중심에서부터 나오는 공감이 성공적인 치료과정의 핵심으로 로저스(Rogers, 1957)에 의해 장기간에 걸쳐 확립되었다. 그것은 친밀한 관계, 가족, 그리고 지역사회에서의 갈등을 해결하는데 필수적이다. 사람은 자기 자신에 대한 판단의 문제가 해결되지 않고, 그리고 그 사람의 깊은 그림자가 처리되지 않는 한 공감의 관점을 유지할 수 없다. 한 사람이 그림자 경험을 자신에게 통합하지 못할 때, 그들은 그 경험을 다른 사람에게 투사하며, 다른 사람의 경험을 사악하고, 어둡거나 또는 동화하기 어려운 것으로 거부한다. 융은 이런 투사가 공감 능력을 줄이고 사회와 국가의 갈등을 심화시킨다고 생각했다. 타인은 우리 자신과 우리의 어두운 상태에 대한 우리 내면의 무의식 때문에 비난을 받는다.

3. 생각과 감정을 현실로 대하기: 역동적인 알아차림

슈테이너(1994:100)는 이것을 "우리가 동료를 싫어할 때 그것은 마치 물리적으로 가격하는 것처럼 파괴적이라는 인식으로 묘사했다...우리는 우리가 느끼는 것들이 우리가 그것을 손으로 하는 것만큼 영향력을 느낀다는 것을 알아야만 한다." 사람이 자신의 역동적인 경험을 통해서 이것을 깊이 있게 깨달았을 때, 그들은 건설적이며, 사고와 감정의 긍정적이며 건강한 패턴의 중요성에 대해 높은 의식적인 알아차림을 가지고 타인에게 다가간다. 사람이 생각하고 느끼는 것은 에너지적 패턴을 만들고, 그것은 자기-통합이 된 사람에게는 풍요로움과 행복의 패턴이 된다.

4. 타인의 경험으로부터 자신의 내면의 경험 구분하기: 자기-알아차림

슈테이너(1994:101)는 이런 조건을 "오직 우리 주변에 있는 사람들이 인식하고 인정하는 것들만 하려는 압박에서 자유로워지기"로 간결하게 묘사했다. 이것은 자기 자신에게 진실해지는 능력이며, 인간의 정신에 대한 충실함이 타인의 기대치에 부응하는 것 보다 좀 더 중요하다는 것을 아는 능력이다. 자기인식은 이런 상태의 연습의 결과이며, 이것은 인간관계에서 건강한 자기영역을 유지하기 위한 필수요소로 간주되며, 인간이 자신의 내면의 내용물보다 타인을 향해 투사할 때 생기는 민감하고 파괴적인 정신적, 심리적 패턴에서 자신을 자유롭게 하기 위한 필수요소로 간주된다. 매슬로우(1971:54)는 내담자에게 자신을 찾을 수 있도록 이런 조건을 제공하는 능력이 성공적인 치료에서 필수적이라고 말한다:

> 훌륭한 임상학적 치료사가 하는 일은 그의 내담자가 자기인식에 저항하는 방어를 부수고 드러내서 자신을 발견하고 더 잘 알 수 있도록 도와주는 것이다. 내담자를 완전한 삶으로 이끄는 가장 좋은 방법은 좀 더 완전한 그 자신이 되는 것이다.

구체적인 예는 타인의 경험과 자신의 일상에 미치는 외부의 힘으로부터 나 자신을 구별하는 4번째 조건을 통해서 보여준다. 선행되는 질문은: 나는 외부 세계를 위해 나 자신과 타협한 적이 있는가? 그렇다면, 그 대가는 무엇이었나? 이 실습은 독단적인 몸짓으로 자신의 개인적인 공간을 유지할 수 있도록 자기영역 유지기법으로 작업하는 것이 포함된다. 그 결과는 자신의 더 높은 잠재력과 존재감, 타인에게 보이는 것, 진정한 자신이 되는 것 그리고 자신의 잠재력을 명시하는 것과 관계가 있었다.

5. 책임과 약속 끝까지 지키기: 자기-책임감

슈테이너(1994:101)는 이 조건을 "이미 결정된 결심에 대한 인내로서 정의했다. 우리가 실수를 했다고 알았을 때를 제외하고는 어떤 것도 우리가 결심한 것을 단념하게 할 수 없다." 슈테이너는 의지의 바람직한 행동과 바람직하지 않은 행동을 구분했다. 그는 의지의 바람직한 행동은 항상 사랑에 의해 동기부여가 되고 그 사랑은 우리의 의도를 행동으로 변형하는데 도움을 준다고 말한다. 이것은 자기-책임감의 특성과 자신과 타인에게 한 약속으로 인한 특성을 발달시킨다. 이 특성은 전문적인 방법으로 상담서비스를 진행하는 과정뿐 아니라 내담자의 모델링 과정에서도, 효율적인 상담사에게도 필수적이다. 특히 상담 장면에서 내담자의 취약성 때문에 내담자와 한 약속 지키지 못한 상담사의 실수는 치료과정에서 내담자에게 매우 부정적인 효과를 가져 올 수 있다.

6. 감사의 마음 표현하기와 우리가 타인에게 줄 수 있는 재능 축복하기

슈테이너(1994:102)는 6번째 조건을 "우리가 받은 모든 것들에 대해 감사하는 마음 갖기"로 정의했다. 감사의 개념에서 보면, 거기에는 삶의 기회, 재능, 풍요, 그리고 이것들 위에 세워진 것들을 인식하는 이미지들이 있다. 이것은 바로 이해가 되지 않는 것들을 비난할 필요 없이 우리 자신과 타인의 경험을 받아들이는 개념이다.

7. 내면의 특성과 일치하도록 위의 것들을 통합하기: 완전함

슈테이너(1994:102)는 이번 조건을 위의 모든 특성들을 자신의 독특한 성격의 진정한 표현으로 통합하는 것이라고 묘사했다. 이 조건의 결과로, 우리의 삶의 다른 표현들이 조화를 이룰 것이며, 다른 것들과 모순되지 않을 것이다. 이것은 우리에게 내면의 평화를 준비해 줄 것이다. 이것은 완전함을 향하는 과정인 통합의 특성을 반영한다. 통합은 내담자가 자신의 개인적 생활이나 직장생활을 효과적으로 만들어준다. 그러면 그들은 매슬로우(1968)가 자기 실현자들의 성격으로 묘사한 특성처럼, 문제들을 충분히 대면할 수 있을 것이다. 이 표현의 핵심은, 사람의 직업을 통해서, 개인의 잠재력이나 "다이몬(Daimon)"(역자주: 신과 인간의 중간에 위치하는 수호신)의 본질을 명확히 설명할 수 있는 능력이다. 이것은 한 인간의 정신, 마음, 그리고 감정의 진정한 통합이며, 인간의 육체적 행위를 통해서 명확히 나타난다. 여기에, 우리는 틱낫한(1993:29)이 매우 효과적으로 묘사한, 삶의 돌발 사건들 사이에서도 자유롭게 호흡할 수 있는 인간의 프로필을 가지고 있다;

> 감정은 오고 가고
> 바람 부는 하늘에 구름처럼
> 의식적인 호흡은
> 나의 닻이다

그와 같은 사람은 일상적인 행동에서 가슴, 마음, 그리고 정신과 관계를 맺는 동시에 자신의 의지를 표현하고 명확한 의도를 형성할 수 있는 능력을 가지고 있다. 그것은 풍요로운 삶이며, 상담 개입을 위한 전인적 모델의 결과물의 프로필이다. 도전은 계속해서 생기겠지만, 내담자의 "나(I)"는 강하게 아스트랄 체계에 통합되고 그래서 경험들이 억압되거나, 거절당하거나, 회피당하지 않고 계속 이어질 것이다. 에테르체는 깨끗하게 흐르는 호흡의 움직임을 통해 유지되며, 그 호흡은 육체의 건강을 지원한다. 인생은 아스트랄을 통해서 경험되는 트라우마와 내담자의 도전인 "나(I)"안에 있는 통합에서 끌어낸 지혜의 나타남이 된다. 지혜의 토대위에, 사람은 삶을 계속 이어나갈 수 있으며, 그것은 지혜를 계발하려는 여행이 계속되는 동안, 시바의 여왕의 부유한 동반자가 된다.

결 론

시바의 여왕은 그녀의 아주 깊은 허기짐을 채워줄 유일한 양식인, 더 많은 지혜를 얻기 위해 광대한 여행을 계속해 왔기 때문에 우리 각자에게 영감을 주는 이미지이다. 그녀는 다음과 같이 선언했다:

> 나는 지혜를 원하고 나의 심장은 이해력을 찾으려고 한다. 나는 지혜의 사랑에 감동되었고 그 지혜는 금과 은 같은 보물보다 훨씬 더 훌륭하다… 그것은 꿀보다 더 달콤하고, 와인보다 더 황홀하게 만들어 주며 태양보다 더 반짝인다... 그것은 심장을 위한 기쁨의 원천이며, 눈을 위한 밝고 빛나는 빛이며 발에게 속력을 주는 자이며 가슴을 위한 방패이고 머리를 보호하는 헬멧이다. 그것은 귀로 듣게 만들고 심장으로 이해하게 만든다(Philemon, 2006:2).

지혜는 내담자에게 펼쳐질 수 있고 그들의 삶을 이어지게 하는 견고한 토대가 되며, 자신의 통합된 감각을 유지하기 위한 명확한 자기영역을 위한 능력을 주며, 미래로 향하는 풍요로운 길과 그들의 유일한 성격의 반영인 직업을 만들 기회를 준다.

참고문헌

Campbell, P., & Mc Mahon, E. (1985) *Biospirituality*. Chicago, IL: Loyola University Press.

Cohn, W. (1994) "Self-Transcendence: Integrating Ends and Means in Value Counselling". *Counselling and Values*, Vol 38, pp176-186

Conrad, P. (2002) "I am not a woman but a world" *in the Observer* 26/5/2002.

Fox, M. (1983) *Meister Eckhart*, Bear and Co. Santa Fe

Grimm, D. (1994) "Therapist Spiritual and Religious Values in Psychotherapy". *Counseling and Values*, Vol 38, pp154-163

Hinterkopf, E. (1994) "Integrating Spiritual Experiences in Counseling." *Counseling and Values*, Vol 38, pp165-175.

Jung, C. G (1946) *The Fight with the Shadow* Routledge and Keagan Paul, London.

Kohlberg, (1984) *The Psychology of Moral Development*. Harper and Row, N.Y.

Maslow, A.H. (1971). *The Farther Reaches of Human Nature*. Viking Press, N.Y.

Maslow, A.H. (1968). *Toward a Psychology of Being*. Van Nostrad, N.Y.

Rogers, C.R. (1957) "The necessary and sufficient conditions of therapeutic personality change". *Journal of Consulting Psychology*, Vol.22, pp.95–103.

Rosenbaum, M. (1982). *Ethics and Values in Psychotherapy: A guidebook*. The Free Press, N.Y.

Shea, J. (1987) R*eligious experiencing: Willliam James and Eugene Gendlin*. Lantham, MD: University Press of America.

Sherwood, P. (1996) *Needs surveys for Counselling training: Melbourne and the South West of W.A.* Melbourne, Persephone College. (unpublished)

Steiner, R., (1994) *How To Know Higher Worlds*. Anthroposophical Press, N.Y.

Thich Nhat Hanh (1993) *Present moment, wonderful moment* Rider, London.

Philemon, T. (2006) Makeda, Queen of Sheba cited at http://www.windweaver.com/sheba/Sheba3.htm accessed 19/5/06

Ben-Abraham, D (2006) The Queen of Sheba cited at www.queenofsheba.info accessed 19/5/06

제12장

상호존재의 화합을 축하하기:
나르시시즘으로부터 의식의 영혼까지

세계의 영혼인 소피아(Sophia) : "아니마 문디(anima mundi, 세계 영혼)"

삽화 : 파멜러 매튜스(Pamela Matthews)의 소피아

제12장 상호존재의 화합을 축하하기: 나르시시즘으로부터 의식의 영혼까지

소피아는 연민의 기초위에 세워진 지혜의 영광을 나타낸다. 그녀는 태양빛의 원천으로, 그리고 그의 광채와 힘을 공유하는 것으로 솔로몬을 추구했다. 그녀는 모든 사람과 모든 전통을 수용했다. 왜냐하면 그녀는 개인이 자신을 통합할 때 생겨나는 심원한 지혜의 원형으로 의식의 영혼에서 나타나는 상호 유대감과 보편성을 크게 일깨우기 때문이다. 소피아는 지혜를 뜻하는 그리스어이며 그녀의 이미지는 많은 문화와 전통에서 나타난다. 그녀는 히브리어로는 호크마(Hohkma), 라틴어로는 사피엔티아(Sapientia)라고 하며 켈트족의 여신인 실라-나-기그(Sheela-na-gig)와 유사하다. 소피아는 블랙마돈나, 이집트에서는 이시스(Isis), 중국에서는 관음(Kuan Yin), 일본에서는 칸논(Kannon), 티벳에서는 타라(Tara), 그리고 인도에서는 창조자 브라마의 배우자인 여신 사라스바티(Sarasvati)와 연관이 있다. 그녀는 지혜의 여신, 신성한 여신, 성모 마리아, 신성한 아버지이자 창조주의 배우자를 포함한 많은 표현과 함께 지혜의 원천이다. 그녀의 상징중의 하나는 비둘기이며 그 비둘기는 정신을 나타낸다. 소피아는 태양을 옷으로 입은 여자로 요한계시록에 나오며, 별의 왕관을 쓰고 달 위에 서있다(Bonus-Kingsford:1937). 지혜의 책(*The book of Wisdom*)에서 그녀는 신성한 신전을 짓는 법을 솔로몬에게 알려줬다고 한다(소피아-여신, 지혜 http://www.goddessgift.com/goddess.myths/sophia·goddess.wisdom.htm). 소피아는 정의, 건전, 평화에 의해 세상을 복원할 수 있는 수단이 되었다. 왜냐하면 그녀 안에서 사회적 삶의 이 모든 특성을 보증해 주기 때문이다. 이 세상의 건강에 관한 그녀의 역할을 여기에 감동적으로 표현했다:

> 유대-기독교 전통에서, 여신 소피아는 시작이며 지혜의 원천이며, 올바르고 공정한 지식의 수호자이다. 그녀의 소리와 지식 그리고 지도로, 통치자들은 자신의 왕국을 번성하게 한다. 그녀의 부재로 인해서 창궐하는 암흑과 무지는 황무지가 영혼을 먹어치우고 나라가 멸망하게 만든다.

지구를 감싸고 있는 소피아의 이미지는 지혜와 연민의 결합이며 치유를 위해 기꺼이 나타나는 마음과 통찰력을 가지고 모든 고통 받는 존재를 지지하는 마음의 결합이다. 그래서 사람은 행동하기에 능숙한 시점인지 아닌지를 진정으로 알게 된다. 이것은 의식의 영혼의 장소이다. 삶의 선택은 더 이상 혐오나 열망, 동정 혹은 반감에 의해 결정되지 않는다. 오히려 통합된 자신을 나타내는 "나(I)"는 상호존재의 영역으로 능숙하게 움직일 수가 있다. 왜냐하면 내면의 치유와 통합의 과정에서 타인을 향한 여행을 용이하게 하는 능력은 어떤 행동이 이루어질 때, 인간의 최상의 의도를 약화시키는 빈곤, 투사, 분열된 자기영역, 그리고 다른 방어기제에 의해 조종되지 않기 때문이다. 그것은 타인의 행복을 위한 행동에서 연민과 지혜 위에 만들어진 내면의 상태이다. 그것은 그녀가 초대되었을 때 인간을 돕기 위해 돌아가겠다는 맹세를 하는 소피아의 이미지를 통해 가장 아름답게 표현되었다. 소피아는 연민의 영혼과 지혜의 영혼이라는 기초위에 세워진 의식의 영혼이라는 선물의 상태이다. 비전은 고통과 그들을 능숙하게 구원하기 위한 필요성에 새로운 기틀을 마련한다. 우리의 안팎에서, 인간의 고통과 비참함을 구원하겠다는 그녀의 약속을 이행하기 위해 세계로 복귀하려는 인간의 영혼이 오늘날 소피아를 불러내왔다. 그녀는 그녀와 상담을 원하는 모든 이들을 양육하고 보호할 수 있는 가슴과 심원한 비전을 가진 진실을 말하는 자이다.

나르시시즘으로부터 의식의 영혼까지: 소피아의 선물

전인적 상담모델이 지지하는 자기통합 과정과 인간성의 매우 기능적 감각의 구축물의 결과는 궁극적으로 매슬로우의 자아초월의 개념과 유사한 의식의 영혼 상태를 초래한다. 이는 나르시시즘이나 자아도취에서 상호존재로의 이동이며, 자기에서 비자기로의 이동으로 불교심리학에서 잘 설명되어 있다 (Rubin:1996). 콘(Conn, 1994:177)은 통합된 자기개발을 하면 할수록, 자아초월을 위한 자기 잠재력은 더 커진다고 가정한다. 그는 자아초월을 심리적, 정신적 개념에서 목가적이거나 세속적인 상담 둘 다의 목표를 통합하는 것으로 정의했다: "자아초월은 의미, 진실, 가치와 사랑을 위한 인간 정신의 근본적인 흐름에 대한 우리의 효과적인 응답에서 일어난다." 매슬로우(1968: 173)는 그런 사람을 자발적인, 표현적인, 민주적인, 친근한, 관대한 경험에 열려있고 위대한 창조력이 높은 사람으로 정의했다. 매슬로우(1959:129)는 그들을 세계와 타인에게 사회적으로 이용 가능한 상관관계에 의해서 그리고 개인적으로 실현된 것으로 보았다:

> 자아실현자는 완전하지는 않지만 자신의 세계에서 성장을 촉진하는 방식으로 직분을 다하고 있다. 그래서 거기에는 경험의 주관적인 기쁨, 경험에 대한 충격, 혹은 희망과 경험의 기본적인 필요사이에 훌륭한 상관관계가 있다. 그런 사람들은 오직 한결같이 그들과 타인에 좋은 것을 열망하며 진심으로 그것을 즐기고 인정하는 능력이 있다.

매슬로우(1979:564)는 말년에 지나치게 물질적인 사회에 의해 적응한 사람이 무감동이나 무관심 때문에 자아실현을 하려는 동기가 결여될 수 있다고 말했다. 대안적으로, 개인은 타인을 배제하고 오직 자신의 필요에만 몰두하게 되며 한정된 이기적인 방식으로 자아현실을 한다. 이것을 현재는 자기애로 명명한다. 매슬로우는 자아현실의 정점을 자아초월로서 정의하고, 심리학적으로 건강한 사람의 성격으로 정의한다. 이것은 적극적인 돌봄과 타인의 요구와 연결됨을 포함한다. 자아초월의 핵심은 틱낫한이 만들어낸 "상호존재"의 개념이다(1995). 나르시시즘은 상호존재의 몸짓의 정반대이다. 나르시스는 연못안의 자신의 이미지에 빠져서 정지 상태로 들어갔다. 그는 자신의 편협한 세계에 갇혀서 얼어있는 자신의 육체처럼 타인의 존재와 그의 심장에 도달하지 못하거나 혹은 연결되지 못하게 되었다. 어떤 개인이 타인의 행복을 제외하고, 오직 자신에게만 집중하는 자아도취로 끝이 나는 자기몰두 상태에 도달할 수도 있는, 자기개발의 추구에는 위험이 도사리고 있다. 이 책에서 말하는 전인적 상담모델은 도달한 곳이 자기실현이 아니라 오히려 상호존재나 의식의 영혼의 장소인 자기초월임을 강하게 강조한다. 의식의 영혼은 지적인 영혼 혹은 지혜의 영혼과 감각의 영혼 혹은 연민의 영혼, 이 두 가지의 탄탄한 기초위에 세워진다. 인간은 의식의 영혼을 통해서 모든 존재의 상호유대감의 깊고 심원한 인식으로부터 행동한다. 아래의 표는 나르시시즘과 의식의 영혼 상태의 차이점을 요약했다. 자기-몰두(나르시시즘)의 병약한 상태와 비교해서 세계와 관계가 있는 몸, 마음 그리고 정신의 건강한 통합(의식의 영혼)에 의해서 지배되는 건강한 전인적 삶의 특성들이 뚜렷하게 대비된다.

표 15 : 자아도취와 의식의 영혼

나르시시즘	의식의 영혼 (연민/지혜)
웅장한/불화를 일으키는 관점	현실적/통합된
열등한/뛰어난	똑같은 권리
자기 중심	다른 깨달음
자기 아첨	자기 수용
우선 처리/인식	타인의 필요가 우선시 될 수 있음
대인관계의 착취	대인관계의 상승효과: 타인의 이익을 위해 언제 행동하고 안해야 할지를 알고 있음
공감의 결여	공감
거만	겸손
파괴적인/타인에 대한 시기심 강한	건설적인/타인의 재능을 축하함
인간의 무한한 명성과 미에 대한 환상	자신과 타인의 재능을 현실적으로 수용

의식의 영혼의 춤은 연민과 상호존재의 심리학으로의 움직임이라고, 폭스(Fox, 1979:86)에서 인용한 올스테인(Ornstein)이 집단의 심리학적 행복에 대한 평론으로서 명쾌하게 표현했다. :

> 분석적인 양식에서, 타인으로부터 사물과 자신의 분리는 (관계에서 나) 개인적, 생물학적인 생존에 유용하다고 입증되었지만 이 양식은 보기에는 수천년 전의 삶의 조건에 맞추기 위해서 진화되었다… 대신에 우리에게 닥친 생존의 문제들은 개인적이기보다는 집단적이다: 거대한 핵전쟁을 막는 방법, 지구의 공해, 인구 과밀 등의 문제. 그리고 이런 사례에서 보면, 개인적인 의식이나 개인적인 생존에 대해 집중하는 것이 해결을 하는데 나쁘게 작용한다는 것을 주목해라. 삶의 상호유대감의 의식을 향한 이동과 우리의 일상적인 의식의 구성에서 자신의 타고난 태도를 모든 사람들이 단념하도록 하는 변화(가 필요하다).

나르시시즘으로부터 상호존재와 상호유대감의 인식까지 드러난 연민을 어떻게 보는가하는 심리과정을 이제 밝힐 것이다. 이원론적 사고를 피하기 위해서 그 움직임은 연속적이다고 생각하도록 한다. 그것은 사회적 행복을 위한 지역사회의 양성이라는 문맥 안에서 가장 잘 설명된다. 폭스(Fox, 1979)에 의해 구분된 그런 지역사회의 6개의 핵심 주제는:

1. 자신의 현실적인 수용 / 자신에 대한 위대한 감각을 벗어난 통합된 관점 / 불화를 일으키는 관점
2. 열등함 대 우월함을 벗어난 동등한 권리
3. 다른 알아차림 / 자기 몰두를 벗어난 공감 / 무 공감
4. 대인관계에서의 착취를 벗어난 대인관계에서의 시너지
5. 건설적인 / 파괴적인 것을 떠나 타인의 재능을 축하함 / 타인을 질투함
6. 상호존재의 인식 / 자기 몰두를 벗어난 평화 조성 / 갈등 조장

1. 자신의 현실적인 수용 / 자신에 대한 위대한 감각을 벗어난 통합된 관점 / 불화를 일으키는 관점

이원론은 모 아니면 도처럼 그리고 타인을 열등함 혹은 우월함으로 대하는 것처럼 불화를 일으키는 삶을 보는 방식이다. 그것은 분열을 초래하는 심리적-사회적 관계를 활성화시킨다. 메리 달리(Mary Daly, 1986)와 매튜 폭스(Matthew Fox, 1990)는 이원론적 사고와 인식이 통합과 건강한 지역사회를 위한 인간의 능력에 독이 된다고 말한다. 이것은 '양자의(both) / 그리고(and)'의 포괄성의 표현인 의식의 영혼과 대조되는 표현이다. 폭스(1990: 82)는 상호간의 / 통합된 의식을, 판단하고 분리하며 다양성을 용납하지 않는 이원주의라는 독의 해독제로서 명명했다. 상호간의 의식은 고통과 행복, 인간성과 비인간성의 행동을 받아들이는 사고방식이다. 경쟁과 강요, 그리고 타고난 나르시시즘과 함께하는 이원론주의에서 벗어나는 것은 의식의 근본적인 변형이다. 폭스(1990:103)는 이것을 열등하고 부적절하고 받아들이기 어려움만큼 타인을 판단하도록 허락된 장소이며, 그리고 발달과정의 흐름에서 인간의 삶을 관찰해야 할 필요성에 대해 적절하게 묘사했다.

그러한 변화는 우월함의 웅장하고 부풀려진 감각보다 자신의 통합되고 현실적인 감각을 지지한다. 마이스터 에크하르트(Meister Eckhart, Fox 1983: 121 인용)는 더 발달된 사람일수록 인간의 존재가 타인에 대한 연민의 관계로 설명이 된다는 사실을 더 잘 알게 된다고 제의했다. 그는 이것을 제안을 통해 매우 효과적으로 설명했다:

> 만일 한 사람이 사도 바울이 그녀의 이웃이 스프 한 그릇을 필요로 한 것을 경험하고 기억했던 만큼 큰 기쁨 속에 있다면, 그 기쁨에서 벗어나서 그리고 그 사람이 그녀가 필요한 스프를 주는 것이 가장 최선이 될 것이다.

삶의 현실적이고 통합된 인식들의 특성들은 사람들이 신체적, 심리적 건강의 지역사회와 나라를 창조하는 것을 돕는다.

2. 열등함 대 우월함을 벗어난 동등한 권리

의식의 영혼은 모든 살아있는 존재의 필요나 권리 대신에 사람의 도덕적 재능에서 나오는 포괄적인 사회적 행동을 포함한다. 세계적으로 칭송받는 정신적, 정치적, 사회적 지도자들이 열등하고 억압받아온 사람들의 권리를 지지하는 행동을 시현하는 것은 중요하다. 인도 사회의 불가촉천민의 권리를 위해 일한 간디와 암베드카(Ambedkar) 박사, 미국의 흑인의 권리를 위해 일한 마틴 루터(Martin Luther)는 사회적으로 변화된 방법을 명확히 설명하는 심리적-정신적 성숙함의 두 예일 뿐이다. 심리학자인 저실드[Jersild (Fox, 1990: 68, 인용)]는 "연민은 감정적 성숙의 궁극적이며, 가장 의미가 있는 구현이다."라고 논한다. 그것의 반대가 경쟁, 지배, 계급적 이득을 유지하는 것이다. 호네이(Horney, 1937)는 많은 경쟁이 신경과민의 근원이 되고 사람의 불안을 완화시키는 시도의 근거가 된다고 언급했다. 타인에 대한 권력을 더 많이 가진 사람일수록 더 안전한 사람이 될 것이라는 개념은 불공평과 지역사회, 사회 그리고 나라의 착취로 연결되도록 한다. 부자와 가난한 나라의 격차를 더 넓히는 전 세계적 차원에서 운영되는 화폐제도와 불공정 무역으로 인해 개발도상국에게 생기는 엄청난 양의 이자 등이 그 예이다. 경쟁, 압박, 그리고 비판주의의 불공평으로부터 벗어나는 것은, 나르시시즘에서부터 의식의 영혼까지 사회적 의식의 근본적인 변혁이 요구된다.

3. 다른 알아차림 / 자기 몰두를 벗어난 공감 / 무 공감

공감의 가장 아름다운 그림은 인드라의 보석으로 장식된 그물망이다. 각각의 사람은 무한한 유대감이라는 그물망의 매듭인 보석으로 보일 수 있다. 각각의 보석들은 반사되고 상호의존의 그물망에서 다른 보석들에게 빛을 발하도록 하고 있다. 상호의존의 인식은 자신의 행복을 희생하는 것이 아니라 자신의 확장을 희생하며 타인의 행복을 위한 심원한 관심으로 이끈다. 공감은 타인의 필요에 대한 깊은 깨달음을 요구하며 의식의 영혼을 양성하는 사람에게서 드러난다. 마태복음 25. 34-46에 대한 그리스도의 설교는 지위나 계급을 막론하고 공감의 행동에 대한 필요성을 환기시킨다. 그런 자세는 인간이 자신의 존재 안에 있는 의식의 왕국으로 진실로 들어갔을 때 나타난다:

> 그때 왕은 그의 오른편에 있는 자들에게 말하시길, 내 아버지에게 축복받은 자들이여, 창세로부터 너희를 위해 준비된 나라를 상속받으라. 내가 굶주릴 때, 너희가 음식을 주었고; 목마를 때, 너희가 음료수를 주었고 내가 낯선 자였어도 나를 영접하고; 헐벗었을 때, 옷을 주었고 병들었을 때, 나를 돌봤으며, 감옥에 갇혔을 때 너희는 나를 방문했다. 이에 의인들이 대답하여 이르되: 주여, 우리가 당신이 굶주린 것을 보고 음식을 드렸으며 갈증이 나신 것을 보고 물을 드렸습니다. 그러자 왕이 대답하기를 “내가 진실로 너희에게 이르니, 너희가 나의 형제 중에 적어도 한명에게라도 그랬다면, 그것이 곧 나에게 한 것이니라.”

타인에 대한 강한 공감을 하기 위해서는 자신이 강하게 통합되어야 할 필요가 있다. 그것은 우리가 자아실현을 개인적으로 머무르고 싶은 마지막 종착지로서 볼 때, 그리고 지역사회가 더 이상 번영하지 않는 순간이다. 그것은 우리의 의식을 진행 중인 상호유대감의 흐름의 일부로서 확장을 계속하는 것에 관한 것이다. 틱낫한(1995:184)이 명확히 설명한 것처럼: “몇몇 사람들은 불교의 수행은 자신을 녹이는 것이라고 말한다. 그들은 거기에는 녹여야 할 자신은 없다는 것을 이해하지 못한다. 거기에는 오직 초월해야할 자신에 대한 관념만이 있다." 비-자기의 인식은 이원론의 죽음이다. 그것은 우리가 이탈, 구별 그리고 분리를 초월하게 한다. 그것은 자아가 타인을 얽메거나 우리가 그들을 얽메는 것을 없애준다. 환경적 그리고 사회적 정의 구현 운동의 선구자인 조안나 머시(Joanna Macy, 1991:189)는 비-자기의 매우 자유로운 개념을 분명히 보여준다:

> …(그것)은 자기와 타인의 절대적인 구분을 약하게 하고, 계속되는 독립적인 자기-존재의 개념을 내려놓게 한다. 그것은 자기의 어떤 구체적인 병리적 특성을 보여주는 체계이론보다 더 나아간다. 그것은 이들 어려움을 초월하고 이런 고통을 치유하는 방법을 제공함에 있어서 여전히 더 나아간다. 보리수나무 아래서 부처가 깨우친 것은 고립되고 연속적인 자신을 분리시킬 수 없는, 현상의 상호의존성인 연기(緣起)였다. 우리가 생각하기에, 우리는 항상 관심을 원하고 항상 좋은 사람이길 원하며 시끄럽게 구는 나(I)인 자신을 가지고 무엇을 할 수 있는가? 우리는 그것을 괴롭히는가, 희생하는가, 억제하는가, 응징하는가, 혹은 그것을 귀하게 만드는가? 자각에 따라 우리는 "오, 그것은 단지 거기에 없구나."라고 깨닫는다.

공감을 통해서 개인이 사회적으로 변할 수 있고 개인적, 사회적 행복이 동시에 일어나는 상승적인 상태를 얻을 수도 있다. 시너지의 이런 상태는 아시시성의 성 프란체스코의 기도에 반영이 되어있다:

> 주여 나를 당신의 평화의 도구로 삼으소서.
> 죄가 있는 곳에 용서를
> 불화가 있는 곳에 조화를
> 잘못이 있는 곳에 진실을
> 의심이 있는 곳에 신뢰를
> 절망이 있는 곳에 희망을
> 슬픔이 있는 곳에 기쁨을 전하게 하소서.
> 오! 주여, 나로 하여금 위로받기 보다는 위로하게 해주시고
> 이해받기 보다는 이해하게 해주시고
> 사랑받기 보다는 사랑하게 해주시고

자신을 잊음으로써 자신을 찾고
용서함으로써 용서를 받으며
죽음으로써 영원한 생명을 깨닫게 됩니다.

4. 대인관계에서의 착취를 벗어난 대인관계에서의 시너지

매슬로우가 인용한 루쓰 베네딕트(Ruth Benedict)는 높은 시너지 사회를 개인과 그룹의 흥미가 일치하는 곳이며 그룹의 흥미를 지지하기 위해 개인적 흥미가 있는 곳이거나 혹은 그 반대라고 정의했다. 햄프덴 터너(Hampden Turner, 1970:37)는 개인관계의 시너지 그룹의 특성을 개인의 창조성에 대한 존중을 보여주고 타인을 이해하기 위한 거리를 연결하는 데 있어서 집중과 확실성을 가지고 그들의 능력을 투자하는 자기-실현화한 개인이 거주하는 장소로 정의했다. 그들은 대화를 할 의지가 있으며, 권한을 부여하는 방법에서 공감적인적 방법으로 차이를 이해하기 위해 노력할 의지가 있다. 또한, 개인의 흥미와 그룹의 흥미가 일치하는 조직을 만들 의지가 있다. 그 정신은 경쟁적이기 보다 협력적이고 각각의 사람과 그룹의 심리학적 번영을 위한 장소를 제공한다. 우리가 다른 사람과 관련하여 상조적인 방법으로 개인적으로 움직이고 대인관계에서도 착취적인 제도보다는 상조적인 제도를 만들려고 노력하는 것이 중요하다. 우리의 제도는 너무 자주 우리 자신의 이미지 안에서 비슷하게 만들어지고 그리고 너무 자주 연속체의 나르시시즘의 끝에서 자신의 흥미에 대한 대인관계의 착취적인 윤리를 항구화한다. 바칸(Bakan, 2005:28)이 다음과 같이 정확하게 요점을 묘사한 한 기업의 사례이다.

> 도덕적 관심은 무효화시키고 자기-관심의 가격을 정하기 위해 고안된 합법적으로 명시된 사람. 대부분의 사람들은 그것의 성격이 혐오감을 자아내고 심지어 정신병적임을 발견할 것이다...

다지(Dodge)와 포드(Ford, 1918) 간의 획기적인 사건으로, 그 기업의 엄청난 이자는 주주들의 이자가 중요했다는 의미로 다가왔다. 이것은 인도네

시아의 나이키, 호주의 리오 틴토, 남아메리카의 맥도날드까지, 지구의 모든 대륙에서 노동자들과 환경 착취의 결과였다. 공감의 능력이 억압된 관리로 운영되는 독성의 작업현장에 관한 많은 책들이 나왔다. 바한(Bahan, 2005)은 그들의 심리적 특성을 거대하고 교묘함으로 정의했고 "양심의 가책을 느낄 수 없는"으로 정의했다. 대조적으로, 고용, 건강, 그리고 교육의 협력 모델은 그것이 그룹을 지지하는 개인들의 관심 속에 있었기 때문에 공감적인 관리와 상승효과를 촉진했다. 스페인의 바스크 지역의 몬드라곤 협동조합은 매우 상승효과가 높은 지역사회를 만드는 인간중심의 체계에 대한 놀라운 증거이다. 토마스(Thomas)와 헨크(Henck, 1982)는 훌륭한 경제적, 사회적, 교육적인 공동생활을 만드는 이런 협동조합 모델의 전인적 공헌에 대해 기술했다. 협동 의식의 중심은 모든 사람이 서로 연결되었다는 감각과 그룹과 개인의 흥미가 병합되는 감각이다. 자본과 그것의 관리는 그것을 제공하고 관리하는 직원들과 실업수당, 건강, 학교, 사회 치안을 포함하는 자선단체에 수익의 10%를 기부하는 사람들의 관심에 달려있다(OKC catholic woker: 2006). 공동사회에 이익을 제공하는 몬드라곤의 협동조합의 통합적인 장점을 데이비드만(Davidmann, 2006)이 설명했으나 그는 거기에는 현재의 이익을 조합원들에게 분배하기 보다는 회사의 자본 준비금을 높이는 것에 집중하는 고위 간부들에 대해서 직원들의 제어로 부터 벗어나 관리를 하려는 경향이 있다고 주장했다. 그는 협동조합이 협동의 가치에 방향을 맞춘 사람들에게 집중할 필요가 있다고 경고하고 몇몇 관리자의 이익을 극대화하려는 이데올로기에 저항해야 한다고 경고한다.

5. 건설적인 / 파괴적인 것을 떠나 타인의 재능을 축하함 / 타인을 질투함

공동의 협동조합에서, 구성원은 비용과 이익을, 고통과 기쁨을 공유하며 외톨이는 없다. 그것은 현실의 어떤 부분도 독립적인 존재가 아니라는 부처의 위대한 교리인 "연기론"에 대한 부처의 통찰이다. 현실의 인식 가능한 요소들은 다른 요소들의 다양성과 관계가 있고, 그 요소들은 자신의 존재가 의존하는 조건으로 사용된다. 부처는 존재의 이런 패턴이 가지고 있는 함축적인 의미를 정확히 깨달았고 그의 교리는 지구상의 모든 살아있는 존재와의 상호의존성을 인지해야 할 필요성을 지적했다. 환경적인 위기는 상호유대감을 통한 경험의 깨달음에 따라 행동하기보다는 자기 몰두의 과정으로 도덕적 위기의 징후가 된다. 바디너(Badiner, 1990:xvii)는 이를 더욱 발전시켜 다음과 같이 명명했다: "가이아 이론(Dharma Gaia):" 혹은 지구의 의식. 신더(Synder)가 자기 자신을 "회사로 가는 버스를 타기 위해 뛰어가는 동안에 자신의 털 아래로 꿀을 떨어트리는 갈색 곰"이라고 자기 자신을 묘사했을 때 "산처럼 생각하기(Thinking like a mountain)"는 이런 관계에 맞설 수 있다. 자비경(metta sutra)은 불교에서 다음을 예로 들었다: "마치 어머니가 목숨을 걸고 하나뿐인 외아들을 보호하듯이, 살아있는 모든 것에 대해 한량없는 자비심을 일으키기를 원합니다"(Kabilsingh, 1990:12.) 이것은 고대 불교의 기도문에서 발췌한 것이다: "살아있는 모든 존재들이 행복하고 평화롭기를".

6. 상호존재의 인식 / 자기 몰두를 벗어난 평화 조성 / 갈등 조장

샴발라의 전사들은 불경에서 발견된 정신적 전사들로 이루어 진 고대 군대이다. 그들은 어둠에서 빛으로, 전쟁에서 평화로, 변형해왔던 형이상학적 군대이며 파괴와 갈등 그리고 불화로 인한 마음으로 만든 무기들을 해체해왔던 군대이다. 샴발라 전사들은 모든 삶의 심원한 상호관계와 인간에 대한 통찰력이 있으며, 선과 악의 경계선이 각자의 마음과 심장에 있음을 알고, 반드시 맞서 싸워야 하는 전쟁은 우리 내면에 있음을 알고 있었다. 갈등에서 평화로의 변화를 가능하게 해주는 것은 연민, 통찰력, 알아차림이다. 인간이 연민과 통찰력에 귀를 기울이면 아잔 챠흐(Ajahn Chah, 1985)가 평정이라고 말한 깨끗한 마음이 생겨난다. 그곳은 희망 혹은 절망을 넘어선 자유와 명쾌함이 나타나는 곳이다. 그곳은 반감과 공감을 초월하는 장소이다. 단지 여기에서, 인간이 내면의 평화를 알게 되고 그곳은 외부의 화해에 가장 효과적으로 공헌을 할 수 있는 장소이다. 여기서 개인의 특성이 모든 존재의 상호의존이라는 인식 안에 녹아들고 그리고 우리의 유한함은 더 이상 우리를 억압하지 못한다. 모든 것은 서로 연결되어 있다. 서로 다 연결되어 있다는 이런 인식은 두려움과 탐욕에서 나오는 벽을 무너트린다. 이것은 폭력과 대립을 사회적 조화와 평화로 변형시킬 수 있다.

심지어 평화의 정신은 동물의 왕국에도 관여한다, 폭스(1990)는 비폭력으로부터 인간의 해방은 동물의 권리에 대한 인식에 달렸다고 주장했으며. 이 이론은 싱어(Singer, 1975)에 의해 명확하게 설명되었다. 백라빅(Vaclavik)은 그의 저서 그리스도의 채식주의(*The Vegetarianism of Jesus Christ*)에서 죠슈아 에반스(Joshua Evans, 1731–1798)의 글을 인용했다. 그는 퀘이커 교도였으며 음식과 스포츠를 위해 동물을 죽이는 것과 인간의 전쟁 간의 연관성에 대해 그의 친구들에게 열정적으로 편지를 썼다. 토드 페리어(Todd Ferrier, 1968)는 이런 관점을 지지했고 아룬데일(Arundale)이 잘 표현했다:

> 육식과 사냥 등을 그 증거로, 세상의 전부는 동물과의 전쟁이다. 영역 간 전쟁의 여파가 사람 간의 전쟁이 된다: 그리고 전쟁은 결코 전쟁을 종식시키지 않음을 우리에게 명확하게 알게 해준다…전쟁을 종식시킬 유일한 방법은 전쟁은 어디에도 없어야 하고, 전쟁을 위한 전쟁도 없음을 결심하는 것이다.

의식의 영혼은 모든 생명의 고통에 깊게 공감하는 마음이며 음식, 패션, 스포츠 혹은 과학적 실험을 목적으로 동물을 죽이는 것을 자제하는 것이다.

에크하르트(Eckhart, Fox 1983; 113)는 화해가 상호의존이라는 인식의 심장에 있다고 강조했다. 랍비 드레세너(Rabbi Dressner, Fox 1994:31)는 우리는 모두 불가분하게 하나라는 의식 영혼의 강력한 통찰력을 정확하게 포착했다:

> 당신의 이웃을 당신 자신처럼 사랑하라는 계명을 이행할 가능성은 나 자신과 그는 내 안의 나와 연결이 되어 있기 때문에… 그리고 당신은 별개의 경쟁하는 존재가 아니라 함께 하나의 존재를 공유하기 때문에, 궁극적으로 당신

은 당신 자신이 아니고 그도 이웃이 아니고 근원과 운명 안에 있는 하나이기 때문임을 이해하는 것이다.

신의 내재성은 상호의존이다. 그렇다면, 하나의 창조물은 다른 창조물을 존재하게 한다. 한 사람이 다른 사람을 풍요롭게 한다. 안나 보너스 킹스포드(Anna Bonus Kingsford, Todd Ferrier 1905:38)는 내 안의 그리스도에서 처럼 그녀의 의식의 영혼에 대한 경험을 글로 썼을 때 이런 내재성의 힘과 연민의 지역사회에 그것이 어떤 의미인지를 잘 표현했다:

내 안의 그리스도:

… 거기에는 어떤 범죄도 없고 그는 고통을 받지 않으며;
어떤 잘못도 없고 그로인해 상처받지 않는다.
그의 심장은 모든 창조물의 가슴 안에 있고 그의 피는 모든 육체의 정맥안에 있다.
남자를 위해 나의 오른손이 상처를 입었고
여자를 위해 나의 왼손이 상처를 입었고
땅의 모든 창조물을 위해 나의 오른발이 상처를 입었고
바다의 모든 창조물을 위해 나의 왼발이 상처를 입었고
모든 것들을 위해 나의 심장이 상처를 입었다.

결 론

소피아는 망명에서 돌아왔다. 인간 정신의 풍요로움 때문에, 그녀는 우리의 개인적, 사회적, 세계적, 육체적, 심리적 건강의 대가로 너무 오랫동안 추방당하고 무시당하고, 가려졌고, 비방당하고, 모욕당하고 배척을 당했다. 인간의 정신 안에 있는 소피아의 재탄생을 통해서 몸, 마음, 정신은 모든 존재가 상호유대감의 축복을 함께 공유하는 의식의 영혼의 열매를 드러내기 위해서 다시 함께 흐를 것이다.

몸, 마음, 정신의 전인적 상담모델은 의식의 영혼을 얻기 위한 치료의 방향을 제공한다. 이는 개인의 내적 삶을 회복시켜 개인적, 지역사회적, 세계적 삶에서 그토록 많은 불필요한 고통을 야기하는 희생이 큰 반응과 투사로부터 자유로운, 그들의 연민의 영혼과 지혜의 영혼의 잠재력을 재통합할 수 있을 것이다. 윌리엄 블레이크(William Blake, Ostsriker: 1979)는 그의 저서, 새로운 천국과 새로운 지상(*New Heaven and the New Earth*)에서 다음과 같이 말했다: "저기 황금빛의 건설자들은 무엇을 하고 있는가? 동정과 연민의 건물이 되어간다." 우리 모두가 내면의 삶을 재탄생시키기 위해 일하고 있는 황금빛의 건설자들이다. 그래서 빛나는 의식의 영혼의 특성들이 우리의 유산이 되고 내면의 소피아를 위한 복구된 주거지가 된다. 그녀는 개인과 지역사회 그리고 세계에 심리적인 행복을 가져다주는, 깨어있는 의식의 영혼으로 빛나는 태양의 옷을 입고 있는 여성이다.

참고문헌

Badiner, A. edit (1990) *Dharma Gaia*, Parallax Press, California

Bakin, J. (2005) *The Corporation: the pathological pursuit of profit and power*, Constable, London.

Bonus. Kingsford, A. (1937) *The Woman Clothed with the Sun*. Watkins, London

Burtt, E. (1982) *The Teachings of the Compassionate Buddha*, Mentor, Chicago.

Chah, Ajahn (1994) *A Still Forest Pool*, Theosophical house, Illinois.UK

Daley, M. (1986) *Beyond God the Father*, Women's Press, UK

Fox, M. (1983) *Meister Eckhart*, Bear and Co. Santa Fe

Fox, M. (1990) *A Spirituality Named Compassion* Harper and Row, San Francisco

Hampden Turner, C.(1970) *Radical Man* Shenckman, Massachusetts

Horney, K. (1937) *The Neurotic Personality of our time*. Norton, NY.

Kabilsingh C. (1990) "Early Buddhist views on Nature" Badiner (ed). *Dharma Gaia* Parallax Press, California

Macy, J. (1991) *World as Lover, World as Self*, Parallax Press, California.

Maslow, A.(1968) *Towards a Psychology of Being*. Van Nostrad, NY.

Maslow, A. (1959) *New Knowledge in Human Values*, Gateway Indiana.

Maslow, A. (1971) *The Farther Reaches of Human Behaviour Viking*, NY

Ostriker, A. (1979) *William Blake: the complete poems*. Penguin, London.

Seed J. (1988) *Thinking Like a Mountain*. New Society Publishers, Philadalphia

Singer, P. (1975) *Animal Rights* Prentice Hall, NJ

Thich Nhat Hanh (1995) *Living Buddha, Living Christ*, Rider, London.

Thich Nhat Hanh (1987) *Being Peace*, Parallex, Berkley.

Thomas, H. and Logan, C. (1982) *Mondragon: an economic analysis*. Allen and Unwin, London.

Todd Ferrier, J.(1968) *On Behalf of the Creatures*. Greaves, London.

Todd Ferrier, J. (ed) (1905) *The Herald of the Cross Vol 1*. Lamley, London

Vaclavik, C. (1986) *The Vegetarianism of Jesus Christ*, Kaweah Publishing, California.

Vaknin, S. (2006) *Malignant self Love: Narcissism Revisited* NY

Sophia goddess of wisdom http://www.crystalinks.com/sophia.html accessed 26-5-06.

Hildengard of Bingen, *Sophia* http://northernway.org/sophia.html accessed 26-5-06

Sophia - goddess, wisdom http://www.goddessgift.com/goddess-myths/sophia-goddess wisdom.htm accessed 26-5-06

Sophia goddess of wisdom http:// www.goddessgift.com/goddess-myths-goddeswisdom.htm accessed 18/7/06

OKC Catholic Worker Index *Mondragon: a better way to go to work?* http://www.justpeace.org/mondragon.htm accessed 26/606

Manfred Davidmann Mondragon Co-operatives http://www.solbaram.org/articles/mondra.html accessed 26/6/0

찾아보기

(ㄱ)

가벼운 그림자　247
감각　23, 65
감각의 영혼　130
감정 트라우마　19
강화하기 과정　145
개인적 수치심　223
개입　30
공포증　213
공허함　29
공황발작　209
그림자　246

(ㄴ)

나　20

(ㄷ)

대나무　49, 205, 206
댄스 치료　73
동기화　100
두려움 다루기　203
드라마 치료　73
들어가기-나오기-바라보기　27, 46, 47

(ㅁ)

만다라 과정　105
모델의 평가 절차　32
몸　130
몸짓/움직임　23

(ㅂ)

바이오에너지　62
반응　193
반응의 신호　196
방어기제　19, 23
방해물 차단　31
방향성　30
배신 과정　115
베란다　48
본질　282, 285
분노 다루기　198, 200
불안　208

(ㅅ)

사라짐　136
상담의 본질　96
상처 진단도　45
상처 치유　201
선천적 수치심　221, 222
성육화　79, 142, 208, 278, 288
성육화 과정　133, 137
성적 만족　175
성적 불만족　175
성적 학대 회복 과정　161
세포적 기억　181, 184

소리 65
소리 모델 67
소리 패턴 69
소리내기 24
소피아 309
소피아 모델 15
수축과 확장 52
수치심 219, 221
슬픔과 상실감 80
시각적 형상화 24
시각화 131
신뢰감 자원 찾기 116
신비체 181
신체 17

(ㅇ)
아스트랄 19, 64
아스트랄체 18
양 99
양의 흔적 29
어두운 그림자 252
얼어붙은 호흡 75
에너지 패턴 125
에너지 흐름 63
에테르 19
에테르체 17
연민의 삼각형 225
영혼 20, 130
오목함과 볼록함 53
용서 219
원형 98
음과 양 110
음성학 68
음의 흔적 29
의도적인 수치심 222
의식의 영혼 132
의지 239
인간화 79

(ㅈ)
자기 19
자기 양육 197
자기 양육하기 236
자기 영역 31
자기 영역 과정 148
자아실현 20
자원 26
자원 제공하기 147
자원 찾기 110
자원 찾기 과정 112
자원 확보 31
전인적 모델 14, 32, 35, 61, 64, 78, 96, 105, 113, 117, 126, 179, 185, 202, 221
전인적 상담 13, 30, 45, 65
전인적 언어 23
전인적 접근법 15
절망 과정 114
정신 132
정신적 측면 98
정신적인 자원 103
제거하기 149, 229
죄책감 219, 221
죄책감 다루기 224
중독 275
지적인 영혼 131
진단 25
진동 22
진동음향 66
진동패턴 50

진지함과 가벼움 51

(ㅊ)
차크라 54
착륙장 160, 163

(ㅋ)
큰 자기 20

(ㅌ)
탈육화 26, 134, 140, 141, 159, 207, 278, 288
털어버리기 206
통합 14, 150
트라우마 45
트라우마 체계 18

(ㅎ)
해리 127, 135
해제하기 146
해제하기 과정 149
현상학 97
호흡 42, 44
홀로트래픽 호흡요법 43
흔적 19, 23, 50
히스테리 204

(4)
4층부 간의 상호관계 25
4층부 모델 16, 64, 68

(9)
9-층부 모델 129

홀리스틱 카운셀링 값 23,000원

2022년 3월 5일 제1판 인쇄
2022년 3월 10일 제1판 발행

저 자 : Patrica Sherwood
역 자 : 김 준 형
발행인 : 주 영 일
발행처 : **계 축 문 화 사**

서울특별시 종로구 통일로12길 16-17
우편번호 03029
TEL : 735-2257 · 738-9746
FAX : 723-9025
E-mail : gyechuk@hanmail.net
홈페이지 : http://gyechuk.co.kr
1973. 10. 31 등록번호 제300-1973-8호
ISBN 978-89-5629-673-9 03180